湖北省社科基金结转经费项目（JZ22016004）：深化国有企业改革的现实困难和可行路径研究

湖北文理学院2017年学科开放基金项目（XK2017023）：饭店投融资问题研究

湖北文理学院教师科研能力培育基金（2016SK011）：湖北省混合所有制改革推进难题与策略

# 中國生態經濟總部

## ——神农架建设方案

CHINA'S ECO-ECONOMIC HEADQUARTERS
—A CONSTRUCTION CONCEPT OF SHENNONGJIA

唐克敏◎著

经济管理出版社
ECONOMY & MANAGEMENT PUBLISHING HOUSE

**图书在版编目（CIP）数据**

中国生态经济总部：神农架建设方案/唐克敏著．—北京：经济管理出版社，2018.8

ISBN 978-7-5096-5886-4

Ⅰ.①中… Ⅱ.①唐… Ⅲ.①神农架—经济发展 Ⅳ.①F127.63

中国版本图书馆 CIP 数据核字（2018）第 161108 号

组稿编辑：郭丽娟
责任编辑：刘　宏
责任印制：黄章平
责任校对：陈　颖

出版发行：经济管理出版社
（北京市海淀区北蜂窝 8 号中雅大厦 A 座 11 层　100038）
网　　址：www. E-mp. com. cn
电　　话：（010）51915602
印　　刷：北京玺诚印务有限公司
经　　销：新华书店
开　　本：720mm×1000mm/16
印　　张：13.5
字　　数：207 千字
版　　次：2018 年 9 月第 1 版　　2018 年 9 月第 1 次印刷
书　　号：ISBN 978-7-5096-5886-4
定　　价：65.00 元

# 序　言

神农架——

曾经的陌生，

而今的似乎熟悉。

皆因一个机会，

更是一个意外。

仓促间，

接触林区，

满满的生疏感。

事情——

件件，

容颜——

慢慢展露。

急、忧，

不时。

美、好，

经常。

回之——

顺之。

品之——

理之。

感之，

念之，

收获之。

一切存在。

是为序。

# 目　录

# 第一章　引　言

根据神农架林区第十二届人民代表大会第二次会议精神，全区人民要在林区党委的正确领导下，以党的十九大精神为统领，坚持以邓小平理论、“三个代表”重要思想、科学发展观、习近平新时代中国特色社会主义思想为指导，坚持“五大发展理念”和稳中求进工作总基调，围绕“如期摘帽”奔小康，围绕“保护升级”强优势，围绕“全域旅游”促转型，围绕“两高时代”补短板，围绕“美好生活”惠民生，围绕“忠诚履职”抓落实，为加快推进生态保护全面升级、建设美丽幸福神农架而努力奋斗。据此，“美丽幸福神农架”是林区发展的目标与梦想，工作思路则是主抓扶贫、生态保护、全域旅游、交通、民生等主要涉及经济、社会和生态领域的五大工程。这正是本书写作之由来：跟随梦想，建设美丽幸福神农架。

美丽幸福神农架建设，经济是核心，生态是根本，社会是影响。基于生态家底并持续优化基础之上的绿色经济主导发展模式应该是神农架的必然选择，生态经济总部的发展目标似乎非常切合实际。本书即以此为中心，拟对生态经济总部的主要理论依据、可行性以及生态经济总部建设的重大问题进行研究，主要涉及投资领域、国企改革、国家公园建设以及发展全域旅游等方面。各大板块之间的逻辑关系见图 1-1。

图 1-1 表明，建设美丽幸福神农架，落脚点在于绿色经济主导发展模式，即中国生态经济总部发展战略构想的提出。在此基础上，基于相关理论，着重以重大投资、国企改革、国家公园和全域旅游为四大抓手，科学协调经济发展与生态保护关系，突破经济发展瓶颈问题，大力发展“生态+”产业，从而达到经济发展、百姓富足的同时也同步进行美丽家园建设的效

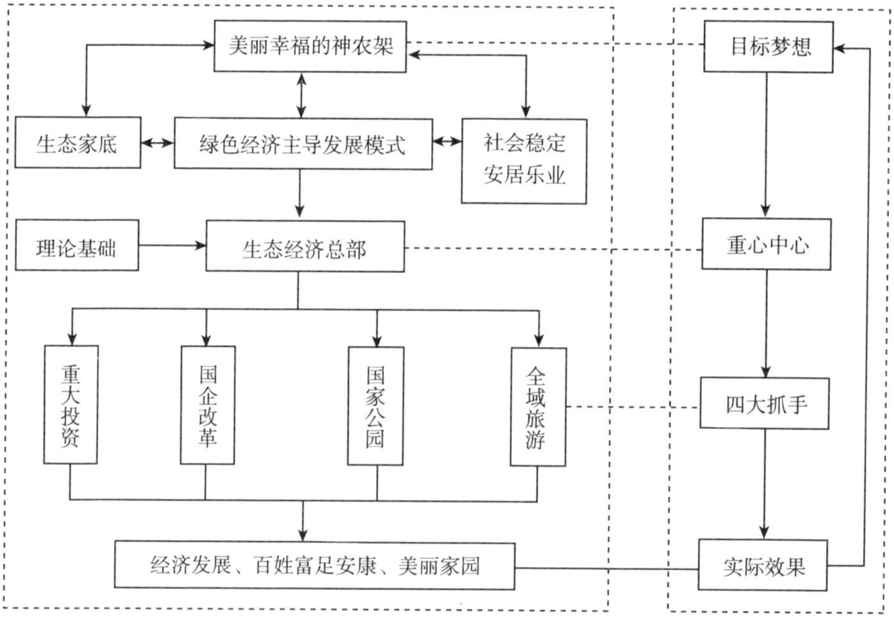


**图 1-1　美丽幸福神农架建设总体思路**

果，即实现美丽幸福之神农架梦想。

由于既涉及区域经济发展的思考，也涉及具体条块事务，本书的研究方法上基本以查阅文献和归纳演绎为主。内容结构安排大致遵循引言→理论基础→生态经济总部战略构想→重大投资活动→国企改革→国家公园→全域旅游→研究结论的顺序进行，具体章节安排见表 1-1。

**表 1-1　本书具体章节安排**

| 章次 | 名称 | 节次 |
| --- | --- | --- |
| 第一章 | 引言 | |
| 第二章 | 理论基础 | 第一节　宏微观经济理论 |
| | | 第二节　区域经济发展理论 |
| | | 第三节　组织管理经典理论 |
| | | 第四节　企业投资决策理论 |
| 第三章 | 神农架林区建设“中国生态经济总部”构想 | 第一节　神农架林区建设“中国生态经济总部”的可行性 |
| | | 第二节　神农架林区“中国生态经济总部”建设的基本构想 |

续表

| 章次 | 名称 | 节次 |
| --- | --- | --- |
| 第四章 | 神农架林区重大投资问题 | 第一节 神农架林区重大投资活动效果评价依据 |
| | | 第二节 神农架林区的重大投资问题 |
| 第五章 | 神农架林区国企改革问题 | 第一节 国企改革深化与混沌管理 |
| | | 第二节 神农架林区国企改革 |
| 第六章 | 神农架林区国家公园建设问题 | 第一节 中国国家公园建设现状与问题 |
| | | 第二节 神农架林区国家公园建设问题 |
| 第七章 | 神农架林区发展全域旅游思路 | 第一节 全域旅游概述 |
| | | 第二节 襄阳市全域旅游发展思路 |
| | | 第三节 神农架林区全域旅游发展思路 |
| 第八章 | 研究结论 | |

需要说明的是，作为神农架生态经济总部建设的四大抓手，其内部也存在序次问题。生态经济总部建设需要政府进行统筹安排。结合具体国情，即政府先进行结构布局规划再对重大投资活动予以引导。具体落实过程中，可能是对原有产业结构进行了调整或优化升级，更可能涉及国有企业改革问题（目前林区经济中国有经济占比较大）。国家公园试点项目实质上就是一项全面深化改革事务，涉及行政职能部门、事业单位、国有企业和当地居民等多方面利益，也可算是国企改革特殊案例。全域旅游则是传统优势旅游产业继续主导林区经济发展问题，是旅游业在林区的全覆盖，也是一场以旅游业为导向的林区经济大面积转型与升级，能否成功发展全域旅游是林区经济再发展的关键，故有以上章节安排。下文将逐次展开。

# 第二章　理论基础

本书得以完成的理论基础主要是基于经济学的宏微观经济理论与区域经济发展理论、基于管理学的组织管理经典理论、基于投资学的价值风险理论四大体系。以下逐一简介。

## 第一节　宏微观经济理论

经济学是研究稀缺资源在各种可供选择的用途中进行有效配置的科学。西方经济学分为宏观经济学和微观经济学。宏观经济学是以整个国民经济活动为考察对象，采用总量分析方法，研究宏观经济中各有关总量的决定及其变化，试图解释一般物价和总就业、收入及总产出以及全球经济等问题的学科。微观经济学从研究单个组织出发，利用个量分析方法，研究微观经济中各有关总量的决定及其变化，试图解释消费者消费行为与生产者生产行为以及市场交换与均衡的规律性等问题的学科。二者之间的区别主要在于：从研究范围看，宏观经济学研究较大范围经济问题，微观经济学研究较小范围的经济问题；从研究角度看，宏观经济学是研究地区经济问题，微观经济学是研究个体问题。近年来出现了宏观经济学与微观经济学相互借鉴和融合的趋势。

## 一、微观经济学

微观经济学通过对个体经济单位的经济行为进行研究，说明现代西方经济社会市场机制的运行和作用，以及改善这种运行的途径。价格分析是微观经济学分析的核心，微观经济学也因此被称为价格理论，在微观经济学中，任何商品的价格都是由商品的需求和供给这两个因素共同决定，因此，供需分析通常被当作微观经济学分析的出发点。其中，理性经济人是微观经济分析的基本前提，它存在于微观经济学的不同理论模型之中。

微观经济学对个体经济单位的考察，是在三个逐步深入的层次上进行的。第一个层次是分析单个消费者和单个生产者的经济行为。即单个消费者如何进行最优的消费决策以获得最大效用，单个生产者如何进行最优生产决策以获取最大利润。第二个层次是分析单个市场的均衡价格的决定。它是作为单个市场中所有消费者和所有生产者最优经济行为的相互作用的结果而出现。第三个层次是分析所有单个市场均衡价格的同时决定。这种决定是由所有单个市场相互作用的结果而出现，或者说，是作为由经济社会中全部市场上的全部消费者和全部生产者的最优经济行为的相互作用的结果出现。下面就微观经济学理论框架作简要介绍。

在图 2-1 中，左右两个方框代表居民户和企业，皆有双重身份：分别以产品需求者和供给者身份出现在产品市场上，又分别以要素供给者和需求者的姿态出现在要素市场上。图 2-1 即把这两个市场以市场行为主体的经济活动来贯穿成一个整体。

根据图 2-1，居民户出于自身经济利益的追逐，先在生产要素市场上提供生产要素以取得收入，继而在产品市场上购买所需商品并从消费中获得效用满足。企业同样出于经济利益追逐，先从市场上购买生产要素，继而生产产品并卖给市场以获利。

图 2-1 的上半部分是一个产品市场的交易情况，存在产品供需平衡问题。在完全竞争产品市场长期均衡条件下，企业的超额利润为零，产品均衡价格会降至长期平均成本的最低水平，即企业以最低价格出售产品。下半部

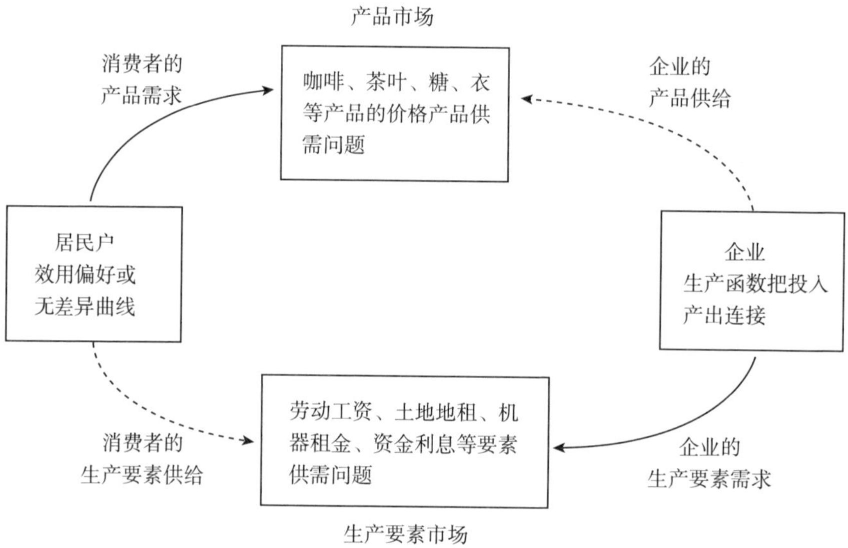


**图 2-1　产品市场和生产要素市场的循环流动**

分是生产要素市场交易情况，也存在要素市场的供需均衡问题，并进一步决定厂商对要素供给者的报酬支付。

总体来说，在完全竞争条件下，无论是产品市场还是生产要素市场，单个消费者和单个厂商的经济活动都表现为在市场机制作用下各自追求自身经济利益最大化的过程。正因如此，每个产品市场、要素市场，进而所有市场，都实现了供求均衡。在这种完全竞争的均衡状态下，每种产品成本皆最低，每种产品市场价格皆最低，消费者获得最大满足，厂商获得最大利润，生产要素的提供者根据各自对生产的贡献都得到了相应报酬。

在此基础上，一般均衡理论进一步证明了完全竞争条件下所有单个市场同时均衡的状态是可以存在的。福利经济学则以一般均衡理论为出发点，进而论述一般均衡状态符合“帕累托最优状态”，如此，整个资本主义经济实现了有效的资源配置，即微观经济学的核心思想。

微观经济学还包括微观经济政策分析。主要是因为现实与理想模型有一些差距，执行时需要一定的微观经济政策来加以矫正，以克服“市场失灵”，使得经济有效运行。

## 二、宏观经济学

与微观经济学的研究市场中经济活动个体最优决策不同，宏观经济学研究的是社会总体经济行为及其后果，即研究国民收入，如何使之以稳定合适的速度增长。故宏观经济运行中的经济波动以及相关失业就业、价格水平及通货膨胀、经济增长等问题就是其主要研究对象。

对国民收入的研究，首先是对其波动状况的研究，需要借助一些经济指标来测算。常见的重要指标有国民收入及其增长率、失业率、物价水平及其变动三类。国民收入指标有国内生产总值、国民生产总值、国内生产净值、国民生产净值、国民收入、个人收入和个人可支配收入。经济增长率即为 GDP 的增长率。失业率是衡量宏观经济运行状况的另一个重要指标，与就业、福利、社会稳定甚至整个社会政治经济之间关系最为密切。物价水平一般用价格指数来表示，常见的有 CPI、PPI 和 GDP 折算指数三种。物价水平的变动即为通货膨胀率。另外，还有政府预算赤字、贸易赤字和盈余的变动、利率和汇率的变动等。

如果说微观经济学是以价格为中心可以被称作价格理论，那么宏观经济学则是以国民收入为中心而被称作收入理论。

由于宏观经济学是研究国家经济总体运行的科学，因此不考虑个体经济的差异，只把经济划分为家庭、企业和政府三大部门并研究它们之间的相互关系。现代经济是市场经济，市场则是多样的。宏观经济学在宏观层面上研究市场活动时，只把市场归为三大类：产品市场、货币市场和劳务市场。正是对这三大部门在这三大类市场的交互作用的研究，构成了目前宏观经济的基本理论框架。仅仅研究产品市场供求关系如何决定国民收入的理论，称为国民收入的最简单决定模型，即国民收入决定的收入—支出模型；再加入货币市场供求关系来研究国民收入决定的模型，即国民收入决定的 IS—LM 模型；在 IS—LM 模型基础上再加入劳动市场供求关系来研究国民收入决定理论的模型，即为国民收入决定的总需求—总供给模型（AD—AS 模型）。前两个模型只是研究总需求如何决定国民收入，第三个模型研究的是总需求和总供给如何一起决定国民收入。

宏观经济学和微观经济学的异同，既体现在经济理论上，也体现在经济政策上。经济理论上，二者相同之处就在于都是通过需求曲线和供给曲线分析来决定价格产量，且形状一般也一致。然而，微观经济学研究的是个体经济活动决策后果，宏观经济学则是社会总体经济行为决策及后果，其价格和产量是整个社会的价格水平和产出水平。并且，同样形状的供需曲线的原因也不一样。再看经济政策。二者都是政府运用一定经济手段引导和规范微观经济主体行为，使之趋向于有利于改善社会的总体福利。然而，微观经济政策的目标在于解决资源优化配置问题以纠正市场失灵。比如反垄断措施、政府提公共物品等，皆是通过政府有形之手来补充市场这只无形之手在资源配置上的失灵。宏观经济政策固然最终也是通过微观经济主体行为来实现，但是它不是解决资源配置问题，而是解决资源利用不充分问题。比如经济萧条期采用刺激办法，以克服资源限制和浪费；经济过热则严重通货膨胀，对资源需求过热，需要降温以回归理性。

综上所述，宏观经济学的最终目标是寻找保持国民收入稳定增长的对策，即既无失业又无通货膨胀的增长。为此，必须探寻市场上哪些经济变量决定国民收入大小，再进一步制定政策来控制这些变量，以便使国民收入保持稳定增长。具体来讲，可用图 2-2 来表示，即宏观经济学的主要框架。

- 国民收入
  - 短期决定及对策
    - 总需求曲线
      - 产品市场
      - 货币市场
      - 国际市场
    - 总供给曲线——劳动市场
  - 长期决定及对策——经济增长论和经济周期理论
  - 有关国民收入的短期决定的不同意见和对策

**图 2-2 宏观经济学理论框架**

宏观经济学主要理论还是适用于封闭经济体之中，即假定不存在国际经济。如果引进国际经济部门，那么决定国民收入的总需求中，除了产品市场、货币市场以外，还有国际市场。因为需要考虑国际市场，便出现了专门以国际经济关系，如贸易、投资、劳务和资金转移等为研究对象的经济科学，即国际经济学。但是，对于神农架林区，目前国际经济部分涉及较少，主要是以国内经济为主的发展模式，因此，国际经济基本理论此处忽略。

## 第二节 区域经济发展理论

区域经济发展理论是研究生产资源在一定空间（区域）优化配置和组合，以获得最大产出的学说。它与一般经济分析的不同之处在于：一般经济理论考虑的是一个点上的国家的乃至整个世界的经济增长和发展，它不能有效解释区域经济增长差异和同样经济政策的空间效果有差异问题，空间经济学的某些特征则可以弥补。区域经济学发展的前提是经济贸易的兴盛以及经济跨区域联系频繁。在此过程中，部分经济学家或地理学家看到了经济运行与发展的空间过程，并基于空间视角来研究经济活动。可以说，研究区域经济是现当代经济贸易活动的产物，也是其所需。不同时期，对于区域内资源配置、布局以及对资源配置方式的观点是不同的。最早可以追溯到杜能的农业区位理论。

### 一、区域产业发展问题

#### （一）农业区位理论

德国农业经济学家约翰·冯·杜能首次系统地阐述了农业区位理论的思想。他提出了著名的孤立国理论：假定一个全是沃土平原、几乎与世隔绝的孤立国中的某个城市所需农产品是由周边乡村供给，城市反向提供全部加工品，外围则会变为荒芜土地。于是，杜能按距离城市中心远近划分了六个环带，即杜能环。由近及远依次是自由农作区、林业带、谷物轮作区、谷草轮作区、牧业区和荒芜土地，其地租差别全视距离城市远近而定，越近城市地租越高，远则反之。它首次系统阐述了空间摩擦对人类经济活动的影响。其实质是地租不同引起的农业发展不同定位问题，可视为纯运输距离成本对区位经济的影响。

### （二）工业区位理论

工业区位理论由韦伯提出。他假定原材料产地已知、消费地的位置和规模给定、劳动力不流动且固定工资率下的供给充足，即不考虑劳动力成本和聚集因素的影响，那么工业区位就是由运输成本高低决定，运输成本最低的地点是工业合理区位（运输指向区位）。运输成本主要是由运输距离和运输重量决定的，运输重量与原料有关。原料有广布原料和地方原料之分，有纯原料和失重原料之别，可以因此采用原料指数和区位重两个指标来相应衡量生产每吨产品所需移动的原料重量和总重量，由此形成运输成本最低点分析。劳动力成本的空间差异有可能使运输指向区位结构发生变形，需要进行费用叠加。因此，再引入等运费线和临界等运费线进行分析。他认为工业企业会受廉价劳动力吸引，可用劳动力成本指数衡量，它是每单位重量产品支付的工资成本，指数越高，意味着劳动力区位吸引力越大；而区位重越大，劳动力区位的吸引力越小。其实质是追求工业运输成本最小化的厂商最优定位问题。

此时的区位理论以研究产业空间布局为主，主要借助成本—收益分析法对经济空间活动进行考察，可视为古典区位理论。只是随着经济发展，越来越多的学者发现了区域发展不平衡问题，需要对此进行分析。

## 二、区域经济发展平衡与协调问题

### （一）平衡发展理论与不平衡发展理论

为了促进产业协调发展和缩小地区发展差距，罗森斯坦·罗丹的大推进理论和纳克斯的平衡发展理论应时出现。推进理论强调外部经济效果，即互补部门同时投资，一方面可以创造出互需市场以解决市场需求不足问题，另一方面可以降低生产成本、增加利润，提高储蓄率，进一步扩大投资，消除供给不足瓶颈。平衡发展理论认为，落后国家存在供给不足和需求不足的两种恶性循环，实施平衡发展战略可以解决这两种恶性循环。即同时在各产业、各地区投资，以促进各产业部门协调发展以改善供给状况，又形成相互支持性投资格局以扩大需求。它强调产业和地区间的关联互补性，主张均衡部署生产力以实现产业和区域协调发展。

只是有些区域不具备同时投资的实力且优势产业投资得不到保证，发达区域也会由于不同产业的投资效率不同而需要优先保证相对比较优势产业、难以兼顾各产业，因此，平衡发展理论缺乏可操作性。

不平衡发展理论对此可以解释。不平衡发展理论以赫希曼为代表，强调经济部门或产业不平衡发展，注重关联效应和资源优化配置效应，认为发展中国家应集中有限资源和资本以优先发展少数“主导部门”或强关联效应产业。通过强关联效应产业的扩张和优先增长，逐步扩大前后向产业投资和整个产业部门发展，从而实现总体经济增长。它遵循了经济非均衡发展规律，突出了重点产业、地区，有利于提高资源配置效率。

关于区域主导产业、重点产业问题则可从分工贸易理论中略见。

**（二）区域分工贸易理论：存在经济极化现象，重视优势、主张不平衡发展**

分工贸易理论最先是针对国际市场，后被用于研究区域分工。主要有亚当·斯密的绝对利益理论、大卫·李嘉图的比较利益理论以及赫克歇尔与奥林的生产要素禀赋理论等。

绝对利益理论认为任何区域都有绝对有利生产条件并以此来分工生产会使各区域资源得到最有效利用，但是它不能解释无绝对优势区域如何参与分工问题。比较利益理论认为绝对优势条件国家和地区，应选择优势最大领域进行生产，劣势国家和地区可选择不利程度最小的进行生产。如此，在分工贸易中皆可获得比较利益。它发展了绝对优势分工理论，但不能解释优势产生原因。赫克歇尔与奥林提出的生产要素禀赋理论认为，生产要素禀赋不同是国际或区域分工产生的基本原因，它补充了斯密和李嘉图的分工理论。

区域分工贸易理论对于研究区域经济发展不平衡和经济极化现象等极有价值，只是它忽视了技术、经济条件、需求、政府干预等影响，有待完善。

**（三）梯度转移理论：以梯度来解释不均衡并强调不平衡的梯度发展模式**

区域经济发展梯度转移理论认为，区域经济的发展取决于其产业结构的状况，区域产业结构又取决于其经济部门特别是主导产业的生命周期阶段。如果主导产业部门由创新阶段专业部门构成，该区域就具有发展潜力，是个高梯度区域。即创新活动是决定区域发展梯度层次的决定性因素。创新活动大多都发生在高梯度地区，随着时间推移及生命周期阶段变化，生产活动逐渐从高梯度地区向低梯度地区转移，并依赖或形成多层次的城市系统。它主张发达地区先发展，再梯次转移以促进发展。

日本学者小岛清提出的雁行模式与梯度转移理论相类似。他视日本、“亚洲四小龙”、东盟、中国等国家和地区为不同发展批次上的大雁等。

**（四）增长极理论：培养增长极，以增长极来主导经济发展；非平衡发展思路**

增长极理论的主要观点是区域经济发展主要靠条件较好的少数地区和产业带动，即经济增长极。增长极具有极化和扩散效应：极化效应表现为资金、技术、人才等生产要素向极点聚集，扩散效应则是生产要素向外围转移；发展初期以极化为主，以后则极化渐弱、扩散加强。由此，政府集中投资以加快条件较好区域或产业发展，进而可带动周边地区或其他产业发展。

**（五）点轴开发理论：确定并开发点、轴，走点—轴经济发展模式；非平衡发展思路**

点轴开发理论是增长极理论的延伸，重视“点”（增长极）的同时，还强调“轴”（交通干线）的作用，认为重要交通干线可以使沿线人流和物流迅速增加、生产和运输成本降低，形成有利的区位条件和投资环境。于是，经济要素也向交通干线沿线聚集，使其成为经济增长轴。该理论看重区位，强调交通条件作用，认为点轴开发作用要大于纯增长极开发。

**（六）网络开发理论：多点多轴交互成网，经济一体化，均衡发展**

网络开发理论是点轴开发理论的延伸。在经济发展到一定阶段后，一个地区的增长极和增长轴的影响范围不断扩大，形成大要素流动网、大交通和通信网，需要加强增长极与整个区域间的经济交流，促进城乡一体化。同时，不同区域经济网络的互联，使得更大空间上的生产要素皆得到合理配置和优化。

**（七）累积因果理论：增长极被强化，需政府干预以均衡发展**

累积因果理论由著名经济学家缪尔达尔提出。在一个动态社会中，社会经济各因素之间存在着循环累积的因果关系。比如市场力量一般趋向于强化区域不平衡，即如果某一地区初始发展得快，那么它凭借已有优势以后会发展得更快。这种累积效应分为回流效应和扩散效应。前者指落后地区资金、劳动力向发达地区流动，形成极化—边缘效应；后者指发达地区要素向落后地区流动，带动落后地区发展。区域经济能否协调发展取决于两种效应孰强孰弱。一般回流效应强于扩散效应，故需政府有力干预。

**（八）中心—外围理论：中心强化、外围弱化；均衡发展需借助外力**

中心—外围理论认为，任何国家的区域系统都是由中心和外围两个子空间系统组成，且资源、市场、技术和环境等的区域分布差异客观存在，当某些区域形成累积发展之势后就会获得更多经济竞争优势，成为区域经济中心，外围则处于依附地位，空间二元结构出现并会被不断强化。政府作用、区际人口迁移、市场扩大、交通改善和城市化加快等，皆会使中心与外围界限逐步消失，走向空间一体化。

**（九）城市圈域经济理论：类似中心—外围理论，区域均衡协调发展**

随着工业化与城市化快速推进，以大城市为中心的圈域经济发展成为主流，相关研究引起重视并逐步形成城市圈域经济理论——认为城市在区域经济发展中起核心作用，区域经济发展应以城市为中心，以圈域状形式向外扩散。该理论把城市圈域分为首位度高的城市经济中心、周边城镇以及中间过渡联系地带三个部分，有利于经济空间协调发展。

**（十）费特贸易区边界区位理论：区域低成本战略，极化经济，非均衡发展思路**

美国经济学家费特认为任何工业企业竞争力取决于销售量，即消费者数量与市场空间大小。但是运输费用和生产费用决定企业竞争力强弱，并且费用越低，市场空间就越大，市场竞争力就越强。并据此提出两个生产地存在贸易分界线：若甲乙两地仅生产（运输）费用不同，则贸易边界线是一条弯向生产（运输）费用较高贸易区的曲线。

**（十一）俄林一般区位理论：强调资源要素优势分工，重新配置方能打破均衡**

俄林一般区位理论是建在地域分工贸易认识基础上，认为一个区域内的某段时间里，所有的商品和生产要素的价格皆由各自供求关系决定。由于各区域生产要素禀赋和商品所包含要素的密集程度不同，大致有劳动密集型、资本密集型、土地密集型、资源密集型或技术密集型商品。俄林认为，国际分工、国内分工和商品流向应是利用各自优势条件组织生产并出口到相应条件弱势国家或地区，如此，国际贸易产生并形成国际分工。工业区位的移动既与资本和劳动力配置的历史格局有关，也是生产要素重新配置和均衡变动的结果。

**（十二）克里斯泰勒中心地理论：强调中心，极化经济，非均衡发展**

中心地理论，即城市区位理论，最早由德国地理学家克里斯泰勒提出。他假定“地域同质和各方向交通体系相同”，认为城市和周围相互依赖、密切相关：城镇是中心，向周围地区提供商品和服务。进而，当只有一个城市中心时，服务面是个圆形；若存在多个同级中心，圆形服务面之间会出现服务空档。欲弥补此憾，圆形必须重叠为最稳定的六边形空间结构。如此，各级中心地组成一个有规律递减的多级六边形，即为一般均衡状态下的中心地空间分布模式。各级中心地应位于高级中心地间的交通线上。中心地可有市场最优、交通最优和行政职能最优三种建立模式。

**（十三）廖什的市场区位理论：市场导向，极化经济，非均衡发展；区位市场理论**

廖什的市场区位理论与克里斯泰勒的中心地理论模型类似，只是前者是以市场需求作为空间变量来对市场区位体系进行解释，是企业最大利润区位指向，即市场规模和市场需求结构对区位选择和产业配置的影响。它定义了依赖于市场区、规模经济和交通成本之间的关系的节点区，使得区位研究由纯生产扩展到市场、从单个厂商为主扩展到产业。

可以看出，区域经济理论是以区域经济发展与平衡问题为研究对象，以区域经济协调平衡为目标来不断找依据，分析原因，不惜跨学科思维来寻找对策，并大致形成新经济地理学派、新制度学派和区域管理学派三大流派。当代经济全球化发展使得区域经济理论研究的热点转向问题区域，着力于解决区域创新和区域竞争优势问题。即欲求区域协调平衡发展，除了加强产业布局、调度与配置资源以外，更需要努力创新以做强自己、形成特色优势，从而增强经济布局与资源配置调度中的主动性。

# 第三节　组织管理经典理论

产业革命前，经济活动开展大多是家庭作坊式，生产规模小、各类经济行为主体组织结构相对简单，管理也大多是依赖固有经验。机器大生产不仅是生产规模化了，也使管理难度增加。19 世纪中期，泰勒科学管理思想与做法使管理学问题与研究开始呈现在社会各界面前，并相应揭开了管理学研究与实践的序幕。

## 一、古典管理理论

### （一）泰勒的科学管理理论

科学管理理论由科学管理之父——美国人弗雷德里克·温斯洛·泰勒（1856~1915 年）在他的主要著作《科学管理原理》中提出。

泰勒的科学管理理论主要有两大贡献：管理要走向科学；劳资双方的精神革命。他认为科学管理的根本目的是谋求最高劳动生产率，它是雇主和雇员达到共同富裕的基础；为此要采用科学化管理、标准化管理来代替经验管理，任务管理法则是最佳管理方法。在此基础上，泰勒提出四项新管理任务：对工人操作动作进行科学研究；科学挑选工人，进行培训、教育，使之成长；与工人亲密协作，易于科学协调；劳资双方工作和职责均分，各担其责。具体做法主要表现为实施工作定额、挑选头等工人、计件工资制、职能工长制、例外原则、劳资双方密切合作、设立专门计划层和标准化管理八个方面。

### （二）法约尔的一般管理理论

亨利·法约尔（1841~1925 年），法国人，很早参与企业管理并长期担任高级领导。他的研究视角是办公桌前的总经理——把企业整体作为研究对象。他认为管理理论是“指有关管理的、得到普遍承认的理论，是经过普遍经验检验并得到论证的一套有关原则、标准、方法、程序等内容的完整体系”，适用对象很广，即一般管理理论。

一般管理理论是西方古典管理思想的重要代表，后成为管理过程学派的理论基础，对管理理论发展和企业管理实践均有深刻影响。一般管理思想的系统性和理论性强，对管理五大职能的分析为管理科学提供了一套科学理论构架，来源于长期实践的管理原则利于实践，某些原则甚至被当作公理。一般管理被誉为管理史上继泰勒科学管理之后的第二座丰碑。其贡献主要在于区别经营和管理、倡导管理教育、提出管理的五个职能和十四项原则四个方面。

### （三）韦伯的行政管理理论

韦伯的行政管理理论也称为科层制或官僚制，贡献在于将个人与权力相分离，是理性精神、合理化精神体现，适合大型组织需要。韦伯认为行政组织的内在要求是稳定、严密、有效、精确，采取的最优方法是科层制，应通过职务或职位而非个人或世袭来管理。即管理应以知识为依据，管理者有胜任能力，应该依据客观事实而不是凭主观意志来领导，是一个有关集体活动理性化的社会学概念。

### （四）三个理论的主要区别

泰勒的中心思想是提高劳动生产率，侧重企业管理理论，强调合理性、可预测性、专业化和技术能力，焦点比韦伯理论窄。韦伯的贡献在于理想的行政组织体系理论，认为官僚制比其他行政管理系统效率高。法约尔介于泰勒与韦伯之间。如果说泰勒侧重于企业管理理论，韦伯侧重于行政管理理论，那么法约尔的理论既可以是企业管理理论，也可以是行政管理理论，是出自企业管理或工业管理，最终却是抽象出了一般管理原则。

## 二、行为科学理论

### （一）梅奥的人际关系学说

梅奥是人际关系理论创始人，行为科学理论奠基人，其重要贡献在于两个方面：一是发现了霍桑效应；二是创立了人际关系学说。梅奥认为：影响生产效率的根本因素是工人自身、工人被接受和安全感较之奖励性工资更为重要；提出工人是“社会人”而不是“经济人”。为此，企业应采用新型的领导方法。

### （二）马斯洛的需求层次论

美国威斯康星大学心理学家马斯洛于1943年提出了需求层次论。他将人类需求从低到高分为五个层次：生理需求、安全需求、社交需求、尊重需求和自我实现需求，并认为这五种需求是按次逐级上升的。

### （三）赫茨伯格的双因素理论

赫茨伯格是双因素理论创始人，是犹他大学特级管理学教授。20世纪50年代的一次调查令他发现：工作本身或工作内容能使职工满意；工作环境或工作关系则可能使职工不满意。即存在保健因素和激励因素。保健因素是预防性的，包括公司政策、管理措施、监督、人际关系、物质工作条件、工资、福利等；激励因素包括成就、赏识、挑战性工作、工作责任以及成长和发展机会。

### （四）麦格雷戈的X—Y理论

麻省理工学院教授麦格雷戈认为有关人的性质、行为的假设对管理极为重要，并提出了X—Y理论。X模式的人性假定是人性丑恶、厌恶工作，喜欢享乐、得过且过，逃避责任，得用“胡萝卜加大棒”政策。Y理论则是人性本善，会热诚工作，也愿意承担责任。现实是有些人确实是X型。

### （五）超Y理论和Z理论

超Y理论是1970年由美国管理心理学家约翰·莫尔斯和杰伊·洛希提出的一种新管理理论。该理论认为没有最佳管理方式，应灵活管理，要将工作、组织、个人、环境等因素做最佳配合。

Z理论是由美国日裔学者威廉·大内提出，主要解释人与企业、人与工作的关系。他认为是不同文化导致A型和J型组织存在，任何企业都应对内部结构进行变革，使之适应竞争。

## 三、管理科学理论（20世纪40年代以后）

在科学管理理论基础上，结合第二次世界大战期间运用于军事领域的运筹学理论和第二次世界大战后得以发展的系统管理理论精华思想，管理科学理论逐步发展起来。管理科学理论又称数理理论或运筹学理论，主要模型有决策理论模型、盈亏平衡点模型、库存模型、资源配置模型、网络模型、排队模型等。

## 四、当代管理理论的发展

当代管理理论是指20世纪70年代开始至今的新发展的管理理论。

### （一）20世纪70年代至90年代的理论发展

1. 权变管理理论

20世纪70年代环境复杂多变，强调灵活应变的“权变观点”出现。权变管理强调要根据组织所处的内外部条件随机而变，针对不同条件寻求最合适的管理模式、方案或方法，即成功管理无定式，一定要因地、因时、因人而异。

2. 战略管理理论

变革时代导致管理思想变迁：由过程管理向战略管理转变；由内向外管理；由产品市场管理向价值管理转变；由行为管理向文化管理转变。其中，战略管理是变革中心。

20世纪60年代初美国著名管理学家钱德勒首开企业战略问题研究之先河，是环境—战略—组织理论的第一位专家。20世纪80年代初以哈佛大学商学院的迈克尔·波特为代表的竞争战略理论取得了主流地位。90年代信息技术迅猛发展，使得核心能力研究兴起，以应对复杂多变的环境，但是它过分关注企业内部。为此，1995年David J. Collins和Cynthia A. Motgomery提出了企业资源观，认为公司竞争优势取决于其拥有的有价值资源；美国学者穆尔则于1996年提出了商业生态系统概念，他建议高层管理人员应该常从多方面来考虑商业生态系统和自身所处的位置。

3. 公司文化理论

“公司文化热”发祥于日本，形成于美国。它主要是把企业看作一种特殊的社会组织，并承认文化现象是企业最稳定的核心部分，认为成功企业之所以成功，在于它致力于企业文化。

**（二）20 世纪 90 年代后的管理理论的新发展**

1. 学习型组织理论

美国人彼得·圣吉于 1990 年提出了学习型组织理念，认为组织应终生学习、不断自我组织再造，以维持竞争力，并进一步提出了学习型组织的五项要素，即自我超越、改善心智模式、建立共同愿景、搞好团体学习和运用系统思考。学习型组织需要有头脑的领导，能理解学习型组织并能帮助他人成功。

2. 企业再造理论

企业再造理论是 1993 年在美国出现的企业经营管理的新理论和方法。它以一种再生思想重审企业，对企业战略、企业文化、市场营销、组织、生产流程和质量控制系统等进行再造，尤其是针对不合理、不必要的业务流程，以求在经营业绩上显著改进。

总体来看，企业要想长久拥有利润，除了人性假定外，更要从规模、实力、潜力三个维度去分析。要获得这三个优势，企业应通过对人员、设备、技术等要素的有效投入与高效管理，实现规模经营，继而进行组织变革，建立相应的组织结构与运行机制，进一步强化优势甚至形成独特优势，做强企业。

## 第四节 企业投资决策理论

由于政府投资最终都要依靠各类企业具体落实，以下就企业投资决策行为进行分析。

很多学者把企业看作是经济社会中的一个细胞或一个基本单元，或视为“经济人”，以此绕过对企业的深入研究。然而，企业毕竟不是一个普通的“经济人”，即便它是社会的一个基本细胞，它的遗传基因也与常人不同。企业更像是一只“黑箱”，要打开这只黑箱需要智慧也更需要勇气。这点也集中反映在企业投资行为研究的逆向选择上：因为难以研究，所以尽量少研究；因为研究少，所以更难以研究，企业投资行为更加难预料和不可控；因为不可控，所以企业对投资讳莫如深；因为投资是商业秘密的共识，企业就不会主动披露或尽量少披露相关信息，所以企业投资信息数量不多且质量不高；因为外界得到的是量少质差的企业投资信息，所以研究的数量与质量也难以保证。即便难研究，仍有学者分别从财务、战略、行业、决策者心理以及投资安全等角度，借助于统计分析和博弈分析工具对上市公司投资行为进行零星研究，尤其是从财务角度对企业投资行为研究的较多，这可能与上市公司的数据相对易得有关。近些年，对企业投资行为的研究主要集中在投资多元化、跨国投资以及企业并购行为等方向，鲜有对企业投资效率的分析。在企业投资效率的相关文献中，又集中在非效率行为的表象与驱动因素分析：普遍认为企业投资效率不高主要表现在投资过度、投资不足、投资多元化以及企业的投机行为等方面；认为建造公司帝国、管理防御、过度自信、声誉和职业担忧等是非效率投资的主因。本节试图以风险—收益分析为主线，对经济学以及金融学中的主要相关文献进行回顾。

## 一、企业投资决策的根本性思维

### （一）企业单项投资决策依据

古典资本理论认为，为决定是否投资，追求利润最大化的企业总会将其资金成本（利息率）与资本收益率（利润率）进行比较。若收益率高于资金成本则投资，否则不投资。凯恩斯则利用“资本边际效率”去解释资本家的投资行为。资本边际效率是资本家增加一笔投资时预期的利润率，“它是一种贴现率，使得资本资产在其寿命期间预期的一系列年收入的现值正好等于该资产的价格。这是一种特定类型的资本资产的边际效率。而不同边际效率中最大者即可认为是一般的资本边际效率”。[①] 资本边际效率的高低既取决于资金成本，又取决于资本收益。只要资本边际效率大于市场利率，即

① ［英］凯恩斯．就业利息和货币通论［M］．西安：陕西人民出版社，2004：123-124.

可进行投资，否则放弃投资。实际上，无论是古典资本理论还是凯恩斯提出的“资本边际效率”论，都强调的是投资行为与资金成本和预期收益相关，即投资是利息、预期利润的函数。

$$I=f(r、p) \tag{2.1}$$

其中，$I$ 代表预期投资回报率，$r$ 代表资金成本—市场利率，$p$ 代表项目预期利润率。

由式（2.1）可以看出，投资决策依据是：若 $r<p$，即 $I>1$，则投资；若 $r>p$，则放弃投资。

古典资本理论模型和凯恩斯的“资本边际效率模型”本质是一种企业投资保值模型。根据该理论，企业需要确定一个合适的“贴现率”，以保证未来资产大于或等值于现在资产，这是一种通过投资并承担风险来取得未来高收益的策略。该模型的优点在于明确提出了企业投资决策的两大主因是资金成本与预期收益；其缺点在于模型分析重在保值临界点分析，其以市场利率作为贴现率的思路还值得斟酌，面对现实中存在的该投未投、该放弃却未放弃以及合理报酬的情况，也难以充分解释。

**（二）最优企业投资组合决策**

研究投资效率的目的就是最大限度地支配和使用资本，使企业以较少的投入调动和支配更多的资本，以获得尽可能多的产出，并在最短时间内获得最大利润。福利经济学认为，资本效率是在帕累托最优经济状态下，没有任何一种资本能够通过提高自身的盈利能力而不损害其他资本的盈利能力，那么这样的资本就是有效率的；即除非损害其他资本的盈利能力，否则就不能提高自身盈利能力，此时的资本是富有效率的。同时，经济学中关于生产是否富有效率做了如下阐述：当经济体无法在不减少一种物品产量的前提下生产出更多的另一种物品时，当其选择点处在生产可能性边界上的时候，我们就说该经济体的生产是有效率的。二者关于“效率”的表述异曲同工，即除非损人，否则就不能利己。在此，利用生产可能性边界模型来解释有效率的企业投资行为（见图 2-3）。

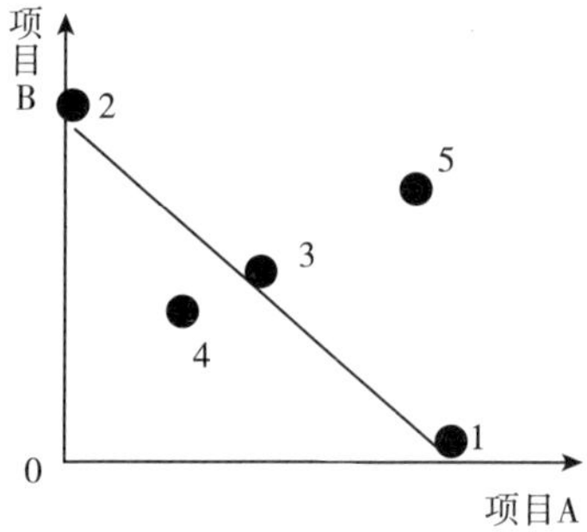


**图 2-3　企业投资边界**

假设某企业有意向投资两个项目，但是否投资会受到自身条件的限制，比如企业的资本积累、融资能力、管理能力等，这就使该企业存在一个投资可能性边界。如果两个项目互斥或出于其他原因，企业全力以赴投资项目A，则该项目投资规模限于1；若全力以赴投资项目B，则投资规模限于2；若两个项目互补，则都投资，但存在最优组合问题；若两个项目独立，如何投资则主要取决于非经济因素，如投资偏好、投资战略、环境噪声等。在既定条件下，企业对两个项目的投资组合有很多，把全部投资组合会聚在一起就形成了投资边界，抽象为图 2-3 中的直线。图 2-3 中，对于线外投资（组合 5），超出了企业的投资能力，因而无法实现；线内投资（组合 4），企业可以实现，但是存在资源闲置或浪费现象，企业投资是低效率的；位于投资可能边界线上的投资组合（如组合 1、组合 2、组合 3）处于这样一种状态，即除非减少一个项目的投资，否则就不能增加对另一个项目的投资，此时的投资是富有效率的。这就告诉我们，企业选定的投资组合应该位于投资可能边界线上，否则其投资就是无效率或低效率的。然而，富有效率的投资组合有很多，为便于选择，进一步引入投资无差异曲线。

经济学中，无差异曲线是一种凸向原点的效用曲线，即无数种可能经济组合带来的效用相同的曲线。投资无差异曲线也就是不同投资组合带来的期望效用相同的曲线，同一条投资无差异曲线上的点效用相同但投资组合不同，离原点越远的投资无差异曲线其效用越高，投资无差异曲线不能相交。借助投资无差异曲线，结合企业实际（企业投资可能性边界），可以依据同等效用的情况下投资最省、同等规模投资的情况下追求效用最大的原则，对投资组合做出选择（见图 2-4）。

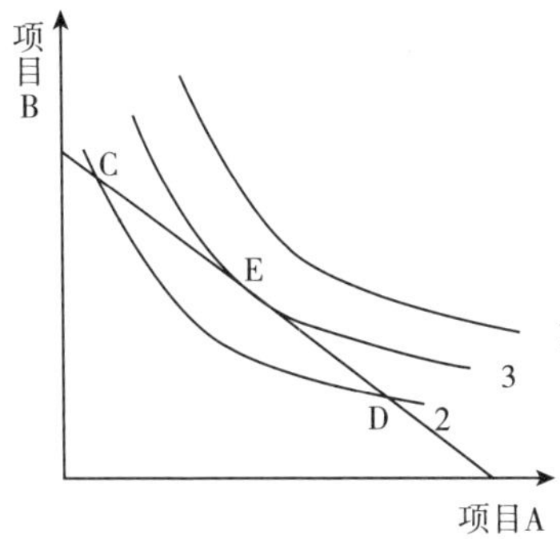


图 2-4　投资项目选择

在图 2-4 中，对于投资无差异曲线 1，效用虽最高，但超出了企业投资实力；C 与 D 两点虽是富有效率的投资，但是此两种投资组合带来的效用并非最大（位于最低的效用曲线 2 上）；只有 E 投资组合既不存在企业资本闲置与浪费现象，又是投资效用最高的组合，是最优的投资组合。

有效投资理论的前提是把企业视为一个理性“经济人”，企业以自身利润最大化为目标，通过充分使用资源对单个或多个项目进行投资以提高收益的方式来降低、分散风险。即理性收集、处理并分析市场信息，对相关资产价格、项目风险、预期收益进行充分估计与预测，并组合企业资源，以确保投资决策正确。如此理性、精确，也暗示了市场有效性假设，经济学中的以市场竞争程度为依据划分的四种市场似乎力不从心。另外，关于证券市场投资、企业投资效用评估等理论已经比较成熟，它们对企业投资决策与风险控制皆有极高的价值。

## 二、证券市场投资组合理论

现代投资组合理论主要包括有效市场理论、投资组合理论、资本资产定价模型、APT 模型——它们改变了过去主要依赖基本分析的传统投资管理实践，使现代投资管理日益朝着系统化、科学化、组合化的方向发展。1952年3月，美国经济学家哈里·马考威茨（Markowitz）发表的《证券组合选择》中首次提出投资组合理论。他对风险和收益进行了量化，建立了均值方差模型和投资组合有效边界模型。由于该方法要求计算所有资产的协方差矩阵，所以严重制约了其在实践中的应用。1963年，威廉·夏普（William Sharpe）提出了可以对协方差矩阵加以简化估计的单因素模型，极大地推动了投资组合理论的应用。之后，夏普、林特和莫森分别于1964年、1965年和1966年提出了资本资产定价模型。该模型不仅是评价收益—风险相互转换的可运作框架，也是投资组合分析、基金绩效评价的重要理论基础。1976年，针对CAPM模型所存在的不可检验性的缺陷，罗斯（Ross）提出了一种替代性资本资产定价模型（APT模型），该模型直接导致了多指数投资组合分析法的广泛应用。

### （一）有效市场假说

有效市场假说（Efficient Market Hypothesis，EMH），1970年由美国芝加哥大学教授法玛（Fama）提出，它是现代资本市场发展的理论基石。资本资产定价模型、套利定价模型（APT）都是以EMH为基础。其主要内容是：在一个充满信息交流和竞争的社会里，一个特定信息能够在金融投资市场上迅速被知晓，随即从产品价格上得以充分反映，从而使得投资交易不存在非正常报酬，只能是获得平均市场报酬率。只要市场充分反映了全部信息，市场价格代表着证券真实价值，这就是一个有效市场。它主要包含四个有效：信息公开有效、信息被接收的有效、信息接收者的判断有效和信息接收者投资有效。

有效资本市场假设的基本理论将市场分为弱式有效市场、半强式有效市场和强式有效市场三种。①弱式有效市场假定市场上所有投资者均掌握了某一特定证券的所有历史信息。通过对证券价格的长期跟踪、分析，人们发现某一特定股票的将来价格与其过去价格可用“随机行走过程”（Random Walk Process）来形容，即历史股价完全无法带来盈利机会。②半强式有效市场假定市场上所有投资者拥有所有公开信息，如财务报告，分红、送配股决定，会计调账，新闻媒介对公司评价，直至中央银行政策变动等，而证券价格反映了所有公开信息价值，拥有公开信息不能让人获利。③强式有效市场假定市场上所有投资者都掌握了所有信息，证券价格也反映了信息价值，企业内幕人无法获利。

### （二）投资组合理论

Harry Markowitz 认为，投资本质上是在不确定性收益和风险中进行选择。投资组合理论可用均值—方差来刻画。均值是指投资组合的期望收益率，它是单只证券期望收益率的加权平均，权重为相应投资比例。方差是指投资组合收益率的方差，它刻画了投资组合风险。投资组合理论研究“理性投资者”选择优化投资组合问题：给定期望风险水平下期望最大化收益，在给定期望收益水平下期望最小化风险。因此，以波动率为横坐标、收益率为纵坐标的平面中把优化投资组合描绘出来——是一条曲线。曲线上波动率最低的点，即为最小方差点。最小方差点以上的曲线部分就是投资组合有效边界，该投资组合称为有效投资组合。投资组合有效边界是一条单调递增的凹曲线，任意一个投资组合要么落在有效边界上，要么处于有效边界之下。因此，有效边界包含了全部有效投资组合，理性投资者只需在有效边界上选择投资组合。即投资者从偏好出发，组合有效投资组合，选择最优组合结构。

### （三）资本资产定价模型

资本资产定价模型（CAPM）是诺贝尔经济学奖获得者威廉·夏普 1970 年在他的著作《投资组合理论与资本市场》中提出的，公式如下：

$$R_e = R_f + \beta \times (R_m - R_f) \tag{2.2}$$

其中，$R_e$代表预期报酬，$R_f$代表无风险报酬率，$R_m$代表整体市场预期报酬率，$\beta$代表报酬相关系数。其主要假设条件是：单一投资期、不存在税、投资者能以无风险利率自由借贷资金、投资者以收益率的均值和方差为基础选择投资组合。

CAPM 模型简单明了，它把任何一种风险资产的价格都归纳为无风险因素、风险的价格因素和风险的计算单位。可以用$\beta$系数确定单项资产所包含的绝对风险量，通过市场组合求出风险市场价格。实际投资时，只要有了要选择的风险资产的基本信息，就可以计算出该资产的预期收益率、方差、协方差以及$\beta$系数，投资者便可以计算该资产价格并选择最佳投资策略。

CAPM 模型假设尽量使具有不同初始财富和风险厌恶程度的投资者相同化。所以，在市场均衡状态下，所有投资者均按包括所有可交易资产的市场资产组合来成比例地复制风险资产组合；市场资产组合在有效边界上且相切于最优资本配置线；市场组合的风险溢价与市场风险和风险厌恶程度成比例；单个证券的风险溢价与市场组合的风险溢价成比例。CAPM 模型的经济意义是：在市场均衡时，所有资产每承担一单位风险，市场给予的预期收益率都应该相等。如果不相等，则市场还不均衡，还存在差价获利可能。由此可知，只有投资高风险的股票，投资者才能得到更高回报。

CAPM 模型解决了均衡条件下资产定价问题，给出了资产收益、风险以及两者关系的精确描述，表示了资产系统风险和投资者期望获得收益之间的一种替换关系，该模型在金融、实业中被得到广泛应用。CAPM 模型不是一个完美模型，但其分析问题的角度正确——它提供了一个可以衡量风险大小的模型，来帮助投资者判断所得回报是否与风险匹配。

### （四）套利模型

1976 年由罗斯发展的套利理论比资本资产定价模型要简单，其基本思路是：两种具有相同风险和收益率的资产，其价格不能不同，即“一价定律”。其主要假设有：①资本市场处于竞争均衡状态，不存在任何渐进套利机会。②投资者厌恶风险，具有相同理念，力图消费效用最大化。根据“一价定律”，同一种资产不可能在一个或几个市场中以两种不同的价格出售，否则，就会出现套利机会。

1. 单因子模型

套利定价理论假设证券收益率也可以用因子模型来解释，现在我们假设它是单因子模型，公式为：

$$R_i = E(R_i) + \beta_i F + \varepsilon_i \tag{2.3}$$

其中，$R_i$代表证券 $i$ 的收益率；$F$ 代表共同因子的预测值；$E(R_i)$代表证券 $i$ 的预期收益率；$\beta$ 代表因子 $i$ 的敏感度；$\varepsilon$ 代表随机误差项，并且 $E(\varepsilon_i)=0$；标准差为 $\sigma_{\varepsilon i}$。

2. 套利证券组合

套利证券组合是预期收益增加而风险没有增加，因而套利证券组合要满足以下三个条件：

第一，不需要投资者增加任何投资。如果 $x_i$ 表示套利证券组合中证券 $i$ 的权重变化，那么：

$$x_1 + x_2 + x_3 + \cdots + x_n = 0 \tag{2.4}$$

第二，套利证券组合对因子 $i$ 的敏感程度为零，也就是它不受因子风险影响，它是证券敏感度的加权平均数，公式为：

$$\beta_1 x_1 + \beta_2 x_2 + \beta_3 x_3 + \cdots + \beta_n x_n = 0 \tag{2.5}$$

第三，套利证券组合的预期收益率必须是正数：

$$x_1 E(R_1) + x_2 E(R_2) + x_3 E(R_3) + \cdots + x_n E(R_n) > 0 \tag{2.6}$$

在此基础上，罗斯绘出了套利定价线，即 APT 资产定价线，表示在均衡状态下预期收益率和影响因素敏感度的线性关系。

套利定价理论指出，证券的预期收益是许多影响因素的线性组合，但没有明确指出决定证券收益率的因素数量和类型。若为单因素影响收益率，套利定价模型可以得到和 CAPM 模型一样的期望收益——$\beta$ 关系。CAPM 模型适于单项资产定价，APT 模型适于组合投资决策。

综上所述，投资组合思想在变化。传统投资组合的思想主要是：不要把所有鸡蛋都放在一个篮子里面，否则“倾巢无完卵”；组合中资产数量越多，分散风险越大。而现代投资组合思想主要表现在最优投资比例和最优组合规模两个方面。首先，投资中存在最优投资比例。即认为组合的风险与组合中资产收益有关，且存在一组使得组合风险最小的投资比例。其次，存在最优组合规模。即随着组合资产种数增加，组合风险下降，但是组合管理成本却提高；当组合中资产类型达到一定数量后，组合管理成本继续提高，风险却无法下降。

## 三、企业投资效用理论

### （一）期望效用函数理论

期望效用函数理论是 20 世纪 50 年代冯·纽曼和摩根斯坦（Von Neumann 和 Morgenstern）首先提出的。他们认为，投资者效用是未来各种可能结果的权重之和，并运用逻辑数学工具建立了不确定条件下对理性人选择进行分析的框架。期望效用函数的定义是：

如果某个随机变量 $X$ 以概率 $P_i$ 取值 $x_i$，$i=1$，2，…，$n$，而某人在确定地得到 $x_i$ 时的效用为 $u(x_i)$，那么，该随机变量给他的效用便是：

$$U(X) = E[u(X)] = P_1u(x_1) + P_2u(x_2) + \cdots + P_nu(x_n) \quad (2.7)$$

其中，$E[u(X)]$ 表示关于随机变量 $X$ 的期望效用。因此，$U(X)$ 称为期望效用函数，又叫作冯·诺依曼—摩根斯坦效用函数（VNM 函数）。

诸多后来者结合效用函数形状和投资者风险态度得出了不少结论，但所用概率均是外生的、客观的、预先知道的。随着心理学发展，预期效用理论在实验经济学的系列实验中受到了一些“悖论”挑战，比如分离效应、反射效应、概率性保险、偏好反转等。

**（二）主观预期效用函数**

经济中客观概率很难知道，大部分情况下的自然概率是人为主观的，投资者对得到的概率分布缺乏信心。要描述实际情况就必须考虑投资者心理，主观期望值（$SEV$）被提出。

$$SEV = X_1 \cdot W(P_1) + X_2 \cdot W(P_2) + \cdots + X_n \cdot W(P_n) \quad (2.8)$$

其中，$W(\cdot)$ 为主观概率的加权函数，且满足 $W(P_i) \geqslant 0$（$i=1$，2，…，$n$）以及加权函数之和等于 1。

1954 年，Savage 提出了主观预期效用函数（$SEU$）。他认为投资行为好像有一个主观概率①，即投资者决策由唯一的概率测度表示，人们的偏好由主观预期效用决定，其表达式为：

$$SEU = \int_s U(f(s))dP(s) \quad (2.9)$$

其中，Savage 认为不确定决策时面临三个因素：自然状态（$S$）、投资者行为（$F$）和投资者收益（$X$）。投资者行为 $F$ 是从 $S$ 到 $X$ 上的所有行为函数 $f(s)$。投资决策时好像知道对应自然状态概率 $P(s)$，投资是选择最大

① 主观概率：Savage 在《统计学基础》中说，即使是自然状态也不一定是与可识别的、客观的概率相联系，但是对于赌博偏好的某些限制似乎意味着决策结果应该有某种效用。但自然状态都应该具有某种概率，而且决策的行为都是通过考虑预期效用提出的。也就是说，实际上我们仍然希望用较为明显的概率去推动可以选择的行为，而概率估计就成为投资者偏好的一部分，是主观的。

效用 $U(x)$ 的行为。

主观效用理论设想了一个价值和理念间的明确界限。可能收益的信息化程度由概率量化，主观值则由效用量化。价值评估和理念程度是独立的。投资效果由预期理论来评价。

预期和主观预期理论都是投资者用预先给定概率去测度并最大化其偏好的效用函数。实际应用中，决策者的风险行为非常重要，常用效用函数来刻画它。

**（三）各种风险下的效用函数**

预期效用理论把投资者效用水平和各种可能收益结合起来，投资者通过预期效用最大化决策，构建了一个与个体理性完全相融的分析框架。如图 2-5 所示：①风险厌恶：$u(E(x))>E(u(x))$，效用函数见左图；②风险偏好：$u(E(x))<E(u(x))$，效用函数见中图；③风险中立：$u(E(x))=E(u(x))$，效用函数见右图，是条直线。

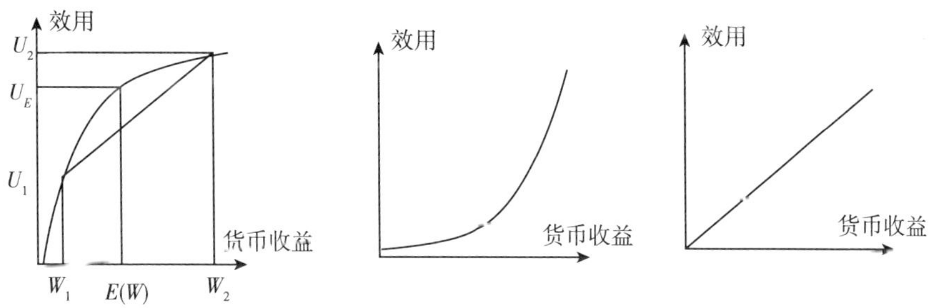


**图 2-5　风险的主观态度**

## 四、企业投资决策理论的综合评述

企业投资决策不能保证一定成功。有效益的企业投资决策一般是这样进行的：在一个有效市场中，企业作为一个理性经济人可以有效地接收、判断市场信息，可以借助于资产定价模型、套利模型等模型，分析相关资产的价格（相关各种信息最终能够迅即在市场价格中得以反映）是否被高估，挑选出那些被低估的资产，并根据企业投资预算以及企业管理幅度形成系列的可能投资组合，进一步分析可能投资组合的各种风险，对组合中的变量赋予适当权重（比如风险概率、敏感系数等），得到收益数学期望值，再进一步理性分析企业投资效用预期、风险承受能力，依据同等风险投资效用要高、同等投资效用承担风险要低的原则，选出规模合适的最优投资组合。所以，有效企业投资决策应该具备如下特征：①投资方向是可以控制的，不否认企业投资多元化，但多个投资方向一定要可控，多元化投资是企业的投资战略之一，应根据行业属性与企业现状因时制宜，谨慎一元化，反对盲目多元化。②投资组合是最优的，组合中的单个投资项目每提高一个单位的风险可获得同等的收益增量，最终达到预期效用最高而风险最低。③投资规模合适，既要发挥规模经济效应，也要避免规模不经济现象发生，投资规模宜控制在投资边际收益与投资边际管理成本相等的临界点上，避免投资边际收益低于投资边际管理成本的现象发生，避免出现企业投资过度或投资不足。④有效投资组合必然位于企业投资边界上，企业内部资源配置效率很高，不存在资源闲置、浪费，不会出现各种投机行为。⑤投资风险是企业可以承受的，投资是相对保守的、有底线的，投资目的是获得收益、企业滚动发展，而不会因投资而大量吞噬企业利润甚至面临破产清算。

上述总体假定为有效市场中的理性经济人投资行为。因为市场有效，理性经济人会获得各种所需市场信息，并凭借其快速精准的计算能力与准确的对收益—风险的偏好拿捏能力，来给资产合适定价、合理确定拟投资项目的风险水平、努力做到投资收益最大化。然而现实中的市场并非那么有效，经济人也并不完全理性，其行为目标也并不总是一元化、完全自私自利的，其对市场的分析、对风险的估计、对收益的预期并不总是那么精确；充斥市场的也绝非是同质经济人，而是有思想又有情感的异质行为主体；决策环境也是不确定的，决策程序与机制也不一定科学且运转有效，这就导致投资机会的瞬时性、投资方向的灵活性、投资决策的复杂性、决策过程的非理性、投资效果的不可预料性。但是，基于经济学的投资分析仍然有它存在的价值。正如钱颖一教授所说，现代经济学提供了多个“参照系”或“基准点”，这些参照系本身的重要性并不在于它们是否准确无误地描述了现实，而在于建立了一些让人们更好地理解现实的标尺。可以尝试逐步放开建立经济模型的可控因子甚至初始条件，最终与社会现实并轨。20世纪中期，行为金融学的兴起以及相关研究成果，可能会进一步解释企业投资效率与投资行为问题。与此同时，博弈理论在经济学中的日益普及性运用，也会进一步提高投资决策质量。

对本书来讲，无论是哪类经济行为主体发起的投资活动，无论是林区国家公园建设还是全域旅游建设，投资决策理论皆可作为根本性判断依据。甚至是在以国企改革为主导的全面深化改革事务中，投资效用、组合、收益与风险控制也皆是关键因素或环节之一。

# 第三章　神农架林区建设“中国生态经济总部”构想

## 第一节　神农架林区建设“中国生态经济总部”的可行性

区域经济发展的根本思想应该是在立足区情看有无、跳出区情判优劣的基础上，进一步结合区域内外形势和政策来确定发展方向、原则、具体思路。神农架林区的“生态经济总部”定位是否科学、合理，也应据此判断。下文拟通过分析林区的产业基础、经济发展限制因子和经济形势，再借鉴瑞士发展经验，提出了神农架林区“以生态环保类企业总部为主的总部集聚地经济”发展模式，进而明确“生态经济总部”的发展定位，并通过反思该定位的利弊，进一步论证“生态经济总部”发展模式具有很强的操作性。

### 一、林区资源环境的经济评价与相应建议

关于“环境决定论”的观点是否正确，各个领域皆有过广泛讨论。再讨论想必意义不大。纵观历史、放眼全球，古往今来之国家、城市几乎无一例外地立足并受限于生态环境、自然条件。当今有很多国家仍躺在大自然怀

抱里，困于生态环境又以生态环境为生。即便是发达国家、主流国际型城市，生态环境的印记也处处可显。最为典型的当属日本。日本国土面积狭小、岛国且多火山地震的恶劣环境，使其生存压力极大，无尽噩梦之评价不为过。然而，精耕细作式农业、丰富的渔业资源和优良港湾条件则逐步成为其发展之基，善于思考学习、认真团结等思维也逐步成为其优良基因。在当代发达科技水平与经济全球领先之状态下，大自然对其经济社会人文的影响仍然很深，突出表现在其国内经济布局以及大陆发展思维难突破情况下的海洋发展战略。若非有例外，则为以色列。历史上长期全球流浪式生活，使得以色列人对土地和知识热爱异常。读书使其变得智慧，智慧则使其把刚刚获得不久的不毛之地改造成了绿洲，从而最大限度地突破了生态环境限制并逐步发展成为一个经济、军事、技术等领域的强国。总之，不论环境是否决定，自然环境的重要影响仍然不可忽视，自然条件和自然资源状况仍然是一个区域经济发展和社会进步之基础。神农架林区发展之路也不应该是个例外。

以下就神农架林区的自然条件和自然资源情况做简要整理（见表3-1）。

**表3-1 神农架的自然条件和自然资源基本情况与经济价值简要评价**

| 条件资源 | 简要描述 | 经济价值基本评价 |
|---|---|---|
| 地理位置 | ①E109°56′~110°58′，N31°15′~31°75′；②湖北省西部边陲，西与重庆巫山县毗邻。 | 地处华中，可辐射全国；立足湖北西部山区，农林特养产品充足。 |
| 地形条件 | ①中国第二阶梯东部边缘，大巴山余脉组成，由西南向东北渐低；②最高峰神农顶是华中第一峰。 | 华中屋脊，山林地旅游资源丰富。 |
| 气候条件 | ①北亚热带季风区，偏凉多雨；②高山森林调节，无酷热、无严寒；③立体小气候明显；④时空变化较大，有六月雪、十月霜、一日四季之说和东边日出西边雨现象。 | 四季变化，气象特殊，可以及时领略；山水气象，风光变幻，观光游览。 |
| 动植物资源 | ①森林居多；②3700多种植物、1060余种动物；③国家一二级保护树种39种、67种珍稀野生动物；④可入药动植物达2013种；⑤白化动物、野人之谜。 | 物种丰富，天然基因库；珍稀物种多，资源品质高；中药材资源突出；野人资源，探险旅游。 |
| 矿产资源 | ①有15种矿、53处矿床；②磷矿、铁矿、铜矿、镁矿、铅锌矿、硅矿等为主，磷矿资源集中、品位较高。 | 矿种较多；以磷矿开发为主，是支柱产业。 |

续表

| 条件资源 | 简要描述 | 经济价值基本评价 |
| --- | --- | --- |
| 水利资源 | ①是湖北长江和汉江的分水岭；②有香溪河等四大水系。 | 水能资源较为丰富。 |
| 土特产品 | ①有小板栗、有机茶、木耳、杜仲茶、生漆、中药材、香熏腊肉等；②有机食品认证 3 个。 | 资源较丰富；为原生态、无公害、绿色有机食品。 |

根据表 3-1，可以对神农架林区的自然条件和自然资源做一个综合性评价，适合农林特养旅等绿色或服务类产业发展，“生态+”经济模式比较因地制宜。以此为基础，进一步对林区自然、社会、经济、人文、品牌等方面进行梳理、评价见表 3-2。

**表 3-2　自然基底上的社会经济人文情况简评与发展思路**

| 视角 | 优势分析与扬长零星思路 | 主要劣势与避短发展思路 |
| --- | --- | --- |
| 自然 | ①有大自然遗产；地形气象复杂多变，风光旖旎独特；物种丰富，资源组合较好；林特养资源主导；全球同纬度绿色奇迹、华中之肺。②适合发展林特养旅体经济以及配套服务产业。 | ①大山深处、受诸多限制；资源丰而不多。②适合文博展览、科教研发、会务商务等类项目。 |
| 社会 | ①人口、产业集聚于村镇；民风淳朴、善良；地方综合治理与服务中心设在核心城镇；资源产品实物以交易为主。②可以农林特资源为主来构建中心村镇商品交易市场。 | ①交通不便，相对封闭；观念思想等可能跟不上主流；社会慢节奏。②适宜发展健康休闲文娱类产业来提神补气。 |
| 经济 | ①原生态农林特产品；旅游业发展迅速。②农林特养旅经济有一定基础，绿色产品系列市场较好，应谋求提档提质。 | ①自然经济；经济会受到山林地约束和国家生态文明建设制约。②适宜构建第一产业为基础、第三产业为支柱的经济结构。 |
| 人文 | ①闲散舒适的农林独家小院式生活；自然节律的田地园林式生产；走亲访友的民间传统娱乐；安详静谧的鸟语听风式学习；自得其乐的无约束模式休闲。②基调好，发展方向是优雅、闲适、品质、格调。 | ①人烟较少、零散分布；文教体卫等事业可能滞后；古遗迹遗址相对较少，文化底蕴可能略微欠缺。②以文体娱乐活动为主线适度集中。 |
| 品牌 | ①品牌大且多，被评为世界遗产、世界地质公园、亚洲生物多样性保护示范区、国家湿地保护区、国家自然保护区、国家公园、国家 5A 级旅游景区等。②面向国际搞宣传，树国际品牌，做品质旅游。 | ①真正特色、可交易的品牌产品偏少。②加强品牌建设或规避新产品研发、试制与市场推广等问题。 |

表 3-2 基本上是对林区发展经济基础的一个全方位评价。根据表 3-2，林特养资源主导下的生态经济在林区已经具有较为深厚的基础。图 3-1 则把林特养主导的生态经济资源大致按照马斯洛需求层次理论划分为基础优势资源、附加特色资源和延伸资源三类，并对应分类且列举了可经营的资源或产品系列。即以基础资源（山林湖石、生态环境、生活状况、经济产业）为基本需求，以山林湖石之象、气、品、特、遗、产等紧密附着物为核心需求，大力开发养生、养老、修身养性类延伸产品产业为高端需求，构建林特养旅产业主导的立体生态经济体系（见图 3-1）。

综上所述，大自然赋予了林区丰富的林特产资源，历史上的林区人民也正是依靠这些天然资源逐步发展至今。时至今日，由于各种原因，林区对它们的依赖程度依然很高。如何避免陷入优势陷阱，是一个值得深思的问题，尤其是在当今国家也要求进行生态文明建设的体制下。农林特基底之上的生态经济主导模式似乎值得期待。

## 二、现有优势特色产业基础

作为中国唯一以“林区”命名的行政区，神农架于 1970 年建制，目前直属湖北省管辖，总面积 3253 平方公里，林地占 90%以上，2014 年全区户籍人口近 8 万人。

山高林多、地形不平坦，使得当代林区很难做到规模化投资经营。即便如此，以 2017 年为例，通过林区人的共同努力，实现地区生产总值 24.8 亿元，较 2016 年增长 7.0%。总值看似不高且在省内各地级市中排于末位，但考虑到诸多因素，成绩仍然不错，尤其是 7.0%的增长速度基本与全国步调一致。若考虑到人均 GDP 指标，绩效可能会更突出，人均 GDP 达到 3.1 万元。再看产业结构，以 2014 年为例。2014 年林区三次产业结构比重由上年的 9.5∶41.3∶49.2 调整为 9.4∶40.3∶50.3，可以看出其第三产业地位更加突出，结构进一步得到了优化。

### （一）林区主要行业

从具体行业来看，基于产出、收入和在当地 GDP 之中的比重等指标，

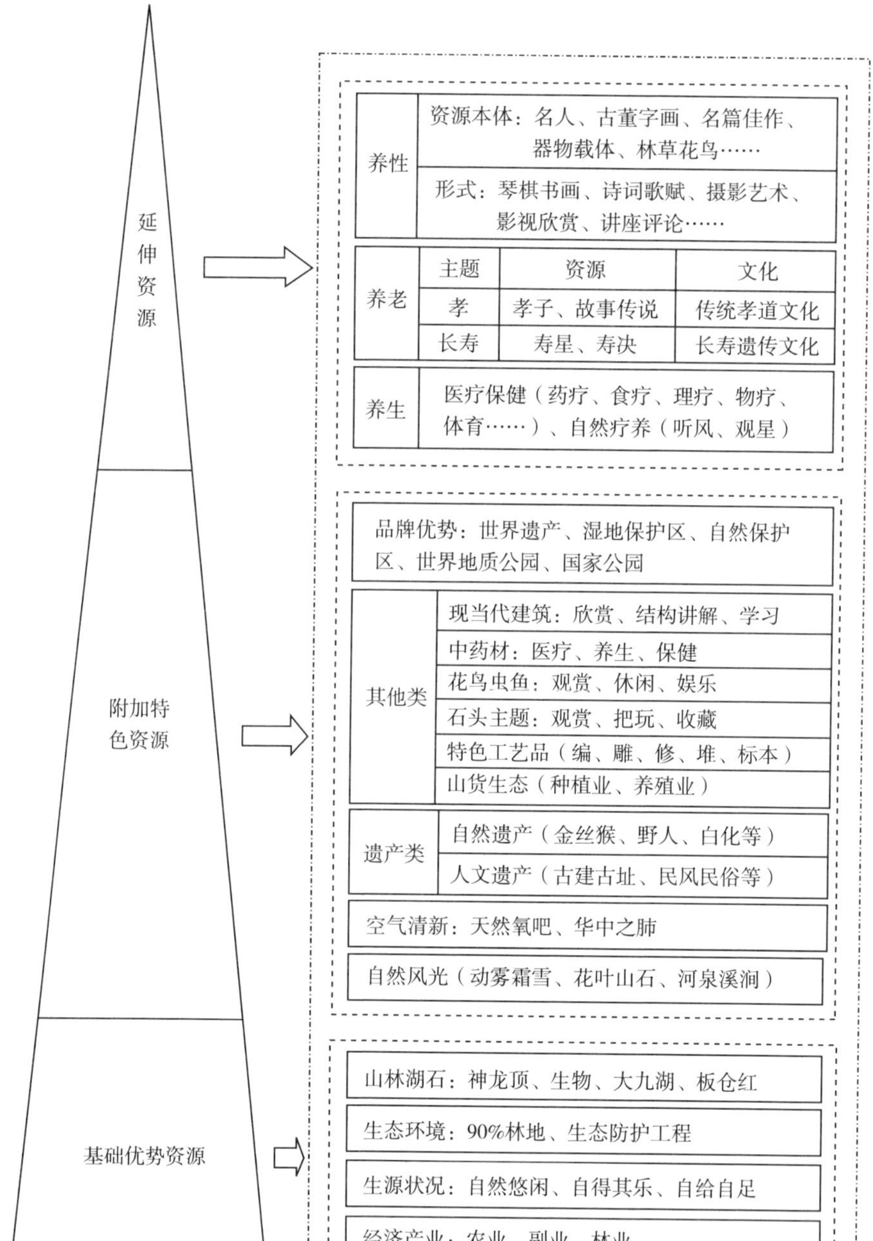


**图 3-1　神农架生态经济资源体系**

旅游业、磷矿开采、建筑业、批发零售业、住宿餐饮业、交通运输、邮电通信等表现比较突出，应是经济支柱。若把这些行业进行林区发展历史和方向性归总，非常明显，旅游业则是其重要支柱产业——基本都是解决吃、住、行、购等问题的典型旅游服务类或支撑类企业。这也与神农架林区丰富的旅游资源以及坚持大力发展旅游业、建设美丽幸福神农架主题密切相关。

### （二）旅游业是首位支柱产业

作为重要支柱产业，林区旅游业总体表现不俗。早在 2003 年，旅游业即占林区国民经济总收入的 14%。之后的旅游业更是逐年发展迅猛。2014 年共接待国内外游客 701.2 万人次，同比增长 34.8%；实现区内旅游经济收入 25.2 亿元，同比增长 35.0%。其中，以旅游商品收入、客房收入、交通收入为主；只是景区门票收入相对较少，为 0.9 亿元；旅行社收入也相对下滑。鉴于绿色环保呼声、生态文明建设要求、林区的国家公园体制试点以及资源环境产业优势，旅游业应该坚持作为主流发展方向。

### （三）磷矿产业是第二产业中的支柱产业

2014 年规模以上工业开采磷矿石同比增长 10.1%，生产黄磷同比增长 13.2%，对当地 GDP 贡献很大。只是磷矿开采以及磷化工产业对生态环境的破坏皆比较大，应该限制开采、控制现有企业规模甚至限制新企业进入、鼓励转型或淘汰一些安全生产不合格或排污指标常年不达标的企业。

### （四）第一产业中的重点产品

第一产业因为总体占 GDP 比重不足 10%，具体行业绝对数据还要小，因此在行业总量收入中难以突出。表 3-3 以 2014 年林区主要农产品产量增长情况为例来做简要分析。根据表 3-3，神农架林区主要生产香菌、药材、蔬菜、茶叶、烟叶等十大农产品。大致可以归为三类，即普通食用、常用饮料和医疗保健用品。农业是发展的基础，这些农林产品将会一直支撑神农架的现在和未来。若能把其中的茶叶和药材资源利用好，或许会令林区更美、人民生活更加健康安乐。

表 3-3　2014 年神农架林区主要农产品产量增长状况

| 指标 | 同比±% | 指标 | 同比±% | 指标 | 同比±% | 指标 | 同比±% |
|---|---|---|---|---|---|---|---|
| 香菌 | 126.7 | 药材 | 94.4 | 蔬菜 | 10.3 | 烟叶 | -95.6 |
| 肉类 | 5.5 | 茶叶 | 0.0 | 油料 | -21.8 | | |
| 板栗 | -19.4 | 核桃 | -20.8 | 水产品 | 5.8 | | |

### （五）固定资产投资态势、方向较好

根据 2014 年全区固定资产投资指标，总投入 30 多亿元，同比增长 20.7%。其中，第一产业投资近 2 亿元，同比增长 42.7%；第二产业投资 4 亿多元，同比下降 21.8%；第三产业投资近 24 亿元，同比增长 31.8%。第一、第三产业增幅较大，应该是一个好的现象。

### （六）财政、金融和保险、教科文体卫等事业发展态势总体较好

综合结论是：林区以林特养为基底的生态环保产业结构历史基础较好，也是当今林区的优势特色产业，尤其是旅游业发展状况较好。

## 三、发展经济的主要限制因子

先看 2014 年林区经济总量、财政收入、固定资产投资和人均可支配收入四个主要经济数据。第一，地区生产总值 20 亿元，同比增长 8.0%。第二，财政一般预算收入 49953 万元。其中：地方公共财政预算收入 33691 万元；完成地方税收收入 20891 万元，占地方公共财政预算收入的 62.0%。公共财政预算支出 168376 万元。第三，固定资产投资按经济类型划分，国有经济投资 181767 万元，非国有经济投资 120598 万元。第四，林区全体居民人均可支配收入为 12529 元，城镇常住居民人均可支配收入为 19810 元，农村常住居民人均可支配收入为 6920 元。城乡居民收入倍差为 2.86。据此可有五个明确结论：林区经济总量和财政收入绝对数值相对偏低不少；高度依赖地方经济；林区财政处于赤字偏高状态；投资以国有经济为主，占 60%；居民可支配收入偏低，居民消费能力有限；城乡居民收入差距虽然在逐步缩小，但倍差还是偏大。

主要经济指标反映出的问题较多，林区经济需要有大的发展。反思发展瓶颈、明确发展主要问题并针对性地寻求突破，是排在首位必做的功课之一。综合权衡结果来看，交通问题、规模化投资经营问题以及缺乏拳头优势产品，应是排在前三位的限制因子。

### （一）交通问题

要想富，先修路。交通问题是制约经济发展的第一要素。神农架作为与襄阳、十堰、宜昌和重庆四地毗邻的中高山林区，可以说是处于四地之边缘、华中之屋脊，路难修、车船难至、人难行，应该具有天然必然性。目前神农架交通以公路交通为主，境内基本形成了209国道和307省道纵横、县级公路辅助通向各乡镇的格局，总体特点是能够通达但存在耗时较长、班次较少、不够便利等问题。2014年红坪机场正式运营，则成为公路交通的很好补充，它缩短了路途时间、方便了客人。另外，郑万高铁开始修建，将会有力解决襄阳至神农架的交通问题。由于林区西南部为保护区，西向、南向的重庆、宜昌等地交通问题依然比较突出；北向纵有国道惯境，耗时较多仍是相对弊端。林区境内交通大多为县级道路，旅游旺季时节可能会存在交通拥堵问题，县道需要改善升级，更需要加强北向、西向、南向交通等问题。

### （二）第二产业大多会受空间限制，难以规模化投资经营

对于任何一家企业而言，规模化经营是成长道路上必不可少的一环。通过规模经营，可以降低成本、增强利润空间、打击竞争对手，从而实现企业盈利、市场拓展和再投资再发展等目标。然而，对于林区而言，90%左右的森林覆盖率令这一切变得很难。在国家要“加强森林生态系统、湿地生态系统、荒漠生态系统建设和生物多样性保护”的“三个系统和一个多样性”的大环境下，林区拥有其中之三，“创新管理模式，加强森林执法，提升森林资源数量和质量”是努力方向与工作目标。因此，林区可用来开发利用的土地总量将只有所辖区域面积的10%左右，甚至在土地规划与利用过程中还需要顺势而导，是可“纵”可“合”但难“横”难“开”，狭长纵深空间之中极其不便，产业难以规模布局、企业难以规模经营；再从可利用资源来看，近90%的林区使得农林资源尤其是林业资源必是其经济基础，对

有规模经营需求的产业尤其是第二产业的发展来说是缺少支撑，林区规模化投资是个问题——这对于招商引资工作极其不利，尤其是难以吸引大型制造业厂商进驻，这又将进一步影响企业的融资、发展、再投资问题，进而影响林区经济总量，是非良性循环经济模式。

**（三）缺乏拳头品牌产品**

区域经济的发展最终是靠企业去落实，企业则是靠盈利来保证，好产品则是企业盈利的保证。因此，有没有拳头品牌产品就成了区域发展的关键，也就相应可以理解为何政府会组织各类展览会、交易会，甚至会做宣传推广、搞产品代言，企业家会成为政府出访团队成员等。对林区而言，拳头品牌产品的缺失对其经济发展是极其不利的。林区现有的各类优势特色产业中，茶叶、蜂蜜、香菌等，各地皆有产出，竞争性皆很强，没有品牌很难走出林区。品类多样的中药材作为林区主要特产之一，应该充分挖掘其医疗保健价值以保证保健、养生、养颜等产业发展，只是目前也缺乏优势品牌，需要加强产品开发与品牌培育。然而，无论是产品开发还是品牌培育，投入皆很高、风险都很大，一般企业难以承受这些成本而更愿意做一些成熟产品，这对于本就缺乏成熟品牌产品的林区来说无疑是雪上加霜，需要得到合理解决。

之所以分析发展经济的限制因子，根本目的在于努力规避或寻求突破：必须充分认识到这些限制因子的客观存在，并时刻以之为警醒、约束，不能受限于此。

## 四、经济发展形势较好

对于神农架来讲，适逢发展经济的好形势，主要表现在面对全国旅游业热和国家公园试点、列入世界遗产名录、智慧林区建设四大机遇，应该顺应形势、努力抓住。

**（一）旅游业发展大好良机**

旅游业是一个典型的经济景气程度的晴雨表之一。在和平与发展的时代大背景下，各个国家致力于发展国民经济，城乡居民可支配收入不断得到提高，旅游消费日益普遍，大众旅游时代已经来临，这对于以旅游业而闻名全球的神农架林区来说是一个发展的大好机会。不仅如此，国内近几年的旅游战略培育支柱产业的定位、全域旅游的发展思路，会进一步促进林区旅游业发展，提振林区经济。

### （二）林区国家公园建设契机

自 1872 年美国黄石国家公园设立以来，全世界已有 100 多个国家设立了国家公园。国家公园以生态环境、自然资源保护和适度旅游开发为基本策略，是一种资源保护与开发利用实现双赢的保护和管理模式，是一种对自然与文化区域进行可持续发展与保护的最优化的管理体制。2016 年 6 月，《神农架国家公园体制试点区试点实施方案》获得国家发改委批准，试点区总面积 1170 平方公里，约占神农架林区总面积的 35.97%。通过试点，整合了试点区范围内的原有保护管理机构、职责和人员，组建了由湖北省人民政府垂直管理、委托神农架林区政府代管的神农架国家公园管理局，增强了联通性、协调性、完整性，一定程度上改变了机构重叠、管理碎片化问题，利于争取更多的政策与资金支持，是林区经济发展、社会民生改善的一个大好机遇。

### （三）世界遗产名录机会

2016 年 7 月 17 日，在伊斯坦布尔举行的联合国教科文组织的世界遗产大会上，神农架被列入《世界遗产名录》。《世界遗产名录》是 1976 年联合国教科文组织世界遗产委员会成立时建立的。联合国教科文组织于 1972 年第十七次大会上正式通过了《保护世界文化和自然遗产公约》，其目的是保护世界文化和自然遗产。被列入《世界遗产名录》之地将成为世界级的名胜，可接受“世界遗产基金”提供的援助，还可由有关单位组织游客进行游览。因此，林区成功申报世遗，可借世界关注与保护之机力争走向国际并产生可观的经济效益和社会效益。

### （四）智慧林区项目建设带来的发展机会

2016 年 8 月 24 日，神农架与湖北省广电网络公司在松柏镇签订“智慧神农架”建设框架协议，共商打造信息高地。双方将按照中共十八大和湖北省十次党代会提出的“促进工业化、信息化、城镇化和农业现代化同步发展”的总体要求，本着“政府主导、企业运作、市场导向、服务社会、带动产业、互利互惠、共同发展”的原则，以建设“智慧神农架”为目标，在智慧旅游、智慧生态、智慧政务、智慧社会管理和民生服务、智慧新农村等领域开展合作，加快信息化基础设施建设，提升信息化水平。它是利用数字化信息彰显神农架生态价值的一次机遇，它将会促进林区新农村建设和旅游业发展，推动林区政务、社会管理和民生等领域的信息通畅、便捷、及时，从而推动林区的公共事务管理、城市建设和全业态的进步，是林区全面发展的基础与绝佳机会。

**（五）“神农架”计划逐步实施带来的发展机会**

“神农架”计划是指通过建设“郑西高铁”“郑武高铁”“汉渝高铁”“西渝高铁”“西武高铁”和“郑渝高铁”六条高铁干线以形成以西安、郑州、重庆和武汉为枢纽的我国高速铁路核心区域，再分别辐射西北、华北、东北、西南和华东华南区域，从而构成我国未来高铁网络蓝图。“神农架”计划建立在我国“中长期铁路网规划”基础上，其中的“郑武高铁”“汉渝高铁”是四纵四横的重要组成部分。同时，它也是“一带一路”计划我国境内基础设施建设的重要组成部分。通过“神农架”计划，可以实现全国主要城市高铁 12 小时抵达；可以连通黄河与长江流域、东部与西部，以助力产业区域转移；也必将促进“一带一路”建设并给神农架发展带来诸多机会。目前，郑西高铁、郑武高铁和汉渝高铁皆已开通运营，郑渝高铁、西武高铁已经开工建设，高铁网信息显示西渝高铁也将于 2018 年正式开建。正是佳音频传、福气有期。

**（六）最新的国务院国家机构改革方案利于神农架发展**

2018 年 3 月下旬，中共中央印发了《深化党和国家机构改革方案》。根据该方案，排在国务院机构改革首位的是组建自然资源部，不再保留国土资源部、国家海洋局、国家测绘地理信息局。其目的在于统筹山水林田湖草系统治理以践行“绿水青山就是金山银山”的理念，具体措施则是将分散于各部门的有关空间规划、确权登记等相关职能进行集中，以统一行使国土空间用途管制和生态保护修复职责，着力解决自然资源所有者不到位、空间规划重叠等问题，建立便于统一行使全民所有自然资源资产所有者职责的自然资源管理新体系。毫无疑问，该体系的建立利于解决长期困扰神农架林区发展的区域内部多头管理问题，利于其生态文明建设并促进经济发展。

## 五、瑞士相对成功发展经济的启示

作为欧洲中南部的多山内陆国，瑞士是世界上最富裕的国家之一，无论是经济总量还是人均 GDP 皆全球排序靠前，同时有低失业率和财政赤字。不仅如此，根据世界经济论坛发布的全球竞争力报告，瑞士为世界竞争力最强的国家；欧盟报告中，瑞士的创新力表现为欧洲最佳。如此之国家应该值得全球各地深思、借鉴，尤其是对外在环境条件极其相似的林区来说更具有参考价值。

### （一）永久中立国使其经济稳定

历史上的瑞士一直与周边的国家纷争不断，尤其是德国、法国、意大利，并曾被这些国家侵占过。现在的瑞士联邦是于 1803 年开始恢复的，1815 年确认为永久中立国，并在两次世界大战中均保持中立。政治军事中立令其国内政局稳定，出台的各种政策、法律具有长期一贯性，降低了社会各系统运行风险，可以致力于发展经济。

### （二）发达的金融产业令其国民经济运转通畅、富有效率

瑞士的金融产业中，银行、证券、保险业等都很发达，尤其是银行业。早在 17 世纪，一大批有钱人和精通银行业务的管理人才从法国和意大利来到日内瓦，令银行业迅猛发展。为了避免泄露财产状况，以法律形式规定银行人员禁止将客户信息透露；为了更好地服务国民经济，瑞士人又不断健全银行体系、提高资产管理水平，逐步成为全球最大的离岸金融中心和国际资产管理业务领导者。目前，瑞士共有 300 多家银行，资产总额约 2.8 万亿瑞郎，管理资产总额高达约 5.3 万亿瑞郎，其中国内和境外资产分别占 49%和 51%。只是其银行保密法规缺乏透明度，基于公平纳税、打击跨境逃避税甚至洗钱行为的国际需求，瑞士政府先后签署了关于多边税收征管、自动交换信息标准等协议，保密制度自此成为历史，对瑞士经济短期内是挑战、风险居多。

**（三）利用丰富旅游资源发展旅游业**

瑞士全境以高原和山地为主，中南部是阿尔卑斯山脉（占全国总面积的 60%），有“欧洲屋脊”之称，罗讷河、莱茵河发源于此，山川湖泊冰雪等自然旅游资源丰富。同时，苏黎世、日内瓦、卢塞恩和洛桑等地拥有众多历史人文资源，发展旅游业基础好，是仅次于机械制造和化工医药的创汇行业，为瑞士带来了很大的收益。

**（四）构建了以钟表、机械、化学、食品等部门为主的工业体系且每个行业皆有精品**

瑞士工业产值约占国内生产总值的 50%，是国民经济主体。瑞士钟表以腕表为主，百达翡丽、江诗丹顿、爱彼、朗格、伯爵、帕玛强尼等诸多品牌，每年生产的 95%以上手表用于出口。机械制造业主要生产纺织机械和发电设备；食品工业中奶酪、巧克力、速溶咖啡和浓缩食品在世界享有盛誉；药品约占化学工业产值的 2/5，染料、香脂、香精在国际市场影响较大。

**（五）实行自由经济政策，积极拥抱经济全球化**

作为一个高度发达的资本主义国家和工业国，减少政府干预、反对贸易保护、主张自由贸易是其主要做法。瑞士与世界各国签订自由贸易协定，是欧洲自由贸易联盟成员国，国际贸易壁垒相当少，客观上对其优势产品国际化非常有利。

**（六）出台扶持农业政策，支持农业发展**

瑞士政府重视农业生产，对农业以保护为主，主要做法是：长期实施补贴政策，诸如发放补助金、提供山区特别补助、实行主要农产品价格补贴；限制和减少蔬菜水果进口；提供无息贷款；支持农业机械化、专业化；加强农业科研和技术培训；普及重视农业知识等。

**（七）重视教育，高等教育质量高，以高素质国民来推动全方位建设**

教育经费投入相对多，在联邦政府预算中占 8%，在州和市镇预算中约占 25%；以就业为导向实质性推动职业教育，鼓励职业技术院校发展，并把全国职业教育归口国民经济部管理；普通高教由内政部负责，以联席会议制度和设置协调机构等方式来管理；建立了密集的高教网，现有包括巴塞尔大学、伯尔尼大学、苏黎世大学、日内瓦大学、洛桑大学等在内的 12 所国家公立大学，拥有高等教育毕业文凭者的比例由之前的22%提高到25%。

### （八）出台积极财政政策，实质性支持经济发展

财政政策对经济的刺激是立竿见影的。联邦体制使得政府大规模财政投入难度加大，但自由经济体制、自由贸易规则使得低税率政策则容易获得支持，它是发达国家中总税率较低的国家，经商环境较好，企业有投资经营的积极性。

### （九）综合形成了国际总部经济发展模式

在瑞士，诸多因素吸引了许多国际性组织总部的入驻。比如地理位置、自然环境、金融业、制造业、旅游业、税负相对较低、自由贸易、文教体卫事业等的发达，甚至基本实现自给自足的农业，皆是国际性总部的支撑条件。

对于林区而言，其金融业、旅游业、农业、教育、积极财政政策以及总部集聚等方面的具体做法，值得学习、深思、参考。

## 六、总部经济形成与优劣势

对“总部经济”的理解应该先从“总部”和“经济”开始。“总部”此处是个区域性概念，是以企业总部类为主的各类总部集聚之地，且与“分部”对应。“经济”则可从领域、手段、效果等方面来理解，学术上它是个大学科门类，社会实践角度则是一个工作域；手段和效果上则是指“经世济民”，即“经世”和“济民”的方法性与目标性。因此，“经济总部”即应包括企业、企业总部、企业分部、企业总部所在地和企业分部所在地等行为主体目标的经济性和共赢性，它本质上是“区域经济（以企业总部所在地为主）+企业经济（企业、企业总部、企业分部）”的地企协同发展模式。

### （一）总部经济的形成

一个总部经济区域的形成过程应该类似于城市的形成发展过程，区别在于区域吸引力作用对象是人还是企业。总部经济区域对企业富有吸引力，企业受到该区域吸引而举企搬迁或部分功能转移。这种吸引力源自于对企业需求的满足程度：满足程度越高，对企业吸引力越强。一般来讲，盈利性是所

有企业追求的目标，能满足企业盈利需求的吸引物是第一位的。比如消费市场、生产原材料、技术、人力资源、信息、交通优势等。企业盈利的核心要素是消费市场和生产要素，即接近企业特定消费者群体和所需求生产要素的可得性，这些在城市中更容易获得。因此，城市对企业具有天然的吸引力——城市的功能和影响越强，对企业的引力就越强。在当代科技条件下，如果一个企业是可分的，那么除了选好生产制造基地分部以外，企业总部业务开展所需要的要素与各类服务的满足程度即成为城市吸引企业总部入驻的主要因素，它可以分为商务和休闲生活服务两大类。由于企业总部一般不做生产，大多为战略决策、企业内外信息获取与处理、市场营销或研发型总部，因此，影响企业总部入驻的商务因素主要是区位条件、政策、产业结构、产业集群、人力资源、金融服务、物流技术、消费市场、信息通信技术与服务、交通便捷情况、财会审计法律会展等中介服务情况。影响入驻的休闲生活服务因素则主要是指各类娱乐保健休闲场所、教育、医疗、体育、文化、卫生、社保等事业的发展情况。很显然，在这些方面，大城市比小城市做得要好，因此，大城市相对更具有发展总部经济的优势，更易吸引企业总部入驻。相反，一个区域若想成为企业总部聚集之地，就应该大力发展相应产业以满足企业总部商务活动开展和员工休闲生活需要；并且，谁做得更好谁就会从中受益更多。

其中，经济指标是总部所在地绩效考核的主要指标。若总部活动成本太高或收益太低，企业总部也不会入驻，区域发展总部经济也还需要统筹考虑企业成本和收益的问题。就企业总部来讲，成本的主要构成项是营销成本、财务成本、管理成本和研发成本，再就是各种人力资源费用支出可能占据很大比重，所有成本费用的产生皆与当地社会经济情况关联；从收益的角度来看，总部主要是进行各种投融资活动以保值增值、确保项目经费，业务主要在金融财务领域，需要有大金融业和中介支撑。企业能做的降低成本和投融资工作是微观层面的，难以惠及所有企业。而政府作为则是基础性、根本性、面向所有企业的——政府主导就成为另一种总部经济的形成机制。

### （二）总部经济的优势劣势

总部经济的实质是总部所在区域经济的服务业态化发展，主要优势在于区域优势互补效应、集聚效应、消费效应、关联带动效应以及税收效应。第一，总部经济是包含总部所在地和分部所在地两个区域经济的概念，是总部区域和分部区域资源、要素实现优势互补的区域经济发展方式，相对比较优势与区域协同发展是理论基础和发展思路。第二，集聚效应主要是指大量企业总部于某区域聚集后所带来的某种便利性、可获得性、可互补性、集体性、规模性等，区域经济集群发展相关理论比较实用。比如更便于获得资金、技术、人才、信息等生产要素，具有关系网络资源优势，可以实现区域品牌协同效应，各类企业之间的互补，可以强化区域商务活动基础设施建设，更便于进行研发活动，搜寻要素与产品的便利性，各类交易行为常规化等。第三，对当地经济具有消费带动效应。区域发展总部经济的直接后果是高端人力资源的会聚、当地人力资源质量的提升以及随之涌入的各类人才，导致人群经济、人本经济的产生——本质是基于公务或非公务的各类消费需求产生，从而利于当地消费服务业的发展，带动当地经济发展。第四，区域总部经济的关联带动效应既包括商务领域也包括非商务领域的关联带动，既有经济层面的相关产业的发展，又有公共基础设施建设方面的改造改扩建，甚至还会促进政策法规制度等软环境的建设。第五，具有税收效应，利于增加当地财政收入。经济的发展必然带来税源税基的增加，会增加税收收入。即便是在当前的分税体制下，增加的税收中必然有一部分是留存在地方，由此地方财政收入就会增加，从而利于地方投资建设并形成投资拉动地方经济增长的良好局面。

总部经济本质上是一种弱化虚化第二产业、促进各种服务业发展的思路，它利于构建以第三产业为中心的经济结构，利于解决土地资源紧张、缓解大量工业用地问题。因此，弱化第二产业是其最大缺点。这些特征正好与神农架发展条件、经济基础与发展需求一致。

## 七、神农架林区“中国生态经济总部”发展定位的提出

就林区而言，以农林为基调的“特”“养”经济是区域特色产业，基础好、历史久、积累了一定经营经验。就林特养产业自身而言，它具有一定技

术含量，存在行业门槛，具有某种排他性、垄断性，以林特养产业为基础的“生态经济+总部”发展模式难以模仿，是林区经济建设的扬长避短思路。加之“华中屋脊”、神农尝百草之说，并深度结合总部经济的优劣势、林区发展经济优劣势，给以“中国生态经济总部”的发展战略定位是比较合适的，对于破解神农架林区当前经济发展困境具有极大的参考价值。综合前文，给出定位主要依据（见表3-4）。

**表3-4 神农架林区生态经济总部定位主要依据一览**

| 定位因子 | 总体概述 | 主要问题 | 发展思路 |
| --- | --- | --- | --- |
| 地理位置 | 地处华中，可辐射全国。 | 华中屋脊，海拔高，山林过多，距周边远。 | 立足湖北西部山区，生态资源丰富。 |
| 林区自然条件、自然资源 | 自然条件复杂多变、风光旖旎独特；自然资源以林特养资源主导，组合较好。 | 丰而不多；“华中屋脊”的可达性、对外联络问题；资源科学开发利用问题。 | 适合展览陈列文博观光类项目；投资基础设施；林特养旅业主导、科教文卫体跟上。 |
| 既有优势特色产业 | 林业；旅游业；磷矿业；中药材；特色山货；蔬果类农产品。 | 磷化工污染、矿山破坏生态；林资管理；中药材种植流通；旅游增收扶贫。 | 发展第一产业；限制第二产业尤其是磷产业链发展；中药材产业链条发展；发展旅游业。 |
| 发展经济主要问题与瓶颈 | 人、财、物的流通有障碍；区域内外合作不是很便利、快捷。 | 交通通信等基础设施建设同步问题；政府收入问题。 | 当前必须解决以下方面：政府投资资金来源；政策引导资金合理流向；加强对外合作交流。 |
|  | 开发受限较多，难以规模化投资经营。 | 企业生存与发展问题；政策法规限制问题。 | 需帮助企业实现规模化经营；若天然限制应规避。 |
|  | 拳头、品牌产品较少；产品品质与营销问题；新产品研发试制、推广运用。 | 企业经营、投资与发展的实力与风险问题；企业研发系列问题；政府公共平台建设。 | 出台政策鼓励研发；政府天使资金；政府培育价值企业成长；应用型科研系统；政府平台公关。 |
| 经济发展大势 | 旅游业发展大好良机。 | 全域旅游；精品旅游。 | 大力发展旅游、支持旅游扶贫。 |
|  | 林区国家公园建设契机。 | 加强合作。 | 品牌建设；提质提品。 |
|  | 世界自然遗产机会。 | 与联合国教科文组织对接。 | 品牌建设；高端主题会议会展。 |

续表

| 定位因子 | 总体概述 | 主要问题 | 发展思路 |
|---|---|---|---|
| 经济发展大势 | 智慧林区项目建设。 | 海量信息流通技术支撑问题；公用信息准确及时透明。 | 加强信息高速建设与管理；公共信息互联互通。 |
| | “神农架”计划实施机会。 | 正在实施中，当前机会有限。 | 高铁网络改善交通条件，是神农架全面发展的大好机会。 |
| | 国务院机构改革契机。 | 刚刚公布机构改革方案，正准备启动。 | 解决长期困扰林区发展的九龙治水问题的机会。 |
| 瑞士经济发展启示 | ①主要产业：旅游业、金融业、钟表业；②依托资源：苏黎世银行业、日内瓦会议、阿尔卑斯山、制表工业历史。 | 高山区域生存发展条件与空间限制。 | ①自然环境与林区极为相似，可以借鉴；②发展重点：金融、旅游、农业、文教体卫、会议；③政治环境；④政府公共服务产品；⑤积极财政政策。 |
| 总部经济优劣势 | ①区域优势互补效应；②集聚效应；③消费推动经济增长效应；④关联带动效应；⑤税收效应；⑥财政投资刺激经济。 | ①防人满为患等系列管控问题；②预防人为破坏；③各类安全问题；④过度人本经济弊端；⑤第二产业可能会被弱化。 | ①是土地资源受到制约、第二产业发展受限区域发展的一种思路；②加强总部经济基础建设，比如环境质量、文教体卫、信息通信等；③加强总部经济服务体系建设，比如娱乐休闲、金融信息法律财会物流服务等。 |
| 生态经济优势劣势 | 有较高技术含量，行业门槛高；基础好、历史久、有经验；生态价值大，国内外知名品牌，可以代表中国生态经济。 | 市场面较窄；是个小众品质市场；需要专门人才支撑；研发投入；品牌建设推广。 | 持久发展，突出长寿养生保健产业；建研发基地；规模化发展；集约化经营。 |

图 3-2 是提出“生态经济总部”定位的各主要依据之间的逻辑关系。结合表 3-4 和图 3-2，可以看出各个方面皆能形成生态经济总部定位的有力支撑。

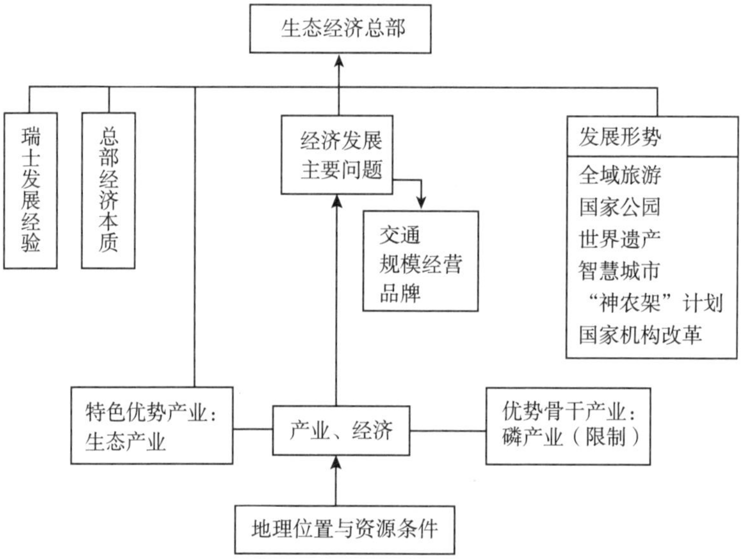


**图 3-2　生态经济总部主要依据间的逻辑关系**

一般地，经济总部建设将会促进当地经济社会人文发展和城市化进程。基于林区特色优势的生态经济总部的差异化定位立足眼前、着眼长远，坚持科学发展，既是扬长又合理规避了重要天然限制因子，更是与林区社会进步、经济发展、文化繁荣、生态文明和幸福美丽主题定位一致，错过了与先进城市的激烈竞争。该定位具有很强的操作变现价值且操作可行。

另外，从湖北省内区际关系来看，神农架林区定位于生态经济总部也比较合适。它和十堰、襄阳、宜昌等市皆位于鄂西。十堰是一个具有一定历史的老汽车城，到现在为止仍然是商用车主要布点地；襄阳市则相对是个新汽车城，是十堰车城部分项目外迁的结果，已经形成了完善的汽车产业链，汽车产业对 GDP 贡献度也很高，新能源汽车发展态势也很好，是一个以汽车产业为龙头的工业城市，工业基础相对雄厚；宜昌则是一个以旅游、水电、化工见长的城市。鄂东地区则以武汉市为主，其支柱产业不仅是汽车，也包括钢铁、电子、化工等。高森林覆盖率使得神农架林区对很多项目是天然排斥，基于农林家底的生态经济和生态类企业总部聚集经济则相对具有特色和比较优势，在湖北省内与其他区域经济是互补关系而非替代竞争，生态经济总部定位也可以得到省内各地的认可和支持。

## 第二节　神农架林区“中国生态经济总部”建设的基本构想

基于第一部分神农架林区“生态经济总部”建设的可行性分析，此部分将专门就“生态经济总部”建设具体方案进行探讨。

### 一、生态经济总部建设步骤及阶段性要务

根据林区的建设绿色发展、全面小康、美丽幸福神农架之总目标，以农林特养产业为基底去构建合理产业结构，打造区域总部经济的“生态经济总部”发展思路符合林区利益，与林区发展方向一致。概括来说，神农架林区作为华中屋脊、炎帝神农架木为梯的采药之所，国家中西部发展战略之结合部、长江经济带发展战略和汉江生态经济带发展战略之叠加覆盖部、鄂重交界地带、湖北省“一江两山”旅游区、全国唯一以“林区”命名的行政区、鄂西生态文化旅游圈的核心板块，无论是基于地缘、政治还是经济的角度，山高林茂药主题、“顺势纵深易、拓展开阔难”、边缘交叉结合等皆是突出之处，当地本位、趋势指引，稳定基础、突出特色，紧抓经济、改善民生，应称为科学合理经济结构构建的主要原则。为此，以林特养产业为基调，立足大农业，以绿色生态为趋势、弱化第二产业发展，尤其是限制矿山开采和污染严重类产业，以第三产业之人气经济为弥补、大力发展服务业，以全域可游思路去发展并服务于全域生态经济，以“生态+类企业总部”为主的企业总部汇聚带动经济，当前来说应该相对比较合理，应进行相应策划并逐步落实。

据此，进一步对神农架林区生态经济总部建设具体思路进行思考。认为

总部经济建设应是一个动态系统工程：它大致可以划分为一个周期四个阶段，即基础建设期、核心项目建设期、总部经济形成稳定期和总部建设全面推进期；同时，每个阶段建设即为一个时空系统，每个时空内又存在很多子系统、孙系统建设，难以尽举尽述，唯有统其重点难点、关键环节以姑妄描之。具体来说，基础建设期重在智慧城市建设、生态经济壮大和交通瓶颈破解三个方面。在此基础上，构建生态环保主题两大交易中心，即生态环保资源产品类市场和资本权益市场，分别作为实物交易和虚拟交易市场。三大基础项目和两个中心建设，会逐步突破林区发展困境、壮大林区经济，并逐步成为一个强有力的吸引物，成为投资洼地、生态环保经济高地，吸引大批企业，先是聚集林特养类企业总部，再逐步扩散，形成生态经济型企业总部为主的商务聚集区。在总部区域内，也逐步形成总部经济类和服务总部经济类产业，彼此沟通合作、融合共生，形成一个良好的总部经济循环模式，令总部经济增长、财政增收，从而再去推动林区全面建设。具体建设框架见图 3-3。

图 3-3 即可视为生态经济总部建设的总体思路。下文就林区企业总部建设当前主要问题或应重点关注领域进行分析并尝试提出解决思路，不拟就各阶段要务逐一设计操作方案。

## 二、生态经济总部建设的重要问题及解决思路

总部建设作为区域经济发展的主要战略之一，国内外很多发达城市皆提出了明确口号并付诸实施。正因如此，在林区总部经济建设的道路上，有很多样本可供借鉴。总体来看，总部经济囊括区域经济建设的全方位。林区欲走总部经济之路，当前只能是分轻重缓急、序次进行。其中，各次产业发展方向与具体思路应是主导，需要先行确定以定大盘大势；再据此框定重点投资建设领域、项目，以确定产业调整方向、进行经济布局并调整优化产业结构。在此过程中，对原有土地规划进行调整并因生态总部经济建设需要而合理利用土地应成为土地规划与利用的根本思想、规划原则，需要对现有土地规划与利用问题进行再审视、再调整。不仅如此，总部经济建设离不开各类

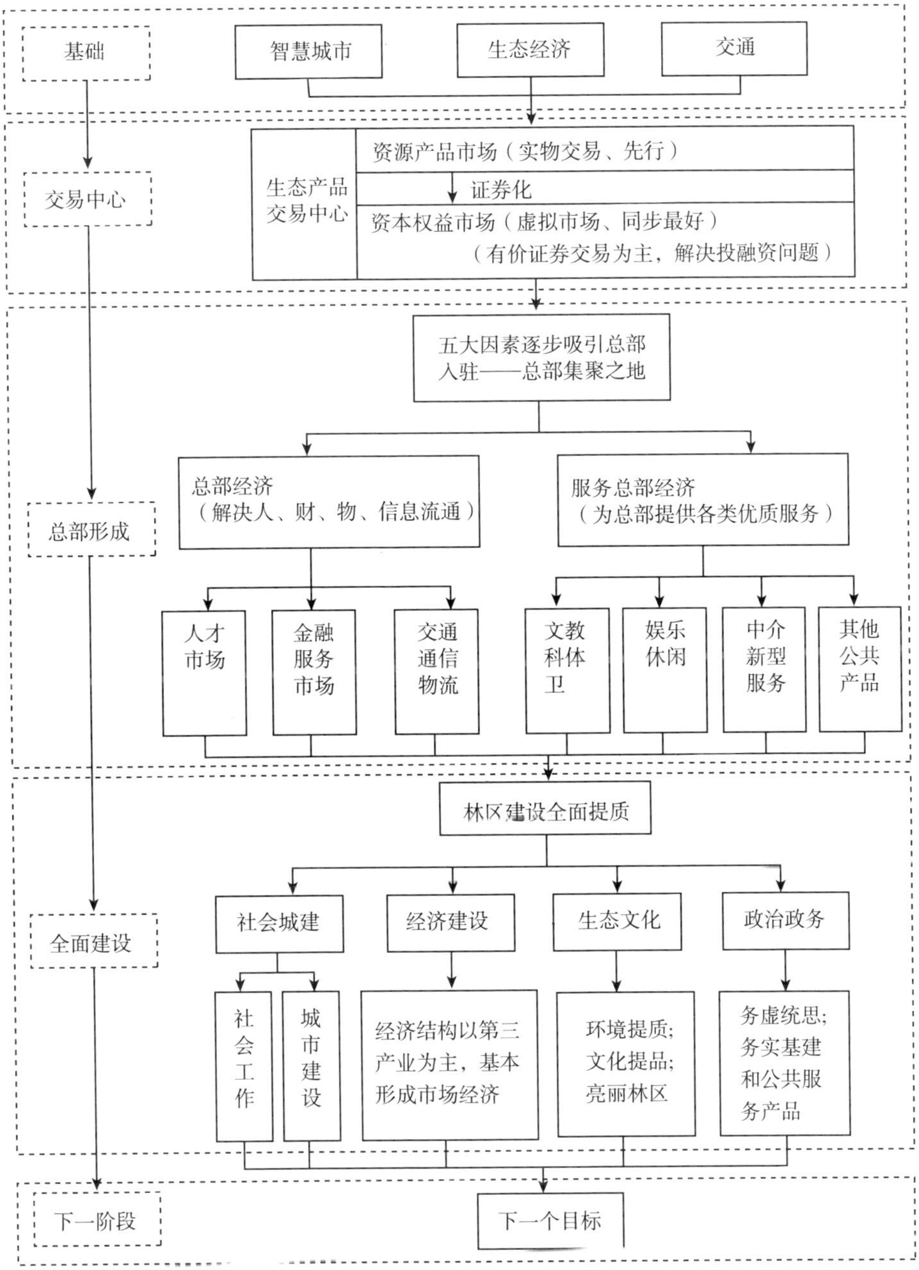


**图 3–3　生态经济总部建设阶段及要务**

人才和资金的支持，突破人才和资金建设的瓶颈也应是要事之一。最后，两大交易中心作为吸引总部企业入驻的原始核心吸引力，后面也试图对此略加梳理。

### （一）产业发展方向与具体思路

区域经济建设首先考虑的应该是发展方向问题。因此，在合理构建产业结构的基础上进一步确定优势特色产业发展方向和具体思路，应该是林区总部经济建设的先导。根据林区企业总部经济建设基本思路，大力发展第三产业、高度重视第一产业、限制发展第二产业，应该是各次产业发展总形势。具体产业发展方向与思路以下分开表述：

1. 神农架林区大农业发展思路（生态类产业先行主导）

此处的大农业包括农、林、牧、副、渔。对于林区，又以农、林、副为主。

（1）根据林区情况，农产品品种结构建议如此构建（见表3-5）。

**表3-5 建议主攻农产品及原因简要说明**

| 小行业 | 主攻产品 | 主要原因以及总体思路 |
| --- | --- | --- |
| 种植农业 | 以种植蔬菜为主。 | 粮食：规模化生产解决不了、成本高，可以买进；绿色蔬菜：市场广阔且可自用。总体思路：蔬菜种植为主，至少保证自给自足；必要之处退耕还林。 |
| 林业 | 以防林护林为主，主攻天然氧吧；建特色苗圃基地，批量种植苗木交易观赏；发展合适林特产业。 | 坚持林区本色；科学合理管理林木，适度补种经济林木，以林养林；林特产见缝插针式发展。 |
| 副业 | 规模种植：茶叶、中药材；特色副业：养蜂、养蝴蝶、种花草、猴园、特色果木等。 | 花：用处多，需求多，高山特色鲜花装点林区有亮点；草：难以大面积种植，多为自用或就近市场销售；养蜂、养蝴蝶等可以与鲜花种植结合。居家农民致富门路，鼓励规模种植茶叶、中药材，并作为第三产业发展主要支撑。 |

（2）三农问题与品牌建设。鉴于林区并非农产品主产区、农产品大多是自产自销、主要农产品品种结构等情况，结合农村土地确权和三权分置改

革、全域旅游、乡村旅游、城镇化发展等大形势，可由相关部门联合出资注册“神农架林区农产品投资运营公司”，调研市场需求、对农业生产要素进行整合以实现集约精细投资经营，以投资旅游业眼光，走以需定产、产供销一体化模式，逐步提高农产品品质、调整农产品结构、优化农业结构，实现农业丰产并增收；以农家之风习为引，建美丽整洁村庄，促进农村面貌改善；以农家之乐趣为主题，打造幸福家园，倡导健康优秀文化，进一步提高农民素质。同时，注册“神农架林区”品牌商标，实施整体营销策略、规避各自为战的营销资源浪费或实力不够状况，突出天然、绿色、山林土特等主题，构建主副品牌或母子品牌体系，统一组织推广。“神农架林区”品牌文化宣传突出炎帝神农发展种植业以及上山采药等农耕文化、创业文化，突出家文化，传递林区人经济萌动下的坚守山林宝藏之恒心毅力。目前，神农架林区已有统一标识，可作为形象代表，但这只是品牌建设的第一步，真正的品牌是富有无形价值的，是无形资产，需要加强品牌的涉农渗透与运用。

（3）扶植农业发展政策。经济结构中农业的全球萎缩地位是一种趋势，然而中国乃至林区的农业仍有其个性问题。其中突出的问题有：投入高、风险高、收入低、农业常态亏损，以及由此导致的优质农村人力资源流失、农村经济出现空心化、大量田地荒芜、农村社会问题以及农民工城市工作生活边缘化状态等。根源在于目前家庭联产承包制下务农亏损且发展机会有限。长达多年的“三农”问题政策实施，虽有效缓解了城乡二元矛盾，但直补、贴补、医保的方式并非根本之策，更多的似乎是在治标、“给鱼”。当前的农村土地三权分置改革虽是一种体制性突破，也将会释放出一些农村生产力，然而，并非此举即够。管理农资生产贸易环节，确保优质农资的同时努力降低成本；发展农村金融以解决农民贷款投资经营难题；实行农业保险制度以弥补农民靠天收问题；高度关注农村教育，建乡村图书室、农业科技人员工作田间地头化、实现文化真正下乡；以城镇化为契机，发展集体企业、建村镇集贸市场，吸引农村剩余劳动力转移，甚至农民市民化，等等；方方面面皆应进一步尝试。

（4）农村脱贫与致富工作。贫困的原因有很多。农村贫困非常普遍的一点即为农业收入不高且无其他赚钱机会。因此，出台支农惠农政策以扶植农业发展是常见做法。除此之外，产业扶贫、教育扶贫比较多。教育文化扶贫重在治本，但是投入时间长、成本高、见效慢，却又基于长远考虑不得不为。当前的产业扶贫主要是旅游扶贫，以乡村旅游业的发展来带动当地经济发展、促进当地社会繁荣，使之发挥关联带动效应，促进当地交通、房地产、物流业的兴盛，甚至城市建设与城市服务和城市商品供给。最新消息是神农架已经实现全员脱贫任务，但是致富仍在途中。

（5）农业国有化与农民职业化问题。出于各种原因，当代农民种田积极性不高，少有农民愿意去钻研农业技术并用于农业生产。实际上经过我国多年义务教育普及制度的实施，可以推测当代青壮年农民八成甚至九成以上是初中毕业，具有学习农业技术、掌握农业机械化作业应具备的基本素质，可以对其进行相关农业技术、技能培训，以统一管理、发放工资、旱涝保收的方式来调动其种田的积极性。即农业国有化运作、农民职业化管理。当前国家实施乡村振兴战略的大背景下，农业经营与农民就业问题更是值得关注。

2. 神农架林区第二产业发展思路

在生态经济总部发展模式下，第二产业是被弱化、限制发展的对象。林区的第二产业目前以磷矿开采和磷化工为主，虽然在林区经济产出和财政收入上占据较大比重，但企业总体规模仍然偏小且污染水体、破坏山体，短时间内植被也难以恢复，应控制发展。规模小而事故多发的磷矿甚至可以关闭，其他磷矿宜根据实际情况进行关停并转。另外就是板仓红开采问题，也应进行管制。

第二产业的普遍特点是初始投入高，需要厂房、设备、各类人力资源以及原材料，会占用大量的土地、资金、人力等资源，同时，它们也可能会制造大量噪声、各类污染，与林区生态文明整体目标违背。因此，在林区招商引资过程中，应该适度控制第二产业中的各类企业，可以制定高标准进行控制，不合规定不引进。如此，对本地区中小企业也是一种变相保护与扶持。

3. 神农架林区第三产业发展思路

第三产业在总部经济中会占据重要位置——没有第三产业的繁荣就难以令（区域）总部经济运转高效。第三产业可以说是第一、第二产业发展过程中出现业务外包、降低成本等需要而产生的，它遵循制度经济学之降低交易成本的原则。即如果企业内部交易成本低于市场交易成本，那就业务内部化；如果企业内部交易成本高于市场交易成本，那么业务最好市场化。第三产业基本是为第一、第二产业服务，可以视为第一、第二产业内部业务的外部化。它实际上也是社会专门化分工以及企业剥离非核心业务的一种表现，这种分工会降低各方面成本，或因集约专门经营而降低成本，或因规模批量经营而获利。林区欲建设“生态经济总部”，当前第三产业的重点行业应是“三养”产业、金融服务业和旅游业。

（1）“三养”产业发展思路。“三养”产业是指与养生、养老、养性有关的企业汇聚。养生，即保养身体，使身体健康。养老，使年老者在家休养。养性，使心智本性不受损害。林区与“三养”产业密切相关的可以是茶文化主题、中医药主题、花主题、昆虫（蜜蜂、蝴蝶）、登山徒步以及琴棋书画类休闲主题等。“三养”产业与林区幸福美丽主题紧密相连。

由于具体主题项目大多与“三养”皆相关，以下就只提建议主题项目而不顾及其他。

1）中医药主题。中药材是林区特产之一，且品种较多、历史久远，可以追溯至炎帝上山采药，应该充分挖掘其价值，以主要用于养生保健、养老预防之用。建议规划一条养生保健街，集交易、展览、消费于一体，继而构建一个全面农林特资源交易中心。

2）茶文化主题。与中医药主题类似，区别是茶叶全国各地皆出产且市场基本饱和，名特茶叶也基本如此，建议林区茶叶以自销为主。具体做法是普及茶文化，除了传统待客之道，更需要让大家领悟茶文化之奥妙、禅意，甚至去琢磨茶具、茶道、茶艺，由衷喜爱茶文化、人人偏好喝茶，日日休闲不离茶、家家户户不离茶、大街小巷茶艺室、言谈之间皆茶道。

3）琴棋书画摄影类。与茶文化、其他类主题同步进行。

4）体育保健类。主要是登山徒步、攀岩爬壁类。

5）花主题可以和昆虫主题结合。可建百花园、主题规模花园等。比如近些年兴起的普罗旺斯薰衣草庄园、牡丹园、玫瑰园等。林区的特色花主题可做映山红、牡丹园、秋天赏叶、花草园等。

6）生物群落馆。馆内可以看到林区所有生物种群，也可以看到相应标本及文字说明。

7）林中漫步。第一，幽静不偏僻之处林中漫步。第二，林海听音。选一合适地段，为休闲之人而备，听蝉听涛听鸟鸣，甚至可以林中播放音乐或真人演奏。

8）赏雪玩雪项目。它并非只是滑雪节目。雪中之乐很多，雪仗、雪人、雪舞，甚至诗歌朗诵。

9）开放式大小图书馆文化馆建设。集读书、大众休闲于一体。公共场所开辟公益读书专场。

10）天象馆建设。夜晚活动，辅以其他夜间活动；关键是安全保障设施设备。也可作科普基地。

（2）旅游业。国务院日前印发《“十三五”旅游业发展规划》，确定了“十三五”时期旅游业发展的总体思路、基本目标、主要任务和保障措施。到2020年，旅游市场总规模达到67亿人次，旅游投资总额2万亿元，旅游业总收入达到7万亿元。旅游业对国民经济的综合贡献度达到12%以上。该规划提出，要牢固树立和贯彻落实创新、协调、绿色、开放、共享发展理念，以转型升级、提质增效为主题，以推动全域旅游发展为主线，加快推进供给侧结构性改革，努力建成全面小康型旅游大国，将旅游业培育成经济转型升级重要推动力，生态文明建设重要引领产业、展示国家综合实力的重要载体，打赢脱贫攻坚战的重要生力军，为实现中华民族伟大复兴的中国梦作出重要贡献。

1）旅游供给侧改革。解决旅游产品与服务的脱节问题，推动旅游企业转型升级、提质增效，甚至企业转型为旅游业态。

2）国家公园。关键是公园体制收费偏低，难以养活国家公园开支，需要国家财政拨款支持。国家公园管理行政体制理顺。

3）旅游教育。办旅游职业教育，满足从业人员之需。

4）旅游委职能、人手扩大。全域旅游时代，事务较多，需要扩充人手、扩展职能；或者在相关单位设旅游事务科室。

5）全域旅游思维下的精品旅游意识。全域旅游有泛化旅游之嫌，似乎以全域旅游思维来做各大产业更为合适。另外，大众旅游时代来临，诸多游客经常外出旅游的结果是对景点和服务的要求越来越高，需要提供精品旅游项目和高端品质服务。

6）乡村旅游的发展问题。应有精品意识，建立农庄化、村落化。

7）混合所有制改革问题。2016年4月，湖北省委主要领导领衔重大改革项目启动会在武汉召开，贯彻落实中央、湖北省全面深化改革领导小组会议精神，安排部署湖北省自然资源资产负债表编制试点和领导干部自然资源资产离任审计试点重大改革项目启动工作。目前林区已经完成，并正在深入推进国有林场改革。

8）星级酒店建设问题。建设与总部经济相匹配的高端酒店。

（3）金融服务业。金融服务业的发展状况与当地经济景气繁荣程度一致。林区总部经济建设需要金融服务业的大力支持。由于从事金融服务业的企业是营利性企业，欲大力发展金融服务业也需要符合它的需求。具体来说，应注意以下几点：

1）有一批好项目吸引。好项目是企业投资之源，银行发放贷款也一样。优质项目对金融业有绝对吸引。

2）政策类银行与国有控股商业银行同步发展。一般地，这些银行都有全国各地布局经营网点的要求。政策类银行的最大好处就是具有一定的政策导向，并因为是政策类银行，而对于符合政策的企业会有一些扶持。商业银行则是面向社会营业，不带有明显的政策导向尤其是行业导向性。林区总部经济建设需要商业银行的支持，生态经济的特殊性也需要政策类银行的支持，因此，需要设计一些好项目，吸引金融总部或区域分中心入驻以繁荣金融服务业。

3）吸引民间银行总部入驻或注册。

向国家开发银行、金砖银行、亚洲投资银行等具有开发投资性质的银行争取支持，培育民间经济金融经营管理类人才，发展保险业等。

### （二）重点投资领域

建议重点投资基建领域，重点扶持第一产业，重点培育第三产业发展，尤其是旅游业、金融业的发展。加强招商引资工作，有重点、有目标地引进企业，限定并拔高入驻企业资质，限制第二产业入驻，污染严重类企业禁止入驻。

### （三）土地规划与利用

若确定生态经济总部发展思维，原定土地利用计划可能需要调整，需要对土地利用方向进行再调整、再规划。

### （四）配套人才战略：教科文卫体

人才战略是生态经济总部能否落实并持续的关键环节之一，应该统筹考虑。建议考虑高校科研产业园、全国高校之窗项目或全国资源生态环保类专业聚集的高校园区项目。

### （五）两大交易中心建设

两大交易中心有建设的先后顺序，先是资源产品市场建设，再是资本权益市场建设。于林区而言，资源产品市场应该是一直存在，可能是一个整合、完善、扩大、品牌的过程。资本权益市场的先行应该是金融服务业的发展。

鉴于实践领域的诸多细节问题，具体方案可能还需要再单独论证。神农架林区建设生态经济总部的思想以及建设方案的简单构思是本章主旨所在。后面几章拟就生态经济总部建设的主要问题进行专题分析。

# 第四章　神农架林区重大投资问题

根据神农架林区中国生态经济总部的建设蓝图，以基建领域、公共平台为支撑，精耕细作第一产业，侧重发展第三产业，限制第二产业入驻，强力推进旅游业、金融业，严禁污染严重类企业入驻，应该是进一步壮大经济的基本思路。因此，林区重大投资活动也应以此为主要根据。本章将分为投资理论依据以及基于效率提升的重大投资活动设想两个方面。

## 第一节　神农架林区重大投资活动效果评价依据

根据投资主体的不同，分为政府、以企业为主的非政府组织、个人投资三种形式。林区投资活动主要涉及政府和企业投资行为，对其投资绩效评价标准可能比较多，以下就常见指标进行解释。

### 一、投资效率测算

对林区投资活动的绩效评价，首当投资效率：效率有了，资金回收甚至盈利的可能性就大了。

#### （一）神农架林区政府投资效率测算办法

在宏观经济学中，投资效率常指单位投资带动的经济增长量。见公式4.1。

$$\delta_t = \Delta GDP_t / I_t \tag{4.1}$$

其中，$I$ 表示 $t$ 期投资额，$\Delta GDP_t$ 表示期间经济增加量，$\delta_t$ 表示 $t$ 期投资效率。

宏观经济学中另有“增量资本产出率”（$ICOR$）概念，它是指增加单位总产出所需要的资本增量。

$$ICOR = \Delta R / \Delta Y \tag{4.2}$$

其中，$R$ 表示资本存量，$\Delta R$ 表示资本增量，用 $Y$ 表示年度总产出，$\Delta Y$ 表示总产出增量。$ICOR$ 提高时，说明增加单位总产出所需要的资本增量增大，投资效率下降。

林区政府投资效率可以借助上面两种方法进行测算。

### （二）神农架林区企业投资效率测算思路

王成秋认为，企业投资效率应该表现为一种能够使企业价值最大化的状态，即企业投资所取得的有效成果与所消耗或占用的投入额之间的比率，也就是企业投资活动所得与所费、产出与投入的比例关系①。陈敏认为，效率有生产效率②与资源配置效率③之分，经济效率的关键在于资源配置效率，评价资源配置效率高低就看能否将资源配置到生产效率高的地方④。推之，计算出生产效率，再以此为依据判断各企业效率水平以及由此产生的经济集约效应，是比较合适的测算企业投资效率的另一种办法。

## 二、投资绩效评价标准

### （一）希克斯效率标准

投资效率是投资活动质量评价的重要标准。但是投资方案的选择，在某种程度上只需对投资效率进行预测以为参照，而不是作为基础性决策依据。鉴于人的有限理性以及感性思维，不排斥投资时追求帕雷托最优。但是，如

① 王成秋．企业投资效率［M］．北京：经济科学出版社，2007：22-23.

② 生产效率是指研究生产单位内部的资源使用情况，并根据投入与产出或成本与收益的对比情况来衡量效率高低。

③ 资源配置效率则是研究资源在各种可供选择的用途间的合理配置状况。

④ 陈敏．公司治理与投融资效率研究［M］．武汉：华中科技大学出版社，2008：12-13.

果无法做到帕雷托最优，也应该接受卡尔多·希克斯效率，以总量最大化为衡量标准。卡尔多·希克斯标准由于不要求整体皆优，操作性就很强，因此，更应注重追求效率和总量基础上去更好地确定一个补偿方案。也就是说，投资前期决策研究最终可能转化为选择一个合适的卡尔多·希克斯改进方案。投资效率则更适合于投资后期评估，以分析投资质量、管理水平和经营风险。

### （二）投资绩效评价其他标准

基于投资效率测算，除了追求希克斯效率，还可以兼顾其他评价方式。

#### 1. 企业发展战略目标实现

企业之所以能够生存并发展下去，在于市场、社会的认可。之所以能够得到认可，则是因为其承担了某种责任或提供了有价值的产品或服务，即具有某种价值。这种价值感即可视为企业的战略目标，企业需要一以贯之。投资决策时，更需慎重，有无违背企业战略尤其是价值取向，并以之为投资决策的根本性依据。

#### 2. 追求合理结构

无论是政府还是企业，对投资结构的关注程度是一样的。就政府角度来看，投资结构实际上就是对有限资源进行合理调配，主要包括时间结构、空间结构、产业结构以及企业内部的投资项目组合四个方面，实质就是资本布局与资源配置组合，以求充分利用资源、发挥资源价值和使闲置资源最少化。即以政策来引导各产业发展，促使资源合理流动，从而使企业发展、产业健康、结构得以调整优化。从企业角度来讲，则指使其资本流向增值的地方，也存在各种资本结构问题，比如财务结构、业态结构、时间结构、空间结构等。

#### 3. 以合理投资回报为标准

投资的本质是选择、经营、管理投资项目，通过即期投入来获得未来收益。一个富有效率的投资是在有效市场假设与理性经济人假设之下做出的。现实是市场并非那么有效，经济人也并不是很富有理性，行为目标也并不总是一元化、完全自私自利，充斥市场的是有思想有情感的异质行为主体，基本导致投资效果不可预料、投入产出比难以确定，获得合理投资回报成为重要投资目标。

4. 追求合适的现金流量

现金流量是考察经营风险的一个重要财务指标，它比利润更适合反映实际收益。以未来现金流量最大化作为投资目标，即把未来现金流量进行贴现，以与当前投入资金量比较，计算投入产出比率，力求实现希克斯效率。

5. 折现率最小化标准

折现率是一个反映所有融资渠道报酬的一个综合资本成本。选择投资项目，必须以资本成本为折现率计算净现值。折现率越小，成本越小。按照折现现金流量理论，决定组织价值的是自由现金流量，若以未来现金流量为目标，那么未来现金流量最大化实际就是折现率最小化。即同等投入，应该收益（未来现金流量）最大或投入（折现率）最小。

6. 投资风险较小

同等收益情形下，政府或企业投资可能会以投资成本最小或投资风险最小为决策指标。尤其是投资风险问题，经济行为主体皆很重视。再多再好的收益，若是风险过大，也足以令人担忧。必须在投资过程中，随时关注、规避风险问题。

## 三、投资理念与基本原则

作为一项投资活动，己方受益是必须的。但是若要投资成功，仅仅是己方获利还不够，还必须让所有相关利益方皆受益。因此，成功投资的基本理念应该是共赢、分享。在此基础上，还应该少拿多让，让利益相关方有积极性执行投资计划，以确保投资质量和回收期。因此，关于投资的基本思想似乎是：以分享、共赢的理念去做，精心选择并策划投资项目，以投资带来的各类机会为干事创业、有所成就的平台，通过控制成本、降低风险、提高效率的办法来获得收益。

投资的具体原则主要是三个：投资安全第一原则（即风险控制首位）、成本控制合理原则、共赢共享分配。

### （一）投资安全第一原则

投资本是一种风险很高的活动，在正常情况下，应该规避风险、进行主动风险控制。因此，投资行为需要理性，需要尽量排除赌性和感性因子，投资决策尽量科学化；需要对资金进行合理安排，包括阶段性投资控制和分类投资法；需要进行投资形势分析、行业分析、企业分析甚至项目分析等，尤其是不可控因素带来的投资风险，以确保投资安全回收的同时有最大化收益。

### （二）成本控制合理原则

控制成本既是管理的核心内容之一又是项目投资盈利的保障之一，应该加以合理控制。就具体问题来讲，主要是有物料成本、管理成本、财务成本和营销成本等，皆需要想办法降低。物料成本以采购运输环节为主，管理成本以人力资源成本为主，财务成本则主要是各类融资成本，营销成本则主要是在终端产品销售环节产生。各类成本产生的原因不同，形式和过程也不同，难以统一管理，因而分类列出以便于财务分析和管理。合适的成本控制方法则主要是采用批量管理法、回收利用法、渠道短化和融资方式便利化等。

### （三）共赢共享分配

一个投资项目，往往涉及投资金额较大，可能是多种途径融资得来，会受到相应各方牵制，具体项目落地又会受到项目所在地环境与社区的影响，因此，应该在投资时兼顾各方利益，以共赢共享之理念来处理各种事务、化解各种矛盾，并贯之于分配环节。

上述的投资效率、投资绩效评价、投资理念与基本原则等皆可运用于林区投资实践活动中。

## 第二节　神农架林区的重大投资问题

根据生态经济总部建设思路，当前最主要的问题是基建领域和公共平台建设。细想起来，基础设施、生态资源交易、智慧林区、国家公园、旅游经济、金融服务等重要方面皆显得比较紧迫。其中，国家公园、旅游经济等方面在后面章节中有专门分析，于此节不是重点。智慧林区主要是信息化建设问题，由于笔者知识所限和此前关注过少，心有余而无力为之，故不谈。由此，拟就基础设施、生态资源交易和金融市场建设等问题做粗浅思考。

## 一、神农架基础设施建设问题

### （一）基础设施基本情况

1. 神农架交通现状

神农架林区基本形成了外部以长途客运为主航空运输为辅、内部以区内公路交通为主的格局。主要干道有 209 国道、白（白果树）红（红花朵）省道、酒（酒壶坪）九（九湖）区道相连。境内公路全长 1300 多公里、贯穿全区南北东西，并与襄阳、十堰、宜昌、兴山、巴东等市县公路联成网络。

进入神农架林区的长途客运主要从十堰和宜昌两个方向进出。从十堰方向走，先到松柏镇；从宜昌到神农架，则先到木鱼镇。另有武汉、重庆方向来客。武汉出发可在新华路长途汽车站乘发往兴山县的卧铺车，再从兴山转至神农架木鱼镇；也可坐火车先到十堰，再转乘客车到神农架松柏镇。重庆来客一般先坐船到“巴东港”，也可以在香溪码头下船、坐车到兴山后再转车到神农架。

神农架机场于 2014 年 5 月正式通航，距离神农架旅游接待中心镇——木鱼镇约 50 公里。机场已开通上海、重庆、武汉等城市的每日往返航线。

神农架林区内早上 7:30 左右有数量不多的内部旅游班车会经过各景区。同时，木鱼镇和松柏镇有较多旅游车可供包用。

2015 年下半年郑万高铁的开工建设，从重庆、襄阳方向进入神农架林区将更为便捷。截至 2017 年 6 月 19 日郑万高铁神农架段已经完成投资 1.51 亿元，占年度计划的 53%，进展顺利。

总之，进出神农架若以公路交通方式，则耗时较长且有转乘；若飞机出行，航线又偏少。郑万高铁、保神高速虽能提速，尚在建设之中。因此，外部交通不够通达和便捷是神农架发展经济的主要瓶颈。

2. 水资源基本情况

林区共有317条河流，其中50平方公里以上的河流有23条，列入省政府保护名录的湖泊1个。主要水系有南河水系、堵河水系、香溪河水系、沿渡河水系和大九湖水系。主要存在水污染、流域绿色生态和水土保持等问题。

3. 能源供给情况

20年前，神农架处于柴火能源时期；2000年3月，与国家实施天然林保护和退耕还林还草工程相伴随，林区逐步进入了蜂窝煤、罐装液化气时代。2013年，湖北（除神农架以外）实现了天然气全覆盖，神农架也同时启动了全域清洁能源之路。

### （二）神农架重大投资四个注意事项

在项目投资中，觉得以下四个问题具有普适价值且极其重要，同样适用于神农架林区。

1. 事前做可行性分析

可行性分析是任何一项重大投资项目之前的必做功课，基本是个项目投资预判。其主要内容包括：项目背景、价值和基本情况；投资收益分析，即投资决策标准选定、投资项目成本收益测算、投资方案制定与选定；融资方案；项目进度安排；项目各子工程招投标方案；各关键节点的管理实施方案；基本管理制度；各岗位职责与权限说明；人员招聘、培训与人力资源开发；项目正式投入运营时间规划与管理方案。值得注意的是，项目可行性分析的关键点在于结论要明确、不含糊，即通过清晰的思路和层层递进的严密逻辑来告知相关各方该项目是否值得投资。

2. 策划优选投融资方案

投融资方案是项目投资时的必做功课。它包括投资方案和融资方案两部分。投资方案主要是对资金的合理流向做出合适安排，类似于项目投资的必要性分析——找到有投资价值的项目并考虑投资；价值越高，投资该项目就越有必要。融资方案则类似于项目投资资金来源可靠安全、项目有保证的财力可行性分析。有投资价值的项目太多了，主要问题是资金和人手。即能否有合适人员去处理运作该项目？资金能否有保障？会不会存在资金链断裂的情况？投资方案重点在于项目的利润来源分析，可以测算出项目的投资回报率、投资回收期等指标来大致反映。当然，实际投资中未必是财务指标是第一位。但是追求利润是企业天性，不能带来利润的项目是不合意的，可以放弃。只是若有其他原因，也可接受。融资方案看似只是解决资金问题，实则也是通过资金问题来解决企业的分配问题，是对企业既有利润分配方案的一种调整。

3. 透彻分析投融资风险

从具体投资项目来看，有实体投资与虚拟投资两大板块。以证券投资为代表的虚拟市场，高风险高收益的特点都不陌生。但是，实体投资项目中的风险却是很难把控又很容易忽略的，应该高度重视各类经营管理风险。其中，拟投资行业、行业中大企业集中度、拟进入市场的容量、竞争对手状况、潜在竞争对手状况、各类资源供给链条保证以及管理团队建设情况尤为重要，它们很容易发展成为运营中的实际风险。从融资的角度来讲，项目融资方式和资金结构安排很重要，它会很容易触发分配问题并引发不可预期风险。

4. 精心设计分配方案

分配方案实质上是根据企业经营情况对各类经营资本提供者的一种理性必要回报，大多是以现金或有价证券的形式返还给投资者。鉴于分配问题是一个自古至今的大难题，分配方案牵涉项目参与各方的实际利益，很难协调，因此存在一个分配方案的设计问题。尤其是项目的所有权与经营权设计很重要，因为项目形成利润的最终分配方案就是由所有权拥有者和经营权拥有者们共同决定的。实际上，分配方案不仅是对过去要素提供者业绩的一种肯定，也是对将来分配方案的一次预调整。通过分配方案的实施可以对既有要素进行调整、再布局，达到一个新平衡。

### （三）林区具体基建（水电气路网）投资案例

1. 交通建设与投资思路

按照一般逻辑，交通问题既然是区域经济发展瓶颈，那就应该大力发展各种交通工具，兴建各类交通基础设施。然而，神农架林区作为以原始森林资源优胜的国家级自然保护区、国家公园、世界地质公园、世界自然遗产，正常的发展经济、交通先行的思路可能要重新理理。神农架林区是一个以林特资源保护为主的区域，重保护、合适开发应是总体开发思路。

具体到交通基础设施方面，首先从立体交通网络来看，它是长江、汉水的分水岭，水运肯定不合适，公路与航空运输已有，需要完善；从交通工具和路线来看，公路运输总体状态不错，但机场偏小、航线班次偏少、业务量偏少；从路网建设来看，以国道、省干道为主、其他旅游次干道为辅的交通网已经初步建立，基本能够满足旅游需求。

从投资方向上来看，区外交通加强通达性、便捷性，区内交通注重环保性、舒适性、便捷性、通达性、美观性，这应该是总体发展方向。具体来说，多开设几条机场航线、与国内主要城市进行航空资源与业务对接，比如北京、广州、大连、沈阳、长沙、南京等；铁路方面，紧抓国家城际铁路开建机会，争取多铺建几条林区外围铁路，实现铁路—公路换乘即可达，比如十堰至神农架的城际铁路专线；林区内部交通除了增强便捷性、安全性以外，应以绿色景观交通为主，道路沿线应绿化、美化、特色化，还要集约环保化，降噪声、降污染、降成本，沿线有人维护有人管理，甚至可视化、可听化。总之，可聚可散、该聚则聚、该散则散，能美则美、能实则实、宜虚则虚，合适有度、张弛有节。比如修羊肠小道、曲径通幽，观曲水流觞、晨光暮日，听竹林细语、松涛啸肃，漫步星空月夜、宵谈远古故事、尽赏月下欢舞，体验自然、回归自然，放松心情、愉悦心神，以致忘我、浑然与天地相融般境感。

再结合重大投资注意事项，林区交通基建投资时也应注意以下四个问题：首先，交通基建是区域发展大事，必须要事前做可行性论证分析。从选址到施工建设方案，从资金安排落实到项目承担单位选定管理，从发包管理到承包管理，从各种招标方案设计到方案落实控制，从投资到融资，从成本预算到利润测算，从筹集分配利用资源要素到成果业绩分配发放与激励问题，从人员招聘到制度化规范化管理，都需要做出精细考虑或安排。总体来说，考虑得越周全越好。其次，做好融资安排。交通基础设施建设所需资金量大，一般企业难以独自负担，因此，政府主导路桥建设的情况较多。政府主导的做法基本有两种：直接安排有实力有意愿企业承接项目和政府主导社会参与方式。鉴于当前中央对地方债务风险的担忧与控制、地方财政资金的紧缺，政府主导社会参与模式比较合适，借用项目 PPP 投融资模式应该比较常见。再次，关于项目风险管理问题。投资金额大、投资回报率低的特点决定了交通基础设施建设项目一般资金回收期较长，由此带来的是资金的时间成本增加以及不可预测风险。因此，尽快回收本金甚至利润是所有企业投资经营活动中的首要解决问题。根据企业实际情况，合理安排项目和加快工程进度，实现批次运营、批次回收，以使回收速度加快、降低风险是比较常见做法。最后，关于分配问题。由于具体项目情况不同，所以很难统一而论。不过，效率为主、兼顾公平的分配原则似乎比较实用，力求合法、合理也合情。

从全国性交通路网规划来看，“神农架”计划的顺利实施应该是如虎添翼。因此，关注该计划并促使它进度加快应是当前神农架政务中的基本要务之一。

2. 林区清洁能源工程

新浪新闻 2017 年 8 月 13 日消息，神农架林区政府和天然气公司（湖北能源）经过再三调研、综合分析对比，决定采用液化天然气作为神农架气源，并于 2014 年初在松柏镇完成管网铺设、投产通气。目前，松柏镇已有 6300 户报装，气化率达到了 90%以上。在此过程中，不仅是基础设施建设，还有气价和老百姓能否消费的问题，林区政府在 4 年时间内为此补助了 2000 多万元。目前，正计划在全域内推进天然气工程建设，以推广清洁能源并践行绿色使命。从中可以看出，在统筹考虑、慎重决策的基础上，有计划、有重点、分批次、合作共赢理念等是该工程进展顺利的保证。关于投资回收和消费市场（主要是消费能力、市场容量、市场潜力）等问题，政企共同面对甚至政府主导、帮扶补贴，则部分解决了企业积极性问题，从而成为华中高山唯一通管道天然气地区。该工程是一个典型的政府主导实施，具有民生、环保性质的社会公益类基建项目。

3. 林区水资源管理与投资

根据神农架新闻网信息，由林区党政办联合下发的《关于印发神农架林区全面推行河湖长制实施方案的通知》（神办发〔2017〕16号）文件中，明确了要将全域所有河湖资源统一管理，要建成三级河湖长制体系。根据该文件信息，全面推行河湖长制的主要任务是统筹规划、确定河湖保护名录、落实河湖管护责任主体、落实水资源管理制度、划定河湖水系生态空间、加强水污染防治、推进水生态保护与修复、加强执法监督等。同样地，文件也明确了三级河湖长制的组织构架与运转办法：党政主要领导为主要负责人，分管领导配合、相关单位部门共同参与管理的区—镇—村三级体制；设河湖长制办公室（与林区水电局合署办公），建立联席会议制度；同时将河湖长制工作经费纳入财政体制、建立监督考核机制和奖惩问责机制等则是具体保障措施。据此可知，林区拟对水资源管理实行顺应自然规律的域内全流域管理法，如此将会打破区内原有行政区划管理界限和各单位部门行政管理交叉重叠问题，以联席会议方式进行协调、沟通，以统一思想、理顺思路、分工合作，是对林区原有水资源管理体系的再构，是水资源管理体制上的一次重大改革。不仅如此，还从人员、经费投入上进行保障，以切实推进林区生态优先、绿色发展之水源根本问题，并把改革落到实处。该做法可以归纳成政府全职全责并自担风险的全面管治投资流域模式。

总体来看，林区的各类基础设施建设正在有条不紊地进行，基本是政府主导模式，这与重大投资项目的内在要求一致、与政府的职责相符，基本是一些追求希克斯效率的方案——未必全是经济利益目标，社会利益、民生目标或许也是，同时也与林区的绿色发展目标一致。

## 二、生态资源交易平台建设

生态经济是神农架林区经济社会发展和民生改善的重要支撑。这种支撑既表现在生产种植和调度配置资源环节，又表现在交易变现环节。尤其是交易变现环节，它是生产种植目标最终得以实现的关键，因而可以实现资金快速回笼和滚动发展。生态资源交易平台即是为生态类资源、要素、有价证券等交易服务的专门市场。鉴于林区综合因素考虑以及生态经济总部的战略定位，生态资源交易平台建设应该着眼长远、大气布局、统筹策划，应该是立足湖北、带动中国、辐射全球的，高起点、高规格、高质量、专门化是基本要求。下文单以此为据，不考虑资金问题，尝试性地对平台进行初步构想。

### （一）生态资源交易平台组织结构基本设计

建议生态资源交易平台总体分为实体交易和虚拟交易业务两大块。其中，虚拟交易业务为后续待建工程，当前重点是实体交易中心。根据交易平台总体业务需要，对组织结构进行了初步设计（见图 4-1）。

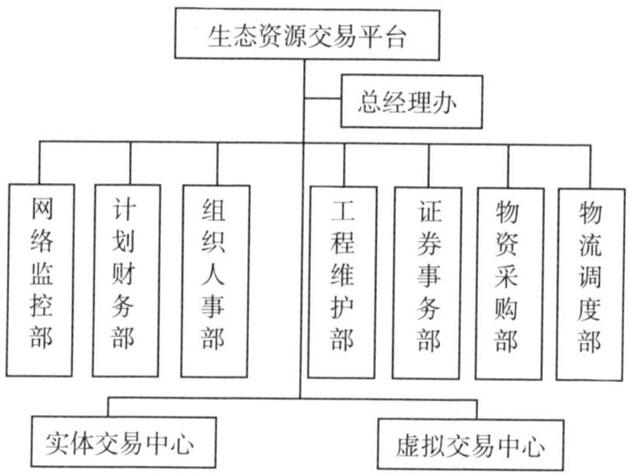


**图 4-1　生态资源交易平台基本结构框架**

以生态产业为主线，对实体交易中心进一步进行组织结构设计（见图 4-2）。

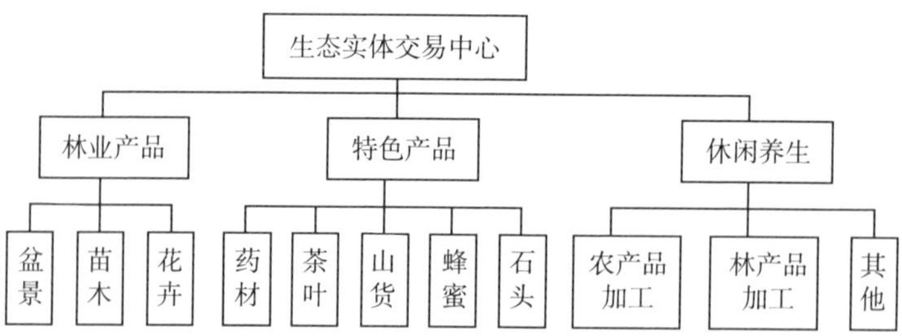


**图 4-2　生态实体交易中心组织结构**

成立生态资源交易中心的前提是生态资源或产品的供给问题，即需要质量有保证、数量充足、有市场需求的产品。

总体来看，神农架林区相关资源产品中，茶叶、中药材、蜂蜜、板仓红、花卉苗木、林特产等产量、品质相对比较突出，具有一定影响力。但仍相对存在特色不够突出、整体实力较弱、规模化经营不够、成本较高、品牌意识不强等问题。其根本原因在于长期自然生存状态、少受外界干扰，主要表现为：市场意识不强、自给自足、靠山吃山、小农经济、余者出售，并如此不断循环、少有发展。欲解此困，就要逐步破除小农思想，实行市场化生产种植；不再以自我满足为目标，而是以服务市场、满足市场需求为目标；不再以习惯定产，而是以市场需求为据；不再漫无目的地，而是有计划、成规模地生产；不再凭借经验，而是借助科技；不再破坏式生产，而是保护性开发。

根据神农架新闻网报道，2017 年 5 月 17 日湖北省联投集团到林区考察，就投资开发、土地资源利用、旅游资源开发、金融服务等工作进行洽谈、对接、合作，以推动神农架保护与发展工作。2017 年 8 月 8 日神农架林区广播电视台微信公众平台消息，神农架林区政府与北京嘉博文生物科技有限公司签订了战略合作协议，双方将在神农架水土共治、农业供给侧结构性改革项目上加强合作。具体签约项目有：神农架全域水土共治、农业供给侧结构性改革提升示范区，共同建设有机农业健康土壤培育、有机道地药材种植示范项目，建设有机废弃物资源化利用中心，组建神农架道地药材研究院和神农架区域特色产品品牌推广五个“1+N”平台。从中可知，统筹农林水电，重点推动农业供给侧结构性改革，发展药材种植，加强水土流失治理和土地资源利用，进行旅游资源开发，并最终改善生态资源产品供给状况，是这些行为的目标。若这些合作皆能落到实处，想必对农林特产和旅游休闲产业会有积极影响，只是它大多还是在示范区或研究基地里，需要进一步大面积推广种植生产。

另外，尚需加强蜂蜜、茶叶等产业化、规模化、品质化种植生产的问题。

### （二）生态资源产品营销

2017年6月10日下午，在我国首个“文化和自然遗产日”活动启动暨中国世界自然遗产推进会上，神农架国家公园管理局公布并启动了国家公园形象标识。它以绿色作为主色调，融入“神、山、水、云”等元素，用山水画中的符号“笔架”来点题。同年8月，林区政府与北京嘉博文生物科技有限公司签订的合作协议中，有特色产品品牌推广项目。综合表明，神农架林区有统筹区域市场品牌之意，并委托嘉博文生物科技有限公司来牵头特色品牌推广。据此，建议在林区政府主导的营销战略中，就以神农架国家公园形象标识为林区资源产品要素与服务的统一标识，代表神农架出产、特色、品质与风格。在此大品牌的基础上，构建母子品牌、主副品牌以及不同系列品牌，从而做到分散型集中、整体型营销的效果，避免了农林商户间的恶性竞争与实力不足难以形成良性循环的局面，构建政府对结构性萎缩行业的全产业链管理。林区绿色发展和生态文明的要求，使得农林特养产业是林区经济的基础、骨干、支柱，统一品牌管理不仅利于基础支柱产业发展，利于林区整体经济实力提升，也会促进生态资源交易平台建设。根据2017年8月11日林区广播电视台发布的信息，商务部电子商务进农村工程项目——神农架购已经实质性运转，除了线上线下帮卖商品以外，还在不断地到各乡镇进行电商培训。如此，随着现代化营销手段逐步进入农村，新的营销理念会逐步深入民心，林区人现代化营销意识会不断增强，市场化生产经营观念会逐步确立，农林产品供给相对过剩与相对不足的状态有望因此改善，林区增产增收有望。

### （三）人才队伍建设问题

以生态经济为基础主导产业的林区总部经济建设需要大批各类专门人才，如此就涉及教育培训和人才引进问题。

第一，各类人才应该与林区发展总目标一致。生态经济总部建设需要各类人才，尤其是第一、第三产业链上的人才。具体地，当前重点是农业科技、林业科技、药材种研、茶产业、花卉苗木业、金融业、旅游业、休闲产业、环保业、互联网、文教体卫以及懂经济和企业管理的人才。

第二，根据林区发展总体目标，应该有个总体侧重生态经济总部建设的配套人才发展战略规划以及具体实施方案。该规划主要是思想引领，对规划主旨、思路、原则、基本政策或办法、进度安排、主体责任部门以及管理运转体制机制等作出相应设计，以利于林区全面建设与发展。

第三，把建设生态交易中心作为近期工作目标，发展相关种植业并延伸、拓宽产业链条，引进急需人才，制定交易中心建设人才队伍规划。

第四，根据设计的各类不同层次的人才需求，制定招聘、培养培训方案。若有需要，创办所需专业和层次的专门学校或综合类学校。

第五，进行各类人才再培养、再培训。主要是各类进修提高班，比如函授或学位攻读。

第六，进行学习型组织构建。通过组织整体有计划地学习、讨论、辅导等办法，逐步形成组织学习氛围并传播组织文化、增强组织凝聚力。

第七，搭建各类人才锻炼、成长的平台。主要是各类科技园区、研究院所、主题沙龙、大型会展、科研项目等。

第八，出台富有吸引力的人才相关政策，以更好地引进人才、利于人才发展特长。主要是各种关于激励和分配方面的政策。

## 三、林区金融市场建设

金融市场包括货币市场和资本市场，是资金融通市场——借助各种金融中介调节盈余资金、进行资金融通。市场中典型金融行业是银行、保险、证券、信托、租赁、担保等业类，金融媒介主要是股票、债券、基金、储蓄存单等有价证券，主要监管机构是人民银行、证监会、银监会、保监会，即在监管机构的监管下，在不同金融市场中交易有价证券，以谋求利益。

神农架林区的金融市场建设宜侧重银行业、证券业、保险业和担保融资业等，主要是便于基层各次产业作业。鉴于金融业国控性质居多，且可以异地贷款，林区金融板块建设目标主要是特色金融（适应生态经济发展的金融模式）、新兴金融、互联金融、小微金融、互助金融、引进民营银行总部以及建设金融服务平台等形式，具体业务以开发设计适应市场需求的特色金融产品和提供各类金融服务。比如金融政策上扶植农林特发展、特色农林特产品种植、大区块建田园综合体和路网水气等基建工程，建苗木银行和绿色银行，发展互助金融、建金融互助合作村社，培植贷款担保业，支持小微金融，发起设立各种公益基金，集体出要素合力办企业，鼓励农村宅基地或土地承包权确权估值入股等。

综合归纳一下，本章之重大投资活动皆为实践操作领域，若有明确、具体的项目或许内容就更充实，只是出于各种条件限制，仅是些许小建议，针对性、深刻性欠缺，或许这就是自然。

# 第五章　神农架林区国企改革问题

美丽幸福主题神农架建设需要强有力的经济作为支撑，中国生态经济总部建设更加需要产业支持。当前困扰林区经济发展的重要因素中除了交通瓶颈、发展空间受限、优势特色品牌缺失以外，国企经营与发展状况也是其一。

## 第一节　国企改革深化与混沌管理

《中共中央关于全面深化改革若干重大问题的决定》中提到：坚持发展仍是解决我国所有问题的关键，要以经济建设为中心。当前经济持续下滑的形势下，转型优化、提档升级、合理布局、谋求又好又快发展，是经济发展的新思路、新做法，也将是一个新常态。只是调整、改革就意味着疼痛，意味着原产业结构体系的打破优化、国有资源重配置、国控企业再布局、区域组织个人利益得失再分配等问题。由于中国的基本经济体制是公有制基础，国有控股企业是国家经济的中流砥柱，布局、调整之事很大程度上都是靠这些国字号企业落实，国企改革由此成为关键。概而言之，深化国企改革，主要是三个方面的问题，即改革主导者缺位或动力不够、改革方案难敲定以及市场化改革。本章拟就此尝试探讨。

## 一、国企改革深化的三个主要问题以及原因思考

### （一）改革主导者缺位或动力不足

深化国企改革，离不开改革主导者。然而，出于各种原因，改革主导者在当前处于缺位或改革动力不足。究其原因，主要是受到环境约束、企业阻力和个人利益得失三个方面的影响（见图 5-1）。

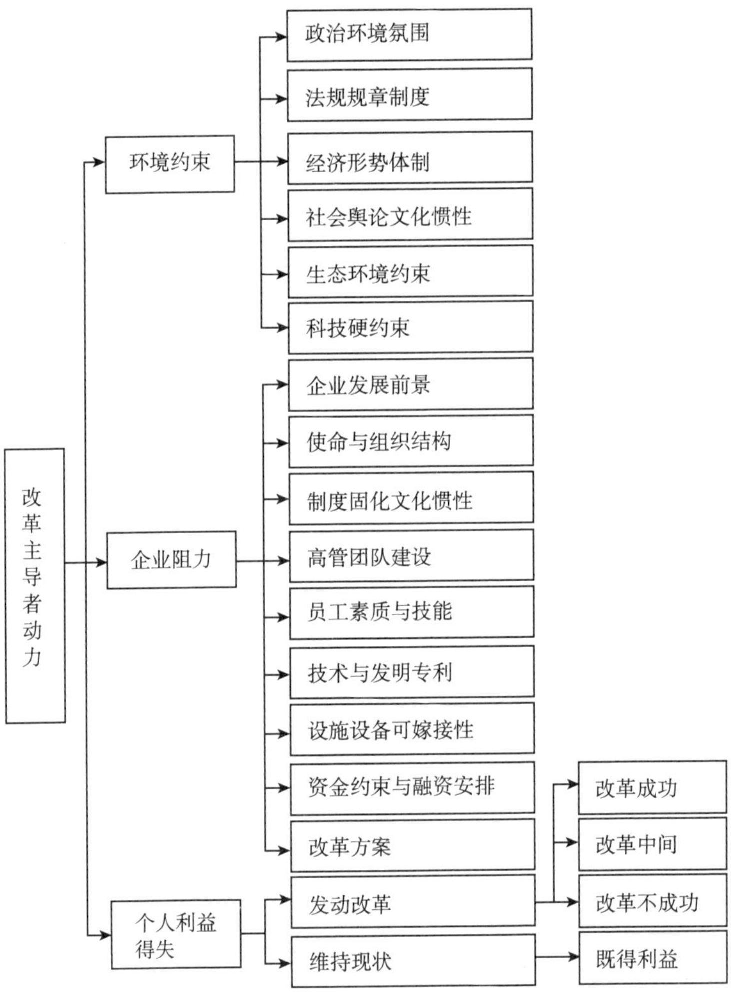


**图 5-1　国企改革主导者改革动力影响因子**

1. 环境对参与、主导改革积极性的影响

环境约束主要表现为政治环境、法规制度、经济形势经济体制、社会舆论主流文化、自然生境和科技条件六个方面的约束。

第一，政治大环境对国企改革总体是有利的。主流意识形态已就此达成一致，各级政府、国资委和相关管理部门进行了大量探讨并出台了一些文件政策，国企改革的组织领导体系和文件体系已经基本建立，“1+N”政策体系基本形成，现今应是一个具体操作层面的问题。谁来落实？具体方案呢？谁来管理监督？有无范本借鉴？目前，完善现代企业制度工作全面提速，全国国有企业改制面达到 90%，国企改革十二样本也已推出。然而，任何改革都是有风险的，未必一定能成功，考虑到诸多影响改革进程的因子，尤其是国有资产流失的顾忌，在中央反腐倡廉新形势下，国企改革决心会受到动摇、改革积极性会受到一定程度的抑制。

第二，国企改革合法合规要求带来的压力。国企改革工作涉及事务方方面面、林林总总，这就是说欲要完全合法合规，则需要系列预判并提前备好解决方案。比如，改革可能会涉及何类事务、出现纠纷时的法律规章依据有无以及如何解决纠纷等问题。很显然，如此做的工作量太大，并且还存在顾虑欠周以及法规制度不完善的大概率事件问题。据此，基本可以判断有能力主导改革的改革者存在客观动力不足。

第三，经济形势、经济体制对改革动力的抑制。主要是指经济下滑形势下的国企盈利能力以及国家国企管理体制对国企改革有些束缚，比如改革方案需要层层报批通过、具体改革过程需要资金配套等。

第四，社会舆论主流文化的束缚主要表现为人类的舒适区束缚。即舒适是人类共同的目标，但是它显然不太利于社会进步。国企改革则是对现有状况的一种打破，很多的文化心理惯性对改革是排斥的，导致社会舆论对变革行为隐性不支持。

第五，自然生境和科技条件对国企改革存在客观束缚。主要是指国企改革方向选择与当前科技水平、未来发展趋势和自然生境自然资源等密切相关，受科技条件与自然条件限制。

2. 企业自身因素对国企改革动力的负面影响

国企改革能否推进、如何推进以及推进效果等系列问题皆与企业自身状况密切相关。比如企业发展前景、使命与组织结构、制度固化文化惯性、高管团队建设、员工素质与技能、技术与发明专利、设施设备可嫁接性、资金约束与融资安排、改革方案等方面对国企改革皆有重要影响。以下做简要阐述（见图 5-1）。

第一，企业发展前景对改革的推动力。改革，即改变、革除旧的不合时宜的对象。它不是一种渐变的、局部小范围革新，而是带有一种追求质变色彩的大动作，是一种具有根本性、基础性的变革，影响深远。一个组织推动改革的根本原因是发展前景堪忧，失去了发展目标和希望，也就失去了发展动力，改革也就成为必须。相反，一个发展前景很好的企业，如果也需要进行改革，那么很可能就是由于组织结构、制度文化等方面的束缚而导致。

第二，国企使命与组织结构对改革的影响。一个组织之所以存在，皆因其所肩负的社会使命。社会使命是组织的价值所在。这就要求构建组织结构的基本原则应该是履行社会使命所需，即设计、选择并确定最适宜完成使命的组织架构。国企的使命结构至少是三维的，即政治层面、经济层面和社会层面，因此国企组织结构构建时一般会非常慎重，且一般不会个人化或小组化处理，而是需要一些流程、履行一些程序，通过企业内部规范的治理程序避免结构构建失误，再走外部报批程序。任何一个组织，一般不会轻易对组织结构进行大的变革，局部调整更为常见。但是，若外部大环境发生大变化，比如组织使命、发展方向、级别层次等进行了较大调整甚至有大改观时，一般会触动改革，并首先触发组织结构改革以使其适应组织发展新需要。

第三，制度固化文化惯性对改革的压力。如果说组织结构是一个组织的骨架，那么一个健全的组织应该既包含有形的职能部门，也包含无形的组织运转机制、组织文化，有形无形相配合、硬性软性相辅助，方能使得组织中的各部门小摩擦运转。即制度文化对组织的重要性体现。一个长期方式不变、正常运转的组织，相应的组织运转制度、成员思维行为模式皆基本固化，难以改变，并最终沉淀为组织文化。如果说变革一个组织的治理结构相对比较容易，那么新组织结构在运转过程中必然与旧有的体系、思维、文化相碰撞，这种新旧结构、体制的碰撞可能会是非常激烈的，极端的可能导致变革失败。很多跨国并购案例皆表明了制度文化层面差异的重要性，使其必然成为国企改革推动者需要认真思考的问题之一。

第四，国企员工对改革的压力。高管团队和普通员工身份不同、待遇不同、信息质量不同，对改革的态度就有所区别。就高管团队而言，基本是国企既得利益者，改革触发的是切身利益，大多持抵触情绪。普通员工，尤其是素质较高、技能突出的，倒是期望通过改革带来新的发展机会，会拥护改革；相反，那些水平技能无优势的人会反对改革，担心改革会令其失去工作机会或原有待遇。

第五，欲推进国企改革，需要配套大量资金以安置可能下岗的失业人员，资金约束与融资问题就变得比较突出。同时，技术与发明专利、设施设备可嫁接性等因素具有发展惯性，对国企改革方向会形成影响或牵制。再就是具体改革方案出台的不易，也会对改革信心有负面影响。

3. 改革者个人得失顾虑

就改革者个人而言，除了考虑以上各类影响改革的因子，基于自身利益得失也会慎重考虑是否推进改革。如果发动改革，则可能出现改革成功、改革失败与改革效果不明显三种情况。很明显，改革成功是其目标但成功概率太小，若改革不成功则会有些或声名或利益的损失。维持现状，则可安然享受既得利益。权衡的结果，自然是容易维持现状。

### （二）改革方案难敲定

国企改革主导者经过慎重思考并决定推动改革以后，拿出一个多方可接受并可操作的改革方案就成为改革成功与否的关键。显然，这个改革方案需要纳入的因子太多，且利益牵涉面太广、变数太多，方案出台非常困难，这也是国企改革难以推动的另一个根本原因。以下就国企改革方案应该考虑的主要问题做一简要梳理，从中可观方案的复杂性与难度。

首先，需要确定国企改革或调整的战略大方向或总体思路。总体来看，国企改革（调整）的方向性问题主要涉及国企发展前景与定位的再思考、国有资本控制程度、所在产业行业基本特性、企业重要属性特征和拟引进对象基本特征五个方面，具体细节问题见图 5-2。

**改革调整总体思路** —— 具体待思考的细节或待选方案

**国企发展前景与定位**

- 所在行业前景分析——行业是否需要调整
- 国企战略规划（规模、排序、市场、财务、范围等）——发展目标、定位与基本思路等是否调整
- 国企基本性质再定性——综合考虑所有权与控制权是否调整

**国有资本控制程度**

- 完全国控（国有独资）：持股100%
- 国有资本绝对控股：持股>50%以上
- 国有资本相对控股：持股>30%以上，基本能够保持控股地位
- 少量国有资本控股：持股在10%~30%且能保持第一大股东地位
- 国有资本参股：持股<30%且非第一大股东
- 象征性参股或控股：国有资本股权比例极低
- 国企完全转为民营：国有资本持股为0

**所在产业行业基本特性**

- 马克思两部类分类：生产生产资料部门、生产生活资料部门
- 三次产业分类：一二三次产业（第四、第五产业）
- 关联方式分类：技术、原料、用途、战略等关联
- 国家产业战略地位分类：主导、先导、支柱、重点、先行（瓶颈、基础）产业、培育类产业
- 农轻重产业分类：农业、轻工业、重工业
- 资源密集度分类：劳动、资本、技术、知识等类密集
- 产业增长速度：成长、成熟、发展、衰退型等产业
- 产业发展状况：技术先进程度（传统、新兴—高新技术）；产业发展趋势（朝阳产业、夕阳产业）；产品供求（长线产业、短线产业）
- 产业发展阶段分类：幼小、新兴、朝阳、夕阳、衰退、淘汰产业
- 生产流程分类：初级产品、中间产品、最终产品产业等
- 霍夫曼分类：消费资料、资本资料、其他产业等
- 钱纳里—泰勒分类：初期、中期、后期产业等
- 国家标准行业分类：国民经济行业分类与代码
- 国际标准分类

**企业重要属性特征**

- 规模：大型、中型、小型、微型
- 属性：央企、地方国企、集体企业、民营企业、外资企业

**拟合作企业基本特征**

- 规模：大型、中型、小型
- 属性：国企（央企、地方国企；国独、国控、国参）、集体企业、民营企业、外资企业

**图 5-2　关于国企改革或调整方案的方向性问题思考的基本框架**

图 5-2 中各个细节问题深入思考的结果则综合表现为改革后的较为理想的国企基本状况，包括发展方向目标等战略性问题、调整后的企业所有权与控制权分配情况、所在的产业行业以及合适的战略合作伙伴等，即国企改革的基本方向。需要注意的是，改革方案最终只能有一套，但是各个待考虑问题的可选项却较多，也就是说，可以组合出很多套改革方案，然后存在一个诸多方案的比较选择问题。同时，需考虑的细节越多，待选方案越多，改革方案就越复杂、越难出台。

其次，关于是否进行混合所有制改革以及具体混改策略的思考（见图 5-2）。

是否进行混合所有制改革应该是属于国企改革大方向决策之一，它基本是在基于产业行业调整判断与企业未来发展规划定位分析的基础上，是一个改革后的企业根本属性选择问题，即改革后的企业是否还需要以“国”字号运转？还是改为国资参股型或民企控制型？其中，除了以国有独资方式运转的企业以外，其他只要含有非国有经济成分企业为改革目标的皆可归纳为混合所有制改革。如此，当前的国企改革除了产业布局与发展方向上的大调整以外，混合所有制改革就是主要内容、主流方向。正因如此，当前深化国企改革的系列文件中，以推进混合所有制改革为主题的文件非常夺目，各级政府和国资管理部门也为推进混合所有制改革做了很多探讨与实践。此处并非想就国企是否要混改的问题作出判断，而是拟就混合所有制改革决策既定的前提下进一步思考改革推进方案与实施步骤问题。具体思考见图 5-3。

图 5-3 对国企混合所有制改革推进步骤以及各阶段对应考虑的主要问题做了一个梳理，以下进一步对国企混合所有制改革中的七个关键问题以及解决问题基本思路进行思考，并整理如表 5-1 所示。

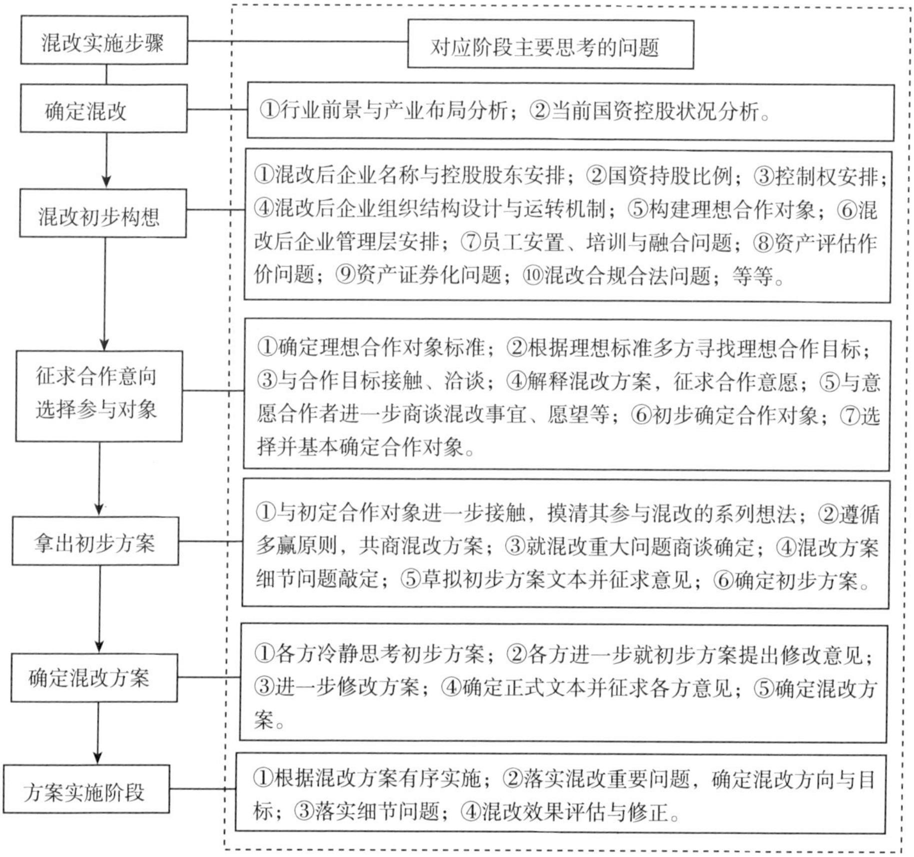


**图 5-3　实施混改大致步骤与相应阶段思考问题**

**表 5-1　混合所有制改革中的关键问题以及解决思路**

| 混改关键问题 | 解决问题的基本思路、原则或内容框架 |
| --- | --- |
| 合作伙伴选择 | ①发展思路、价值观念趋同；②有共赢意识；③与混改初步构想大致相符。 |
| 所有权分配 | ①以拟改革国企意愿为主；②设计并选择合适战略合作者；③与战略合作者洽谈商定所有权比例。 |
| 控制权设计 | ①设计董事会，国有资本财务管理模式；②董事会决策、监督、任命职责；③选聘职业经理人；④对经理人实施激励。 |
| 投融资管理 | ①主要是经理层职责；②重大投融资项目决策董事会最终决定；③决策程序规范；④经过严谨论证。 |
| 员工安置 | ①岗位调整方案；②岗位培训方案；③下岗人员安置；④员工成长方案。 |

续表

| 混改关键问题 | 解决问题的基本思路、原则或内容框架 |
|---|---|
| 资产评估 | ①选定欲评估资产；②选定第三方资产评估机构；③确定评估办法、依据；④资产评估监督机构；⑤形成资产评估报告。 |
| 资产证券化 | ①确定欲证券化资产；②实施资产再评估；③资产证券化处理；④逐步解决证券化资产流通与交易问题；⑤证券化资产上市问题；⑥证券化资产风险管理。 |

### （三）市场化改革

政府与市场是两种不同的资源调度与配置方式。政府主导资源配置的经济体基本是计划型，存在一个管理体制可能过死、过僵的问题，导致社会的整体运转效率不高。但是由于政府的参与，在分配领域则会坚持公平原则，分配结果因而也可以说是相对公平。市场主导资源配置即为市场经济，管理体制比较自由，市场运转效率较高。但是由于资源要素皆向能增值地方流动，可能导致资源要素分配不均，从而导致分配上可能出现失衡状态，比如穷者愈穷、富者愈富的状态可能出现。正因如此，极端的计划经济和市场经济皆不存在，是一个偏计划还是偏市场的问题。

市场化改革，即政府主导经济发展模式的转变，是政府与市场的资源配置主体问题，政府让位于市场，让市场来主导经济发展。它包含两个方面：政府不再主导资源要素配置，改为提供公共服务产品；把部分国企或国企的某部分业务推向市场。即政府的公共服务职能履行和国企市场化两个问题。政府公共服务职能履行问题主要包括提供公共服务产品和建立公共服务体系两个方面。由于此类问题不会涉及市场化问题，是一个放权、收手和更好服务的问题，因而它不是改革重点内容，此处暂不讨论。国企市场化问题是改革重点，它主要分解为两个细节问题：把需要改制的企业改为可以推向市场的企业和具备市场生存竞争的能力。具体地，改制为现代企业，再资产证券化，再外部流通、融资、资本运作；或者加强管理，减少审批环节，实施资本控制，进一步突出主业或者多元经营，实施品牌战略、竞争战略，扩大市场占有率、开辟新市场，增强盈利能力，加强财务管理，等等。很显然，市场化改革知易行难，影响因子太多，每一步几乎都是一道难以跨越的坎。

## 二、混沌管理思想与国企改革深化

国企改革已经到了深水区，上述三大难题需要破解。基于可度量标准化管理基础上的混沌管理思想或许有所帮助。

### （一）混沌管理思想精华

1. 关于混沌、混沌理论、混沌运动、混沌吸引子的基本解释

根据《辞海》，“混沌”亦叫作浑沌，是古人想象中的天地相连状态，是系统在相变过程中的一种状态。“混沌理论”即混沌学，是研究和分析混沌现象（“确定性系统中的内在随机性”现象）的理论，研究内容主要有非线性映射的宏观特性、自组织与耗散结构、神经网络系统、动力学系统的时间反演问题、混沌与分形、复杂性探索等，广泛涉及有序与无序、简单与复杂、确定性与随机性、必然性与偶然性等哲学范畴。“混沌运动”是指动力学系统由于其内在随机性而出现的不可预测的、貌似无规则的运动状态。对某些非线性动力学系统，其长时间的行为或演化过程对系统状态的初值具有极大的敏感性，其行为具有随机性，演化过程实际上不可预测，只有某种统计特征。该系统的最终状态为混沌吸引子。

一般地，系统越复杂，吸引子结构就越复杂。凡存在吸引子的系统，均为有目的的系统，即在给定环境中只是在目的点（环）上才稳定的系统。系统寻找目的（态）的运动过程即系统演化。只要系统尚未到达目的态，现实状态与目的态之间必定存在吸引力，牵引着系统向目的态运动——该吸引力来源于吸引子。

2. 混沌管理思想

根据混沌系列词语的解释，混沌理论的要点在于：在一个动态系统中，追求系统稳定是演化的终极目标；能否顺利演化或演化方向取决于系统有无吸引子以及吸引子的特征；演化过程具有随机性、不可预测性。若把此混沌理论运用于管理实践之中，即可简化为：将企业预设经营管理目标视为吸引子，通过灵活选择方法和过程管理的随机性来力促向目标态转化。其中存在

目标管理效果的最大化、能有效调动积极性前提下的管理成本控制以及成效比三个问题。因此，混沌理论管理学运用的基本思想是强化目标或目的态，鼓励为了达成组织目标而少进行过程控制，可以利益导向、目标导向、方向导向、使命导向、责任导向、自我价值实现导向等系列人类发展的各层次需要为指引，突出人性思维、人本管理，多方激励调动人的积极性，充分发挥人的主观能动性，以集中态、和谐稳定态、非规范态、个性化、例外思维的管控发展思路来取胜。

（1）混沌管理是一种特殊的人本管理，尤其强调人的重要性。组织即人。组织管理一方面由人来进行管理，另一方面又归根于对人的管理。在梅奥正式提出“人是社会人”并建议组织以社会人之属性来进行管理以前，经验管理、科学管理思想则比较盛行。经验管理与混沌管理有相似之处，比如皆高度依赖人、追求稳定等。但是，混沌管理更像是一种形态高级化了的经验管理，它是建立在科学管理基础之上的人本创新权变式管理，是基于经济人、社会人、文化人等多维人性假定上的关于组织人、自然人、资源人的管理与被管理、科学管理与管理实践、情感管理与理性逻辑管理以及法治等问题。

（2）混沌管理的求稳目标性。一个极度富有吸引力的目标是混沌管理的终点与价值所在。该目标可以是非常富有挑战性的，也可以是一种价值荣誉感极高的，通过该目标的完成以实现组织的存续或再发展。它与当代市场竞争激烈之下的现代企业管理追求的效率和效益目标并不违背，是一种变中求稳、稳谋发展的思路。

### （二）混沌管理思想有利于国企改革深化

混沌管理思想有利于当前深化国企改革所面临的动力不足、方案难以出台以及市场化改革等问题的解决。主要表现在：有明确的目的态——改革大目标清晰，但系统演化思路不甚明了，即如何改、谁来办、怎么评等具体改革操作问题比较难以完全显化，适度集中、非规范化操作以及例外制度规定等混沌管理思路或许更为所需。

#### 1. 混沌管理与改革动力激发

结合前文改革压力分析，在改革目标既定前提下，人本管理就成为混沌管理思想的核心。即利用人性的三重假定、为人处世的三角色和做事三标准等为基本依据来抑制消极情绪，调动改革者的积极性。由于破解三压力的维度是“三个三”，比较错综复杂，以下就以表格形式简要表述具体思路（见表 5-2）。

**表 5-2 混沌管理思想的“三三”维度与改革动力激发**

| 改革三压力 | | 外部环境约束 | 企业内部阻力 | 改革者个人得失 |
|---|---|---|---|---|
| 人性三假定 | 经济人 | ①相对来讲，经济人思维对外部环境影响较大，即人对外部环境的影响以经济、理性思维为主；②对外部环境的管理宜以经济人思维进行，即以追求科学理性利用并辅以物质奖惩手段来引导或规避；③注意遏制人对环境的不可持续性开发与利用；④国企改革需要经济人思维。 | ①经济人的理性追求权名利思维决定了其在任何一个组织内部皆大有发展空间；相对应地，组织内部以经济人思维来实施管理永不落后。②对于那些物质客观匮乏者或者有极度物质稀缺感者，赋以经济人思维来管理比较合适。③注意因人而异，对淡泊者例外。④国企改革本质即为通过打破旧利益体系并建立新利益体系来引导组织发展，经济人思维不可少。 | ①改革者肯定符合经济人人性假定，只是程度略有差异；②改革者对经济人理解透彻到位并运用自如；③改革者可以关注到非经济人行为或非理性行为；④以经济人思维来主导改革极为重要、很有必要。 |
| | 社会人 | ①人是社会中的人，社会人属性与社会环境密切相关；②国企改革有一定的社会影响，应该注意以社会人思维来处理社会反应。 | ①人们为某个目标聚在一起即为组织，故组织是一群人的集合，它具有社会性；②组织生存发展即是发动全体成员为更好目标迈进；③人在组织内的生存发展表现为内部交流与合作；④组织利益和个人利益实现，需要组织考虑社会人属性，以社会人思维来管理并融洽组织内外关系。 | ①改革者个人工作甚至生活于组织之中，社会人特征明显；②相对于经济人属性，社会人属性对改革者个人的影响似乎还要深刻；③以社会人思维来激励改革者效果要更明显。 |
| | 文化人 | ①追求品质人生是人的另一天性，可以文化之、渡之，即人之文化人属性；②以文化人思维来管理环境，可以使环境变得优雅闲适有品；③国企改革中加以文化人思维会令方案更合人意。 | ①企业文化是企业长期精神积淀，提炼于全体员工工作实践；②凝练企业文化，利于企业统一思想，完成目标；③以文化人思维来管理企业，能提高企业品性，员工内化后可以降低运转成本。 | ①改革者是文化人；②文化人思维利于出台并推进改革方案；③以文化人思维激励改革者，可以提高改革质量。 |

续表

| 改革三压力 | | 外部环境约束 | 企业内部阻力 | 改革者个人得失 |
|---|---|---|---|---|
| 为人三角色 | 组织人 | ①任何一个组织皆离不开环境，组织人思维利于完成组织交予任务，利于树立组织形象；②组织人思维有基本立场，利于处理组织与环境关系，利于协调组织利益和社会利益冲突。 | ①组织即人，人人依靠组织，处于某组织之中，是个组织人；②组织是一个系统，组织人在组织系统内外开展活动；③组织人的价值在于为所在组织创造价值，价值越高越被组织认可；④作为组织人，应该有组织和服务组织意识。 | ①改革者首先是组织人，且组织认同感极强；②改革对组织的冲击较大，组织人思维利于改革稳步进行；③改革中遇组织人思维不适用情况应注意；④组织人思维利于改革方案的兼顾与平衡。 |
| | 资源人 | ①人力资源也是社会第一资源，资源人思维更利于突破环境束缚、谋求企业发展；②资源人思维的组织主体意识很强，利于为组织目标实现营造大环境。 | ①人是组织的第一要素，资源人思维应该具备；②资源人思维一方面表现为组织对人力资源的开发利用，另一方面是资源人自身的增值以更好地为组织服务；③调配组织其他资源，以推进国企改革。 | ①改革者，资源人思维即为组织的高级人才，一方面是利用好企业的资源调配组合权限，另一方面是充分发挥自身价值、更好地服务于组织发展；②改革事务推进需要对资源人深度把握。 |
| | 自然人 | 与周边环境接触的过程中，组织人、资源人也都具有自然人属性。借用自然人属性思维可以更好地理解社会群体心理与需求。 | ①每个组织人也都兼具自然人身份，自然人思维可以帮忙理解并更好地参与组织行为；②组织人对自然人是一种约束；组织中的自然人是组织人的补充。 | ①作为改革者，先是组织人、资源人，再是自然人；②改革者自然人思维利于改革方案的周全稳妥出台与实施。 |
| 做事三标准 | 合情、合理、合法 | ①主要是国企改革可能会涉及社会问题，需要尽量合情处理；②与周边环境的协调以合理为基本目标；③合法性是处理环境纠纷与矛盾的底线。 | ①企业内部事务处理时，应以合情为最高标准、合理为中、合法为下；②合理性的基本要求就是建立一些规章制度，按规矩办事；③推进改革事务中遇到问题的解决要合情、合理、合法。 | ①对改革者的激励要合情、合理、合法；②国企改革方案要合情、合理、合法；③国企改革具体操作的合情、合理与合法性。 |

国企改革的本质是利益再分配问题，主要涉及物质经济利益的再划分问题，三个人性假定中的经济人思维对于国企改革顺利推进会起到根本性作用，它将利于改革方案的利益均衡决策。但是，国企改革并不仅仅是个物质利益分配，它还会涉及人事变动以及相对应的下岗、培训、失业等问题，又

继发引起社保养老等社会问题，因此，社会人也是国企改革推进所必须具有的利于处理可能被改革激化矛盾的一种思维。相对应地，对于国企改革来说，具有文化人思维的要求可能过高，但是需要提倡，它意味着高品质改革与高品质服务。关于组织人、资源人和自然人的为人三角色问题，在国企改革中，首当其冲的是组织人角色，即以组织利益为首位、服从组织安排、接受组织调度。其次，应是资源人角色，因为人力资源是首要的，所有其他资源调度与利用也都是依靠各级各类员工。国企改革是牵一发而动全身之事务，需要全体员工的支持与配合——把自己当作组织的一种资源、哪里需要就到哪里去的组织资源人思维无疑对加快改革进程是极为有利的。自然人角色则基本是与组织人角色对立的，它处于无组织的自然状态、在任何一个组织中都应该是极力压抑的，组织人角色则会得到激发，以利于组织的政令畅通和效率提高。关于国企改革中情、理、法三个标准的处理问题，应是以合法性为底线，合情为上，追求合理满意为根本目标。

总体来讲，充分利用混沌管理的“三三”维度思想，有利于从根本上规避改革的消极面，可以调动改革者的积极性。在具体改革过程中，可以自由组合或自由取舍，只是组合、取舍的标准取决于是否有利于改革推进、是否有利于更好地改革。

2. 混沌管理与改革方案

改革方案设计的复杂性、难以完备性以及操作过程的权变性等诸多特点皆要求应以混沌管理思想贯穿其始终。

首先，在确定国企改革或调整的战略大方向过程中，混沌管理思想至关重要且表现于方向性问题思考的方方面面。根据图5-2，混沌管理思想针对性地体现见于表5-3。

**表5-3 国企改革大方向调整过程中的混沌管理思想主要体现**

| 改革调整总体思路 | 具体待思考细节 | 混沌管理思想主要体现或运用 |
|---|---|---|
| 国企发展前景与定位 | 所在行业是否需要调整 | 系统全面演进思维 |
| | 目标定位与思路等是否需要调整 | 稳中求变的系统进化思维 |
| | 所有权与控制权是否需要调整 | 目标态管理思维 |

续表

| 改革调整总体思路 | 具体待思考细节 | 混沌管理思想主要体现或运用 |
|---|---|---|
| 国有资本控制程度 | 所有权比例确定 | 目标态管理思维 |
| 产业行业基本特性 | 因行业不同而异 | 企业本位、资源本位、人本思想 |
| 企业重要属性特征 | 所有权、规模、经营权 | 企业本位、目标态、系统观 |
| 拟引进对象特征 | 所有权、规模、经营权 | 目标态、人本思想、系统思维 |

其次，在混合所有制改革以及具体混改策略决策过程中，也需要混沌管理思想来作为引导。混合所有制改革应该是本轮国企改革的主流。第一，从混合所有制改革六大步骤以及相应阶段思考问题来看，预先设定一个标准化操作方案、继而根据实际情况相应灵活调整，实践上应该是行得通的。混合所有制改革操作方案中的标准化问题即可以图 5-3 之中的对应阶段主要思考的问题为依据，但是标准化问题的解决方案需要企业进一步推敲确定，或固化为规范、流程、制度等，或提炼为企业文化、企业精神等。总之，在这些细节推敲、演练并最终标准化的过程中，混沌管理思想中的程序化规范化管理基础得以充分体现；也正是在规范管理基础上，混沌化思维方显价值——以求稳为原则去凝练甚至模糊那些边缘、交叉、复杂的难以标准化地带，从而把复杂问题简单化、智慧化。第二，从混改七个关键问题以及破解思路来看，大多是难以规范、因企而异的问题，因而采用过程放开、目标管理的办法是比较合适的，即混沌管理思想的具体运用。只是每一个问题又似乎是一个开放小系统，合作伙伴选择、所有权分配、控制权设计、投融资管理、员工安置、资产评估、资产证券化七个关键问题的集合体则构成了一个更大的因国企改革而形成的新国企系统，系统观以及相关系统理论也很实用——追求系统稳定则是混沌理论的目标。国企改革方案设计的本质是设计并实质性运转一个新国企系统来取代已经基本锁定的、略显过时的旧系统，混沌管理思想可于其中充分发挥作用。

3. 混沌管理与市场化改革

市场化改革过程中，无论是政府的公共服务还是把国企真正推向市场，其难度和复杂性皆决定了混沌管理思维于其中的作用，主要是在系统思考、目标管理、过程控制、信息反馈等方面。市场化改革并非重点，此处不再尝试进一步分析。

## 第二节　神农架林区国企改革

神农架林区作为湖北省实行垂直管理的县级行政区域之一，国企改革深化问题应在全省统一安排部署之下进行。

### 一、湖北省国企改革方案简要解读以及发展混合所有制经济思考

#### （一）湖北省国企改革方案解读

在鄂发〔2014〕14号文件中，湖北省委、省政府明确提出了深化国有企业改革的意见。它首先对国企改革做了总体要求，分别就混合所有制经济、国有经济战略调整、现代企业制度的完善、选人用人和激励约束机制、国资监管体制、党建和国企改革的组织领导七个方面进行了部署，目标是要“突破性发展混合所有制经济，优化国有经济布局和结构，积极推进完善现代企业制度和国资监管体制，把国有企业打造成独立、合格的市场竞争主体”。从中可以看出，发展混合所有制经济是湖北省深化国企改革的中心工作，以便调整结构、完善治理提高效率，把国企真正推向市场。其具体改革方案见表5-4。

**表5-4　湖北2014年国企改革方案要点一览**

| 举措 | 具体内容 |
|---|---|
| 混合所有制经济 | ①产权多元化。可以采用多种形式、境内外转让、省内外兼并联合。②公司制改革。对国有独资企业一律进行公司制改造，对竞争性行业的国有独资公司一律进行混合所有制改造。③国有资本证券化率。推进国企上市、打造公众公司，未上市的可首发、并购上市，有上市公司的集团公司实现核心业务资产整体上市或多途径扩大融资规模。④重组困难企业。⑤推进场外交易市场挂牌交易。⑥省出资大型企业要做出上市进度安排。⑦2020年全省国有资本证券化率提高到50%。⑧鼓励员工持股。 |

续表

| 举措 | 具体内容 |
| --- | --- |
| 国有经济调整 | ①推动资源要素向优势产业、骨干企业和优秀企业家管理团队集聚。②分类推进调整重组，对公共服务类企业，保持国有资本控股地位；对其他企业，可灵活掌握国有股比例，甚至可以全部退出；要加快劣势企业退出。 |
| 现代企业制度 | （1）董事会建设。①确立董事会、企业法定代表人的核心地位。②经理层除总经理外，原则上不进入董事会。③竞争类国控企业，推进以监管机构为主导、外部董事（独立董事）占多数的董事会建设。④外部董事（独立董事）主要从各类企业家、社会相关机构产生。⑤规范董事会，依法落实董事会选聘经理层、业绩考核和薪酬管理等职权。<br>（2）监事会监督。①由履行出资人职责的机构委派或推荐监事会主席及外派监事，共同与企业内部监事组成监事会。②实行“一企一监”、全过程、全系统监管。③监事市场化选聘。④监事会要与产权管理、财务审计、纪检监察、巡视等有机结合，形成监督合力。<br>（3）人事、用工、分配“三项制度”改革。①业绩导向的优胜劣汰机制。②以合同管理为核心、以岗位管理为基础、以公开招聘为路径的市场化用工机制。③工资集体协商、工效挂钩。 |
| 选用人和激励约束 | （1）企业领导人员管理体制。①重要骨干企业党委（党组）书记、法定代表人由同级地方党委任命或推荐任职。②市场化导向的选人用人机制、推进企业领导人去行政化。③国资委工作重点转到主要管理企业党组织领导成员并根据国有资本份额推荐董事会、监事会成员上来，经理层逐步下放企业（董事会）管理。<br>（2）激励约束。①根据经营管理绩效、风险和责任确定薪酬。②公开招聘的领导人员薪酬水平参考市场价位协商确定。③股权、现金两种类型的中长期激励机制。现金激励要先提取留存，待正常离职或退休后方能兑现。④强化经营投资责任追究，对职务待遇消费以及决策失误等视情节处理。 |
| 国资监管体制 | ①政企分开。2014年底以前基本完成企业脱钩。②建立独立经营的国有资本投资运营平台。③国有资产监管机构职能和履职方式。清单管理；企业自主决策投资项目，不再报审，但要备案备查制度；总会计师派遣，建立符合企业功能定位的考核评价指标体系。④完善国有资本经营预算制度。提高收益上缴公共财政比例，预算支出适当向运营平台倾斜。⑤提高依法履行出资人职责的能力和水平。 |
| 党建 | ①完善党委（党组）成员与董事会、监事会、高管“双向进入、交叉任职”机制。②落实党委（党组）主体责任和纪委监督责任。③纪委书记在不同出资企业轮岗交流。④总部向重要子企业派驻纪检监察机构和纪委书记。⑤防止内部利益输送、国资流失和消极腐败现象。 |
| 组织领导 | ①统筹协调。②配套政策。③支持合力。④大胆探索。 |

### （二）与国务院国资版、上海版的联系与主要区别

作为地方国企改革政策，湖北2014年版国企改革方案更多地融入了同期国务院国资委国企改革思想，明确了要进行混合所有制改革，要建国有资本投资运营平台，有条件地对董事会授权，明确要求派驻纪检工作人员。其形式上与上海版比较类似，操作性很强。以混合所有制改革为例，要促进产权多元化，推进公司制改革，提高国资证券化率，重组困难企业；同时，要进行交易平台与环境建设，可以进行场外交易、做出上市安排并辅以员工持股激励，等等。表5-5即为同期国务院国资委和上海市国企改革最新部署与安排基本情况；表5-6与表5-7则分别就国务院国资委“四项改革”试点目标分解和上海市国资改革9项举措做补充说明。

**表5-5　国务院国资委和上海市国企改革最新部署与安排基本情况一览**

| | 国务院国资委版 | 上海市版 |
|---|---|---|
| 形式 | 2014年7月15日召开了“四项改革”试点新闻发布会。 | 2014年7月3日下发正式文件《关于进一步深化上海国资改革促进企业发展的意见》。 |
| 主要内容 | 四项改革试点：①改组国有资本投资公司试点。②混合所有制试点。③董事会授权试点。④派驻纪检组试点。 | ①发展混合所有制经济。②分类监管。③设立国资流动平台。④建立约束激励机制。 |
| 指导思想 | 深入贯彻落实中共十八届三中全会精神，推动国资国企改革，在中央企业启动“四项改革”试点。 | 以党的十八大、十八届二中、三中全会精神为指引，促进各类所有制经济相互融合，大力发展公众公司。 |
| 主要目标 | ①探索破解改革难题。②进一步总结经验。③以点带面，有序推进改革。 | ①3~5年建设。②基本完成国有企业公司制改革：除国家政策明确必须保持国有独资外，其余企业实现股权多元化，发展混合所有制经济。 |
| 基本原则 | ①顶层设计与先行先试相结合。②市场化方向与问题导向相结合。③大胆探索与坚守底线相结合。④整体推进与重点突破相结合。 | ①完善基本经济制度。②市场导向改制转型。③依法规范公开透明。④统筹兼顾稳妥推进。 |

续表

| | 国务院国资委版 | 上海市版 |
| --- | --- | --- |
| 具体措施 | 先在中央企业改革试点。具体表现为四个方面举措：①改组国有资本投资公司试点：国家开发投资公司、中粮集团有限公司。②混合所有制经济试点：中国医药集团总公司、中国建筑材料集团公司。③董事会授权试点：新兴际华集团有限公司、中国节能环保集团、中国医药集团总公司、中国建筑材料集团公司。④派驻纪检组试点：在中央企业中选择 2~3 家。 | 上海市及所辖区县皆适用，有九项举措。①国企公司制股份制改革。②国企股权比例结构。③开放性市场化联合重组。④股权激励和员工持股。⑤明晰改制重组决策程序。⑥规范财务审计和企业价值评估。⑦市场决定对象和发现价格。⑧平等保障相关利益主体合法权益。⑨完善国企改制政策和环境。 |
| 推进步骤 | 五步实施：①统一领导，分工负责。②因企制宜、一企一策。③加强指导、大胆实践。④总结经验、完善政策。⑤梯次展开、逐步推广。 | |

资料来源：唐克敏．混合所有制改革面临的主要难题与对策［J］．经济问题，2015（6）：3.

**表 5-6 国务院国资委"四项改革"试点目标分解**

| 四项改革 | 主要目的 | 试点改革具体探索内容 |
| --- | --- | --- |
| 改组国资投资公司试点 | 探索以管资本为主的加强国有资产监管体制模式。 | ①国资监管层面，研究国资委如何向以管资本为主转变。②国资运营层面，探索国有资本投资公司如何提高运营效率和效益。 |
| 混合所有制试点 | 探索发展混合所有制经济的有效路径。 | ①企业治理结构。②职业经理人制度和市场化劳动用工制度。③市场化激励约束机制。④员工持股。⑤有效监管机制。⑥党建工作机制。 |
| 董事会授权试点 | 探索完善国有企业公司法人治理结构的工作机制。 | 董事会自主决策：试点企业董事会将在国资委的指导下，完善各项制度，开展董事会行使高级管理人员选聘、业绩考核和薪酬管理权试点工作。 |
| 派驻纪检组试点 | 探索对国企负责人重点监督的纪检监察方式。 | ①对主要人员监督。②监督的相对独立性、权威性和有效性。③党风建设和反腐败工作。④反腐败体制机制创新。 |

资料来源：唐克敏．混合所有制改革面临的主要难题与对策［J］．经济问题，2015（6）：3.

表 5-7 上海市国资改革九项举措

| 九项举措 | 具体要求 |
| --- | --- |
| 国有企业公司制股份制改革 | ①企业集团整体上市，成为公众公司。②竞争类企业主营业务资产、功能类和公共服务类企业竞争性业务资产上市。③加快公司制股份制改革，实现投资主体多元化、经营机制市场化。④特殊管理股制度，试点设立优先股。 |
| 国有企业股权比例结构 | 根据不同企业的功能定位，合理设定国有股权比例，优化股权结构。①国有资本管理公司，国有独资。②基础设施和功能区域开发建设、提供公共服务和保障改善民生的国有企业，可保持国有全资或国有控股。③战略性新兴产业、先进制造业和现代服务业中的国有重点骨干企业，可保持国有控股或相对控股。④一般竞争性领域的国有企业，有序进退、合理流动。 |
| 开放性市场化联合重组 | 双向联合重组。①方向是聚焦产业链、价值链，和产业相关。②通过证券市场、产权市场等引入各类投资主体。③可用货币或实物、知识产权、土地使用权等法律法规允许的方式出资。④基建和公用事业运营项目，可通过特许经营等方式，引入风险投资、私募股权投资等非国有资本参股。⑤发展非公有资本控股的混合所有制企业。 |
| 股权激励和员工持股 | ①符合相应条件的可实施股权激励和分红激励。②同步建立两个机制：建立业绩挂钩、财务审计、信息披露、延期支付和追索回扣等约束机制，职工收入正常增长、工资集体协商和困难职工帮困托底机制。③混合所有制企业按照国家规定探索实施员工持股。 |
| 企业改制重组决策程序 | ①市管企业：由本市国资监管机构提出方案报市政府同意后实施。②集团下属企业：一般由集团公司决定，重要子公司改制重组方案报本市国资监管机构备案。③国有控股上市公司按规定程序执行。④涉及公共管理事项的，须报政府有关部门审核或征求意见。⑤持股方案须经董事会或党政班子集体讨论，履行职代会民主程序，并按照产权管理关系报上一级核准。由集团公司批准的持股方案，报本市国资监管机构备案。⑥所涉企业董事、监事、高级管理人员不参与方案决策。 |
| 规范财务审计和企业价值评估 | 由产权持有单位聘请具有资质的不同专业机构实施财务审计和价值评估。①改制为非国有控股公司的，须进行企业法定代表人经济责任审计。②价值评估结果按照规定公示并予以核准或备案，重大项目评估报告须经专家评审委员会审核，评估结果作为国有资本出资额或产权交易价格依据。③改制方案由审批单位的法律顾问或聘请律师事务所出具法律意见书。 |
| 市场决定对象和发现价格 | ①重点并择优选择能互补、协同和放大效应的战略投资者。②企业董事、监事、高级管理人员参与改制或受让，应与其他投资者平等公开竞争。③改制重组涉及国有股权、产权或资产转让、增资扩股等，应在证券市场、产权市场等场所公开进行。 |

续表

| 九项举措 | 具体要求 |
| --- | --- |
| 平等保障相关利益主体合法权益 | ①各方股东依法行使知情权和表决权，享有资产收益、参与重大决策和选择管理者等权利。②职工的知情权、参与权、表达权和知情权，完善职工董事、职工监事制度，企业改制方案提交职工（代表）大会审议，职工安置方案经职工（代表）大会审议通过后实施。③职工安置方案应在尊重职工意愿的基础上，对人员分流安置、劳动关系调整、工龄计算、社会保险关系接续等作出妥善安排。 |
| 完善国有企业改制的政策和环境 | ①不断完善国资监管、工商登记、土地变更等制度或政策。②落实改制、兼并重组中有关资产评估增值、股权转让收益、债务重组收益、土地房屋权属转移等税收政策。③落实改革创新的容错机制。 |

资料来源：唐克敏．混合所有制改革面临的主要难题与对策［J］．经济问题，2015（6）：3.

综合来看，国务院国资版主要强调进行“四项改革”，以试点方式渐次推进；上海版亮点是九大举措，力推混合所有制改革。再观湖北版改革方案，强调了四大改革任务，但真正有重大改变或重点推进的工作是混合所有制改革。其他方面也有重大转变，但可以认为是基于所有制混合改革思想下的产物，比如现代企业制度的进一步完善、选人用人与激励制度改革、国资监管体制的资本化管理转变，甚至党建工作在新形势下的工作思路，等等。相比较而言，湖北版比较全面，但任务不是很明确，特色不是很鲜明；同样推进混合所有制，湖北版方案力度不是很大，比如在涉及重大利益的兼并重组程序与规范问题、企业资产价值认定与评估问题、市场对混合所有制改革中的推动作用等方面显得力度不是很够；上海版则明确提出了要联合重组市场化、改制重组决策程序、进行财务审计和企业价值评估规范以及市场决定对象和发现价格等办法。另外，湖北省改革版在撤出资金流向上将会用于优化国有经济布局。

## 二、湖北省发展混合所有制经济思考

根据湖北省 2014 年版国企改革方案，发展混合所有制经济的具体操作过程可以分为方向与思路确定、主要指标确定和操作手段选择三个阶段进行。

### （一）第一阶段：确定改革方向与思路

不同状况的国有企业，混合所有制改革的方向与思路是不一样的（见表5-8）。

表5-8　不同类型国企混合所有制改革大体方向与思路

| 依据 | 分类 | 改革方向、思路 |
|---|---|---|
| 上市与否 | 未上市 | ①现代公司制改革→上市交易→股权分置改革→全流通→国控或国参上市公司。<br>②股份制公司制改革→场外交易市场交易→场外流通→国控或国参非上市公司。 |
| | 已上市 | ①国控或国参上市公司→全流通→完善现代企业制度（董事会、监事会、党委）→选人用人激励机制→重大决策规范。<br>②国控或国参上市公司→扩大融资规模（增发、配股、债券）。<br>③国控或国参上市公司→经营状况不好的空壳公司强制退市 |
| 国有股占比 | 国有独资 | 国有独资→改制成国有控股。 |
| | 国有控股 | 国有控股→根据情况可改制成国控公司、国参公司、撤资民营化。 |
| | 国有参股 | 国参公司→继续参股甚至撤出国资、完全民营。 |
| 国企功能 | 公共服务 | 改制成国有控股公司。 |
| | 竞争类 | 根据情况可改制成国控公司、国参公司、撤资。 |
| | 功能类 | 根据情况可改制成国控公司、国参公司、撤资。 |
| 出资人 | 央企 | 执行国务院国资委主导的改革方案，适度参考地方改革方案。 |
| | 省出资 | 执行湖北省2014年版国企改革方案。 |
| | 地方出资 | 参照湖北省2014年版国企改革方案、执行地方改革政策。 |
| 企业规模 | 大型国企 | 改制成国有控股公司。 |
| | 中型国企 | 根据情况可改制成国控公司、国参公司，甚至撤资。 |
| | 小型国企 | 根据情况可改制成国参公司，甚至撤资。 |
| 经营状况 | 经营正常 | 考虑兼并收购、脱钩、资产证券化、混合所有制改革、制度与文化建设（思路同上）。 |
| | 困难国企 | 被富有实力国企或民企并购改组。 |

### （二）第二阶段：发展混合所有制经济的主要指标

2014年版的湖北省国企改革方案可以说是思路清晰、目标明确、内容全面、形式多样、要点突出，可以从以下具有时间节点的三个指标得到反映。

1. 2014年底以前基本完成企业脱钩任务

企业脱钩实质就是要政企分开，实现国有资产的集中统一监管。政府授权的监管机构是各级国资委，因此其他部门就不应该成为国企出资人。现仅以上市公司为例。根据2014年8月21日从申银万国证券交易网上查到的湖北省上市公司股东信息基本资料，现共有上市公司82家。从最终控制人来看，央企有18家，包括教育部3家、财政部2家、国务院国资委13家；省国资委4家；省国有文化资产监管与产业领导办1家；宜昌国资4家；兴山国资1家；武穴财政1家；武汉市国资委4家；武汉东湖管委会1家；汉阳国资委1家；湖北广电1家；汉川集体1家；外地集体3家；外资1家；民营企业41家。排除央企、民营企业、外地集体企业和外资企业，在剩余的19家省内国控或集体企业中，非国资部门管理的有5家，分别是省国有文化资产监管与产业领导办1家、武穴财政1家、武汉东湖管委会1家、湖北广电1家、汉川集体1家，具体情况见表5-9。

表5-9 符合脱钩条件的上市公司

| 名称 | 最终控制人 | 所属行业 | 总资产（万元） |
|---|---|---|---|
| 福星股份 | 湖北省汉川市钢丝绳厂持有福星集团控股有限公司股份比例100% | 区域地产 | 2905652 |
| 湖北广电 | 湖北广播电视台持有湖北省楚天数字电视股份比例38.48% | 影视音像 | 324144 |
| 祥龙电业 | 武汉东湖新技术开发区管委会持有武汉葛化集团股份比例100% | 火力发电 | 10026 |
| 广济药业 | 武穴市财政局持有武穴市国有资产经营公司股份比例100% | 化学制药 | 158870 |
| 长江传媒 | 省国有文化资产监管与产业发展领导办持有长江出版传媒集团股份比例100% | 出版业 | 121365 |

根据表5-9，5家国控上市公司最终控制人都不是国有资产管理部门，且80%是100%持股控制。要不要统一集中到国有资产部门监管，除了政策，更多的是利益冲突，会使得国有资产集中统一管理变得有些困难。最主

要的利害关系就是因控制权变更导致的控制权损益问题以及可能由此延展开来的人员妥善安置问题。更为重要的是，公司之所以上市，都是经过了股份制公司制改革，某种程度上只是政企分开不彻底；还有众多未上市企业，很多都是股份制公司制改革不彻底达不到上市条件，政企关系更为错综复杂，脱钩任务更重。

2. 2015 年全省各级政府出资企业基本完成公司制股份制改造任务

公司制股份制改造是国企改革的第一步。建立现代企业制度是在 20 世纪 90 年代皆已明确的目标，至今还有众多的国有企业以独资形式存在，资本的杠杆作用很小。更为重要的是，这些独资国企在过去年代看似必要，现今经济、科技、产业的发展可能并不需要独家控制，放开对这些企业的准入条件，实施公司制股份制改造，甚至混合所有是有必要的。从国内民营和其他所有制企业来看，经过了 30 余年的发展也已经具备了一定实力，实施混合所有条件具备。

湖北省国企改革与国家国企改革同步推进。经过了改制、上市、股改至全流通后，国企公司化股份制改造已经积累了丰富经验，过去国企改革中的老大难问题基本得到解决，推动剩下的为数不多的未改制或改制未成功的企业两年内完成股份化公司制改造是可行的（具体进展，目前未能查到相应资料）。

3. 2020 年力争将全省国有资本证券化率提高到 50%

资本证券化是近些年国企改革的热点。通过资产资本化、资本证券化，可以加速国资流动，便于国企融资、企业间的并购重组以及国资进退。可以说，20 世纪 90 年代以来启动的以国企改革为主的系列市场经济改革的目标就是推动国企成为市场中的独立主体，形成一个安全诚信自由流通的交易市场，市场决定资源要素价格以及市场化的用人激励与分配机制。但是，不能说这种类似西方的市场经济就是追求目标，最大的区别就在于市场主体的不同，是以国资背景企业为主导的，以国有资本的进退来调整产业结构、促进科技进步、推动经济发展。为此，需要国有资产资本化并进一步证券化，以便于国资投资与运营。根据所定的 2020 年国资证券化率 50% 的指标可知，当前的国资证券化率是较低的，大批的国资还未能上市流通、还不熟悉资本市场，达成这个目标尚需努力。

### （三）第三阶段：改革主要手段

1. 政企脱钩办法

要想在 2014 年底基本完成企业脱钩任务，根据目前情况，可以考虑直接划转，即 100%控制权的国企直接划归国资委管理；部分控制权企业可以根据具体情况引进各种类型投资者，进行混合所有制改革，进一步政企脱钩。其中关键点是改革方案的确定，包括资产评估认定与作价、协商解决人员安置、人事劳务安排与关系划转甚至组织结构推倒后重新构建。配套有补偿方案，对利益受损方进行事后补偿。

2. 国有资本证券化问题的解决

证券化、资本运作，无疑是自中共十八届三中全会以来的国企改革热点之一，在相继出台的各地方政府深化改革方案中显露无遗，湖北省也明确提出了 2020 年资本证券化率要达到 50%的目标。

资本证券化，是指各种有价证券在资本总量中不断扩大和增强的过程。这种有价证券，除了债券和股票外，还包括各种融资券、基金券、票据以及其他的证券化融资工具。国有资本证券化的目的是利用各种证券化的融资工具去融资，以解决国有资本投资与运营过程中可能出现的资金瓶颈问题，把国有资本转化成有价证券则是实现融资目标的第一步。当国有资本证券化比率越高的时候，理论上其融资规模应该是越大的。如此，解决了国有资本投资运营的后顾之忧。这也正是国资证券化热的原因之一。

具体到证券化操作，可以把现有国企（国控）分为三种类型：未上市、已经上市和困境企业。对于已经上市的国控企业，可以进一步推动资产整体上市或通过增发、配股、发行可转换债券等实现深度混合所有，以释放国资能量、撬动更多资产，以引进各种类型投资者，为非国有制经济体腾出发展空间、让出更多机会。对于目前未上市的国企，要有上市规划安排并逐步落实，未达到改制目标的抓紧进行股份制公司制改制，与此同时，可以借助场外公开交易市场进行交易，尤其是利用公开产权交易市场进行资产或有价证券买卖，以加速国资流动、利用各类资产进行融资。对于困境国企，当前形势下被重组兼并的可能性比较大，关键是有没有意向买方以及买卖交易条件能否达成。

## 三、制定混合所有制改革方案要注意的几个问题

混合所有制改革的三大疑问是国资监管、圈钱之嫌和资金去向①。在湖北省推进混合所有制改革过程中，应该注意避免触及这些敏感话题，注意关注非公经济主体所关心的关于国企混合所有制改革的系列问题并提出解决方案，主要表现在以下七个方面：

### （一）关于出资比例问题

投资者出资比例与股权结构、董事会结构密切相关，进而会影响公司治理结构。确定合适的出资比例至关重要，尤其是控股股东及其出资比例的确定。国企的混合所有制改革的关键点就在这里。

首先，谁是控股股东？只有两种方案，国有资本或非国有资本，主动权在国资委或其代理人手中。也就是说，谁来控股最终是各级国资委决定的，是其根据产业发展、产业结构调整需要灵活进退的表现。假定国资委确定了新的混合所有制公司由国有资本控股，那么非国有资本就成了非控制者，能否吸引非国有资本融入国企改革存在疑问，国企改革难有进展，借助非国有资本经营的灵活性、高管的事业心等积极一面来推动国企发展的想法可能难以实现。对于非国有资本来讲，部分领域向其敞开是有吸引力，但若需要他们以生命为代价去换取，恐怕就不乐意了。面对国资强势，非国资最担心的就是能否也得到发展机会？会不会出资以后就没有了下文？有点羊入虎口的担心，缘于过去多年的国字号与民营的地位差别思维定式。在此种心理下，国资控股模式是很难继续的，最终可能就是国资与国资的混合，再上市以吸引部分民间资本，大致是国企改制上市的老路。

对于非国有资本而言，由他们控股新混合所有制公司还是有些吸引力的：首先，该行业、市场具有一定吸引力，属于原来对民营开放不够甚至未开放领域，民营等非公经济早就渴盼进入；其次，进入后可以部分甚至全部控制企业以让企业按自己意愿行进，企业家的抱负与事业心可以得到施展。

① 唐克敏．混合所有制改革面临的主要难题与对策［J］．经济问题，2015（6）．

此种情况，最大的问题在于非公经济持股比例，多大程度上控制，需要多方一起协商，主要是国资委、混改国企以及非公经济参与方三方协商确定。目前情况下，湖北省的国企改革政策是公共产业国资控股以外，其余各产业企业皆可根据实际情况灵活进退、自由把握。如此，非公经济既可以绝对控股，也可以相对控股，非公经济体实力、混改国企意愿与国资委总体情况把握等都可以影响混改进程与成功与否。

非公经济主体愿否参与混合所有制改革的另一种担忧是即便控股，国资方会不会随时回购？也就是政企是否彻底分开？真正分开了，也就没有这种担心。但中国的事实是政企分开还不够彻底，非公经济主体就有足够理由认为国资可能随时杀回来、重掌企业，如此，其前期苦心经营岂不白费？此种心态之下，混改后的非公经济主体控股股东投机心态严重，为其长远利益不会高度关注企业整体和其他股东长远利益，追求短期利益，上马的项目尽量短平快；不会太用心于经营管理，搞不好会变卖新混合所有制企业以化整为零、变相私有化。如此，大规模的混合所有制改革，导致未来可能出现大规模私有化。那些私有业主就是今天参与混合所有制改革的经济主体，有能力掌控资源要素分配的组织或个人，最终局面可能是：弱者更弱、强者更强，资源要素得以进一步集中；穷者愈穷、富者愈富，社会分配差距加大。私有化的弱点暴露，然后以再国有化的形式扭转局面。

国企混合所有制改革的后效不容忽视，当前情况下关键就是要加强国资监管，避免国资以所有制混合方式被不必要的私有化、以不恰当不合理的方式被私有化，避免撤出国资被盲目投资或不合理使用，避免撤出国资去向的无统筹、无计划、无落实、无监管。

### （二）企业困境原因分析

非公经济主体参与混合所有制改革的另一重顾虑是改革原因。即为何该国企要进行混合所有制改革？经营管理状况如何？好端端的一家国企会改革吗？可能少有人会如此想，因为国企改革的目的之一就是要盘活国资、搞活国企。参与混合改革的国企大多是有状况的，关键是真实的状况与真正的原因。

如果参与改制的国企是管理上的原因，非公经济主体当然可以考虑参与重组、改制。资金不足的理由不够充足，因为中国的银行历来偏好给国企贷款。如果是行业不景气，那就当然不加入为妙；若决定参与改制，就要想好怎么改进或转型。如果是出现了重大投资失误，比如资金投向了并不擅长的领域，可以考虑改制或参与项目投资建设。

基于所有制混合后的企业长远之念，改革国企困境原因分析至关重要。对于国资管理来讲，或许是各种形式的甩包袱，己所不欲型居多；对于非公经济主体来讲，则需要有一定眼力与远见，个个都是烫手山芋，不能轻易接手。正因如此，国资主管部门要耐心地与有兴趣参与混合改革的非公经济主体进行解释并谈判。

### （三）资产评估与价值认定

经过了国企困境原因分析和出资比例原则性确定以后，进入非公经济主体实质性参与混合所有制改革阶段。这种实质性参与首先就表现在企业价值评估上，要进行清产核资，就企业账务管理是否规范、账务是否清晰准确、资产是否属实且无争议、有关重大资产的价值重估、各种损益的认定以及资金状况进行清理核查，以真实反映企业的资产以及财务状况。

清产核资过程中，要注意依法依规开展，最好由国资主管部门出面组织成立清产核资小组来开展工作，待清产核资结果出来后，再委托资质会计师事务所实施审计。

为把资产评估与价值认定工作做好，最大限度地防范国资被低估贱卖，在可能大面积地展开混合所有制改革的浪潮中，建议各级国资委建资产评估专家信息库和会计师事务所信息库，以便于随时随机抽调专家和会计师事务所进行清产核资，形成一种资产评估与价值认定工作组成员不固定、会计师事务所不包办的工作规矩。为了调动清产核资小组和会计师事务所的工作积极性和确保他们勤勉尽职的完成清产核资工作，建议对专家评估工作情况、会计师事务所的审计工作情况进行评价，甚至评星评级并做好记录，以便于在下次的清产核资工作中挑选优秀专家和敬业事务所参与。

对于非公经济主体而言，不仅是对资产的价值需要进行认定，更重要的是对拟交易资产使用价值与前景进行判断。如果认定确实是优质资产、有竞争力，且行业前景尚可，那么很可能是属于国资战略布局调整的需要，此资产可交易；如果是属于国企劣质资产，则明显是属于脱困、甩包袱之考虑，风险比较大，非公经济宜慎入；如果是属于资产优质但常年亏损，说明该国企有问题，表现为管理制度层面、组织结构与安排、用工结构与制度、财务管理与控制以及高管资源调度使用等方面可能存在问题，此时要注意找准问题再决定是否参与。

作为国企混合所有制改革的推动方，国资主管部门和当事国企要注意非公经济主体对国资价值评估报告的评价与看法，以便更好地进行混合改革。

**（四）国资流失监管**

目前，国企改革的主流思路是改制（股份制公司制改革）、上市、再融资、股改、再融资。在此过程中，股份制、证券化是主要手段，即资产资本化后以资本形式投资运营要更为便捷。然而，在折算股份等有价证券的过程中可能存在一些资产流失现象，在国有资产经营与交易、国有资本投资和运营的过程中，也可能存在资产流失现象，为此必须加强监管。

当前形势下的国资监管工作有效开展可以从以下几个方面入手：以监管资本流动与效率为主，分析资本的来龙去脉与使用的科学合理有效性；多部门协同监管，比如监事会、纪委、财务审计、产权管理部门、资产评估部门、工会、独立董事（外部董事）等齐力；内外兼管结合，主要是指国资委派员驻点监管、巡视监管和企业内部监管系统结合，比如可以根据需要派出总会计师、审计长或驻点或巡查；高层监管人员流动管理；实行国有资本经营预算制度；企业自主投资决策，自主考核；加强监管人员培训，建立监管人员信息数据库等。

**（五）人员安置**

人事变动是国企混合所有制改革的必然伴随现象。湖北省国企在进行国企混合改革时要注意这些问题。首先，可能存在改制国企与参与改制的非公经济主体两大阵营间的人员比例协商问题，即非公经济主体可能带来一部分新员工、改制国企可能存在部分员工下岗待业甚至失业等情况。因此，裁员、上岗等问题可能接踵而至。裁减内退人员数量、工种、性别、年龄等需要确定，发放的各种津补贴、工资等需要研究，以及医疗保险、失业保险与保障等都需要统筹。其次，在职员工激励问题。主要是分为高管和一般工作人员两大群体。员工薪酬普遍实行“基本工资+津贴+奖金”的办法发放。但是为了激励员工，奖金发放一般与绩效挂钩，有些企业甚至还实行累计集中办法发放。对于企业高管，目前也实行此类办法。如果说一般员工每1~3个月要发放奖金一次，高管可能要按年度发放，甚至部分奖金可以作为任职最终奖项发放，即预留一部分待高管退居二线或退休时再发放。最后，对于当前正在努力推行的员工持股制度，也要一分为二。高管持股应该规定大跨度的变现时限，甚至可以实行期权奖励；但一般工作人员持有期权风险很大，尽量不采用期权奖励，但可以适度发放股份，变现不受限制。此种规定，对于股权集中相对有利，因为一般工作人员所持股份变现的可能性大，他们可能更有现金偏好；高管则偏好于投资而不是持现，一般不会抛售股票，甚至还可能接手股票、囤积股票，然后集中在某个合适价位抛出套现并于理想低位再度买进。也就是说，高管比普通工作人员更具有资本运营能力，更容易凭借所持股票获利，造成企业最终分配有些极端化。从某种程度上来讲，正是这些分配的极化现象才更具有激励的作用，一般工作人员所持股票可以认为是一种阶段性福利发放。高管集中持有股票以后，可以再度对一般员工实施股票激励，或进行企业团队建设与管理对高管再度实施股权激励或期权激励。如此，良性循环。

### （六）资金去向

国企的混合所有制改革实际上就是改制国企以各种形式吸引其他投资主体加入；其他投资主体所有制形式不限，可以是国资背景也可以是非公经济背景，甚至可以是外资企业；凭借手段主要是变卖有价资产（包括各种证券）或企业、增资扩股、配股、合作开发、合资建设、合力并购等；最终形成一家新的国控公司或非国控公司。

假定混合改革后的新企业是国控公司，那么混合后的资金流向建议为：还债、弥补亏空、发放滞后工资、正常经营、留存部分现金防风险、提取部分资金以补充公积金养老金、设立企业基金进行资本运作、开展重大投资活动等。其中，前五项是基础工作，必须保证；养老金公积金则是人心安稳、企业长久之计，只要有充足利润和现金流保障，就应该率先安排；企业基金或重大投资事项是适时开展项目，有合适项目且财务状况允许则可进行，没有合适项目又有闲置资金可以考虑发起设立基金；合适投资项目可以考虑企业直接出资，也可以基金名义操作。

假定混合改革后的新企业是非国有控股公司，那么混合后的资金流向建议为：还债、弥补亏空、发放滞后工资、正常经营、留存部分现金防风险、设立企业基金进行资本运作、开展重大投资活动、提取部分资金以补充公积金养老金等。即前五项顺序不变，先要保证正常经营。相比而言，非国控公司更为主要的工作是投资、赚钱，以利润来保障工资、加薪，让人心安稳。因此，在正常经营的基础上，混合改制后的非国有控股公司应该优先考虑重大投资活动，闲散资金可以基金方式运作，有投资意向时公司和基金可以单向或双向出面操作。当然，也包括职工的养老保险缴纳等，类似于“五险一金”，在企业资金面宽裕时，也可以为职工多考虑一些福利问题，以解决职工的后顾之忧、全力投入工作。

### （七）组建平台公司

如果是单个国企搞混合所有制改革，组建平台公司似乎有些浪费。但湖北省此轮国企改革的情况是几乎涉及所有的国资企业：原来是国有独资的，要改成国有控股；原来是国有控股的，要根据情况灵活改制成国有控股、国有参股甚至国资完全退出的非公经济完全控制的企业。在此过程中，可能有大量的资产、有价证券进行流通交易。这些交易可以在公开的产权市场进行交易，但毕竟交易范围、空间受限，且不能在区域内部调度国资。组建国有资本平台公司可以便于区域内各类各级资产交易，实现国资在区域内部流通、流转，闲置资金资产可以由平台公司统一调度、进行利用，甚至可以根据国有经济区域布局灵活变卖调整，以提高资金资产周转率、使用率，避免浪费。

## 四、神农架林区国有企业混合所有制改革问题

### （一）中国国企改革具体进展

2017 年 7 月 26 日，在广州举办的第二届国企改革前沿论坛上，国务院国资委新闻发言人总结了党的十八大以来国企改革的成果和经验。首先，习

近平总书记针对国企改革发展做出系列重要指示批示，深刻回答了新形势下要不要办国企、办成什么样的国企、怎样办好国企等重大理论和实践问题，成为国企改革的强大思想武器和科学指南。各地各央企以此为号令，牢牢把握方向，看齐对标、真抓实干，出台了包括“1+N”文件体系在内的诸多文件，共同构成国企改革的设计施工图。以此为基础，国企改革奔着问题去，在试点先行中全面推进，取得了较好成绩（见表5-10）。

**表5-10　党的十八大以来国企改革主要成就**

| 改革领域 | 主要成就 |
| --- | --- |
| 分类改革扎实推进 | 中央企业功能界定与分类已经完成，29个省（区、市）出台了分类意见或方案。 |
| 公司制股改推进 | 央企各级子企业公司制改制面达到92%，年内集团层面将全部完成公司制改革。省属一级企业改制面达到95.8%，19个省（区、市）国资委监管的一级企业全面完成公司制改革。 |
| 混改稳妥有序 | 中央企业二级子企业的混合所有制占比超过50%，超过2/3央企引进了各类社会资本，重点行业领域两批19家混合所有制改革试点扎实推进，央企10家子公司员工持股试点全面实施。 |
| 公司法人治理结构逐步完善 | 85家央企建立了规范董事会，各省级国资委监管企业中九成建立了规范董事会，落实董事会职权试点工作进一步深化。 |
| 市场经营机制加快形成 | 开展经理层市场选聘、契约化管理、任期制考核，积极探索职业经理人制度，在经营管理人员能上能下、薪酬能高能低、员工能进能出上取得实质性进展。 |
| 国资监管体制加快完善 | 大幅度优化调整内部结构，取消、下放、授权监管事项43项，调整34项职能，32个省级国资委制定了监管权力和责任清单。进一步聚焦监督重点，加大对国有资产损失问题的调查和追责力度，落实企业集团境外投资经营责任，有效防止国有资产流失。 |
| 其他情况 | 推动30家央企重组，135家省属企业重组；有效减少法人户数；努力降低管理成本；化解过剩产能；清理僵尸企业；央企国有资本投资运营公司试点企业达到10家，26个地方国资委组建了72家投资运营公司。 |

资料来源：党的十八大以来国企改革取得显著成绩［EB/OL］．国资小新微信平台，2017-07-26.

综合来看，国企改革着力在结构调整、转型升级、提质增效和供给侧改革等方面，大力推进了战略转型、集团管控、分类授权等工作，对市场化、专业化资本运营模式进行探索，推动了国有资本向重要行业和关键领域集中。

### （二）神农架林区国企基本情况及改革思路

神农架林区作为“华中屋脊”，地势、位置本就高远，难以融入区域整体经济。八万人口规模、几近九成的森林覆盖、国家公园和生态湿地建设等限定了其生产能力、生产潜力、消费水平与消费规模，交通问题则进一步束缚了林区经济快速发展。以天然资源为依托构建的农林旅为主、其他产业相对弱化的经济结构更是在某种程度上固化了其发展模式，需要寻求新的突破口。与此同时，国家从政治、经济、法律、生态、文化、国防、党建等多个方面大力推进的全面深化改革，对林区发展是个新机遇，神农架林区应该充分把握时势、努力寻找突破口。其中，优化产业布局、调整产业结构、改革供给侧、进一步集中国有资本至关键领域和战略基础性行业、解决产能过剩、降低各类杠杆、降低企业成本、大力培育战略性新兴产业、大力发展以“互联网+”为代表的新兴产业，大力发展以现代金融、现代旅游、现代农业等为代表的现代服务业，是国家明确的发展导向，神农架林区可以因地制宜地予以调整。

目前，神农架林区还没有上市公司，企业规模总体比较小。以大九湖国家湿地公园来说，2008 年刚成立时门票收入为 10 万元，2016 年游客 31 万人次、门票收入则为 3000 多万元。其中，规模相对较大的企业还是以国企为主，比如神农旅游投资集团有限公司、神林集团等，为林区经济发展贡献较大；神农御酒有限责任公司、飞达房地产开发有限公司、神农架康俊绿色食品开发有限公司等则是体量相对较大的民营企业。另有神农架旅游发展股份公司、聚能药业有限公司、汇野生态食品有限公司、神松建筑有限责任公司等或国有国控或民营的诸多企业，大多集中于饮食、住宿、茶叶、农产品、中药材、矿产开采、建筑施工等领域。

以具有代表性的神林集团为例来细看神农架林区国企基本情况。它以神农架神林林业开发（集团）公司为母公司，下设惠林房地产公司、神林物业公司、送郎山旅游公司、徐家庄园旅游公司、大山源农产品开发公司五个全资子公司，与兴发集团合作成立神怡公司开发巴桃园景区，与武汉小蜜蜂公司合作成立晨龙投资有限公司开发神农架中蜂产业，与神农架林业科学研究所合作成立神林生物科技有限公司研发神农架中草药。另外，林业管理局的六个林场分别以组建公司形式加入集团公司，分别为林赐康林业有限责任公司（徐家庄林场）、富森林业开发有限责任公司（红花朵林场）、华中屋脊森林产品开发有限公司（木鱼林场）、林鑫源林业有限责任公司（新华林场）、森绿康有限责任公司（温水林场）、昌林林业有限责任公司（红坪林场）。总体来说，神林集团立足林业，发展旅游业，依托保障房开发房产、物业；神林生物科技公司利用神农架林区丰富的中药材资源对金钗石斛人工培育；大山源立足对特色林产品的精细化、商业化开发；各林场实行公司化经营，发展林场经济。

再以同具代表性的神农旅游投资集团有限公司为例，下设湖北神农旅游建筑有限公司、神农架林区大地绿化工程有限公司、湖北神农天堂贸易有限公司、神农文化旅游有限公司、神农架林区巴人部落旅游有限公司、湖北天籁策划有限公司、神农顶旅游有限公司、神农架大自然旅游发展有限责任公司、神农架自然博物馆、神农架官门山旅游有限公司和湖北天燕旅游有限公司等，大致以旅游业为经营范围，主要涉及景区运营与设计、旅游特色文化建设、旅游地产、旅游商品等，直接作用于旅游经济。

据此，可以大致确定神农架林区国企运转基本情况。第一，根据林区经济中各次产业的重要性，对重要产业尤其是具有经济支柱性的产业给予重点管理。除了面向整个行业的行政管理体系以外，另外组建了集团公司以对行业内部的重要资产进行管理、运作。神林集团是立足林业、发展旅游业，兼顾其他相关产业；神旅集团则以旅游业为主，以景区运营和其他旅游业态经营为主。第二，各集团公司基本以主要业务、区域整体、管理便利性等因素的考虑成立子公司（分公司），形成了集团组织基本架构。第三，各集团公司皆是有限责任公司，未股份化运作。第四，子公司或分公司数目皆较多。第五，凸显了地方特色经济，但前沿新兴战略业态比较少、现代服务业未见突出。

综合来看，林区经济中的国企份额较大，这与其政治、经济、生态目标等一致，且布局在相对战略行业，大格局与国家总体形势和要求一致。只是，国企为有限责任公司形式，这与国企改革的股份化、资本化运作以及盘活国资的目标尚有距离，需要进一步改制、资本化甚至上市运作。按照中央国企改革时点，2017 年底完成股份制公司制改革，作为地方国企也应该能充分感受到改革信息，积极参与改革，加快进度、力求突破。《2016 聚焦改革：湖北省关于深化国企改革的实施意见》[①] 中将国有企业分为商业类和公益类。其中，主业处于充分竞争行业和领域的商业类国有企业为商业Ⅰ类，重点考核其经营业绩指标、国有资产保值增值情况；主业处于关系地方经济社会发展重要行业和关键领域、主要承担重大专项任务的商业类国有企业为商业Ⅱ类，加强对其服务地方经济社会发展、完成特殊任务以及发展前瞻性战略性产业的考核，同时注重考核经营业绩指标和国有资产保值增值情况。商业Ⅰ类国企要全面实行公司制股份制改革，积极引入其他国有资本和非国有资本实现股权多元化，原则上不设股比限制，可以绝对控股、相对控股、参股。对商业Ⅱ类，保持国有资本控股地位，支持非国有资本入股，可以通过整体上市、引入战略投资者、重大基础设施项目交叉持股等混合所有制改革实现股权多元化。对极少数需要实行国有全资的企业，也要积极引入其他国有资本实行股权多元化。对公益类国企，可以采取国有独资形式，也可以推行投资主体多元化，还可以通过购买服务、特许经营、委托代理等方式，鼓励非国有企业参与经营。同时，加大集团层面引进战略投资者力度，实现集团公司整体股权多元化；充分发挥湖北省长江经济带产业基金的引导、带动作用，大力推进国企上市，加快国控上市公司并购重组和定向增发，提高国有资本证券化率，鼓励国企推进市值管理。允许将部分国资转化为优先股，在文化等特定领域探索建立国家特殊管理股制度。神农架林区可以据此对照确定改革方案。

另外，国企集团子公司或分公司较多，且大多表现为跨行业，需要更加规范管理。当前形势下，除了股份制公司制改革以外，林区国企改革中首先应该突出党对企业的领导作用，加强企业党建工作。据媒体报道，目前已有

① 2016 聚焦改革：湖北省关于深化国企改革的实施意见［EB/OL］. http：//www. sohu. com/a/84022429_100441.

部分国企将党建工作写进了公司章程，突出党组织对董事会的引领作用。与此同时，也应该加强纪检审计工作，防止国资流失。国务院国资委的国企改革四大试点工作中即有外派纪检小组的做法，可以参照。鉴于林区企业更广区域范围内是属于商业Ⅰ类企业，改制制度可以多样，建议引进战略投资者以补充实力；也可以考虑混合所有制改革，引进有一定影响力的民营企业以激发国企活力并放大国有资本的影响力。

借力结构调整、产业再优化再布局之机，实时做强现代服务业，比如互联、物联、智能产业等；改善基础设施，做强支撑服务，比如可便利通达问题、各类便捷金融服务、各类人才挖掘、培训与服务；延伸传统产业链条，把农、林、工等业态服务业态化，以服务业态思维去做农、林、工，打造农业服务综合体、林业服务综合体、工业服务综合体。

在国有林场混合所有制改革方面，神农架林区似乎正在进行。只是鉴于笔者身处改革之外而无法知晓内情。但是可以预期的是，改革之后的林区在林业资源管理、防护与开发的体制上会更为通畅。实际上，国家公园体制试点就是其中的重要一环，下一章即将对神农架国家公园体制试点的事务进行简要分析。

无论是国企改革还是产业结构调整、优化与再布局，其间过程想必繁杂琐碎，因利而起的矛盾、冲突想必也很多。如此情形之下，立足于“三个三”的人性认识，基于大格局、大视野之下的混沌管理思想凸显其重要性，总体求稳并以抓大放小、以人为本、合适合度等原则去处理神农架林区国企改革问题似乎显得比较合情合理。

# 第六章　神农架林区国家公园建设问题

国家公园是指国家为了保护一个或多个典型生态系统的完整性，为生态旅游、科学研究和环境教育而划定的需要特殊保护、管理和利用的自然区域。它与自然保护区、旅游景区等皆不同。其历史最早可溯自 1860 年美国对优诗美地山谷红杉的保护行为——将其划为州立公园（1890 年改为国家公园）。1872 年设立的黄石国家公园是世界最早的国家公园。它一般具有自然状况的天然性和原始性、景观资源的珍稀性和独特性等特点。

在美国，国家公园与国家公园体系相互联系。国家公园是指面积较大的自然地区，自然资源更为丰富，普遍禁止耗费资源型活动。国家公园体系则是指由美国内政部国家公园管理局管理的陆地或水域，包括国家公园、纪念地、历史地段、风景路、休闲地等。国家公园大多位于西部，在国家公园体系中数量相对较少、面积却较大。

神农架林区国家公园建设应该在我国国家公园项目管理的总体框架之下，是为了保护神农架林区的独特多样生态系统，是国家生态文明建设和神农架中国生态经济总部建设的重要组成部分。

## 第一节　中国国家公园建设现状与问题

### 一、中国国家公园建设概况

在中国，由国家政府部门统一管理的“国家公园”刚刚起步——始于

2008 年环境保护部和国家旅游局批准建设的中国第一个国家公园试点单位——黑龙江汤旺河国家公园。该公园地处小兴安岭南麓，范围包括汤旺河原始森林区和汤旺河石林区。其主要特点是：松花江一级支流汤旺河的源头；植被覆盖率 99.8%以上；亚洲最完整、最具代表性的原始红松林生长地；多达 110 余种珍贵树种；生物多样性丰富（野生植物 612 种、野生动物 250 多种）；自然景观独特，有国内唯一的造型丰富、类型齐全的印支期花岗岩地质遗迹（由百余座花岗岩石峰构成）。在此之前，国内也陆续有国家公园提法。比如云南香格里拉普达措国家公园、国家林业局同意将云南省列为国家公园建设试点省、原建设部将国家级风景名胜区与国家公园相对应等。环境保护部和国家旅游局决定开展国家公园试点的目的主要是引入国家公园理念和管理模式并完善中国保护地体系，切实实现保护与发展双赢。

然而，国家公园初期探索受到其他类管理体系束缚，许多管理共性问题没有得到有效解决。2013 年 11 月《中共中央关于全面深化改革若干重大问题的决定》文件中明确提出建立国家公园体制，2014 年 3 月国家环保部和旅游局批准浙江省台州市仙居县和衢州市开化县成为首批两个国家公园试点县，2015 年初出台建立国家公园体制试点方案，2015 年 5 月发布《中共中央国务院关于加快推进生态文明建设的意见》中提出国家公园体制要实行分级统一管理，2015 年 6 月启动为期三年的国家公园体制试点。目前已有多个地区成立了国家公园管理局并开展了体制改革试点工作。

## 二、中国的自然保护体系

2008 年国家公园正式建立前，类似概念有国家森林公园、国家地质公园、国家矿山公园、国家湿地公园、国家城市湿地公园、国家级自然保护区、国家级风景名胜区、国家考古遗址公园以及国家海洋公园等多个方面，并分属于不同管理系统（见表 6-1）。

**表 6-1 中国类似国家公园概念建设的基本情况初步统计**

| 类似概念 | 主管部门 | 主要目标 | 基本资质 | 建设基本情况 |
| --- | --- | --- | --- | --- |
| 国家公园 | 环保部和旅游局 | 引入国家公园理念和管理模式并完善中国保护地体系，以实现保护与发展双赢。 | 自然状况的天然性和原始性、景观资源的珍稀性和独特性。 | 2008 年第一个国家公园正式建立；2013 年 11 月《中央关于全面深化改革若干重大问题的决定》文件明确提出建立国家公园体制；2015 年 6 月启动国家公园体制试点。 |
| 国家森林公园 | 国家林业局 | 保存与保护景观资源，考察与研究资源环境，发展旅游观光业等。 | 森林景观特别优美，人文景物比较集中，观赏、科学、文化价值高，旅游服务设施齐全，可供游览、休息或进行科教文活动。 | 中国最早国家森林公园是 1982 年建的张家界国家森林公园，国家林业局于 2006 年启用“中国国家森林公园专用标志”，目前国家级森林公园较多。 |
| 国家地质公园 | 国土资源部 | 选出具有代表性、特殊性的地质遗产地为公园，以作为科考科普之地并促其永续发展。 | 以具有国家级意义、较高美学观赏价值的地质遗迹为主体，融合其他景观而构成的独特自然区域。 | 1999 年联合国教科文组织提出地质公园计划并确定中国为试点国之一。2014 年 1 月，一共公布七批共 240 家国家地质公园。 |
| 国家湿地公园 | 林业局湿地研究中心 | 保护湿地生态系统完整性，维护湿地生态服务，开展湿地合理利用——提供游览、休闲或科教文活动。 | 以具有显著或特殊生态、文化、美学和生物多样性价值的湿地景观为主体，具有一定规模和范围的特定湿地区域。 | 截至 2014 年 12 月 31 日，国家级湿地公园共计 569 家（52 家为正式，其余为试点）。 |
| 国家城市湿地公园 | 建设部 | 湿地对涵养水源、维持水平衡、调节气候、降解污染物、保护生物多样性等有重要作用，通过合理保护利用以形成保护、科普、休闲等功能于一体的公园。 | 可观赏、游览、开展科普教育或科研，具有较高保护、观赏、文化和科学价值；纳入城市绿地系统规划范围；占地 500 亩以上；是天然湿地且有代表性。 | 2005 年 2 月第一批国家城市湿地公园建立，至今已有多批获建。 |

续表

| 类似概念 | 主管部门 | 主要目标 | 基本资质 | 建设基本情况 |
|---|---|---|---|---|
| 国家级自然保护区 | 环保部报国务院批 | 以保护为主。 | 在国内外有典型意义、科学上有重大国际影响或者有特殊科研价值的自然保护区。 | 截至2013年底，我国国家级自然保护区的数量已达407处。 |
| 国家级风景名胜区 | 国务院批准 | 供游览或者进行科学、文化活动的区域。 | 有观赏、文化或者科学价值，自然景观、人文景观比较集中，环境优美。 | 2012年11月，第八批国家级风景名胜区名单公布。 |
| 国家考古遗址公园 | 国家文物局 | 以重要考古遗址及其背景环境为主体，具有科研、教育、游憩等功能，在考古遗址保护和展示方面具有全国意义的特定公共空间。 | 已是全国重点文物保护单位；保护规划已由省政府公布实施；考古工作计划已获批准并启动实施；符合保护规划的遗址公园规划；独立法人的专门管理机构。 | 2010年10月国家文物局公布了第一批国家考古遗址公园名单和立项名单，2017年正在启动第三批评审。 |
| 国家海洋公园 | 国家海洋局 | 充分发挥协调海洋生态保护和资源利用的作用，有效推进保护区规范化建设和管理，促进沿海社会经济发展和海洋生态文明建设。 |  | 2011年5月19日发布首批国家级海洋公园，至今已发布多批。初步形成了包含特殊地理条件保护区、海洋生态保护区、海洋资源保护区和海洋公园等多类型的海洋特别保护区网络体系。 |
| 国家矿山公园 | 国土资源部 | 展示人类矿业遗迹景观为主体，体现矿业发展历史内涵，提供游览观赏、进行科学考察与科学知识普及的特定空间地域。 | 著名矿山或独具特色矿山；拥有一处以上珍稀级或多处重要级矿业遗迹；区位条件优越，自然景观与人文景观优美；土地使用权属清楚，基础设施完善，有吸引力。 | 首批28处国家矿山公园于2005年评审通过，已经公布多批。 |

表 6-1 表明，中国的自然保护体系基本是一个以主管部（局）提交国务院批准的国家级自然保护区和国家级风景名胜区以及主要部委组织的专业机构保护相结合的管理系统。该系统中，各类公园分属不同部委管理，基本形成了自然生态保护的九龙治理格局——现实中的自然生境保护是一个系统，可能需要跨越国土资源、水利水电、环境保护、林业发展、地质地貌等多个部门，多部门共同管理的结果就是相互牵制、难以达成共识，导致部分自然生境保护与管理工作困难较多。国家公园管理模式的引入恰恰弥补了九龙治理模式的不足，它是专为保护典型生态系统完整性——只要利于整体生态系统的行为皆可进行统一调度、协调解决，九龙仍可继续，只是需要服从保护生态系统的完整性与健康性的需要，从而解决了九龙难治的局面。

## 三、国家公园标准

1974 年国际自然资源保护联盟（IUCN）开会认定的国家公园标准主要是四个方面：面积不小于 1000 公顷，具有优美景观的特殊生态或特殊地形，有国家代表性且未经人类开采、聚居或开发建设之地区；为长期保护自然原野景观、原生动植物、特殊生态体系而设置保护区之地区；由国家最高权宜机构采取步骤，限制开发工业区、商业区及聚居之地区，并禁止伐林、采矿、设电厂、农耕、放牧、狩猎等行为，同时有效执行维护生态、自然景观之地区；维护目前自然状态，仅准许游客在特别情况下进入一定范围，以作为现代及未来的科学、教育、游憩、启智资产之地区。

中国的国家公园划定标准也基本以此为依据。它以环境资源保护和适度旅游开发为基本策略，通过较小范围的适度开发实现大范围的有效保护，既可保护生态系统完整性，又为公众提供了旅游、科研、教育、娱乐的机会和场所，是一种保护式管理与开发模式。

## 第二节　神农架林区国家公园建设问题

此处将分为两个部分展开，即绿色管理与政府绿色责任、神农架林区的国家公园管理。前者为一般性探究，后者为实践中的思考。

### 一、绿色管理与政府绿色责任

#### （一）绿色管理

在促进社会进步的各类因子中，科技与制度因素或许是最具有颠覆性的。

先看科技领域。重大科技革命可以带来生产力的巨大释放。历史上先后以蒸汽机和纺织机、内燃机和电力、原子能和计算机为主要代表的三次科技革命就给当时的社会生产力带来了解放，经济产出总量以历史之和的倍数形式呈现。经济的繁荣，必然促使社会进步、文化兴盛，使得人们的思维日趋活跃、眼界日益开阔，各类欲望或需求也越来越多，如此就会调动企业积极性去满足这些需求。当然，全新领域的新需求或增加的新需求，会进一步激发企业研发动力，从而努力寻求突破，也就使得人类社会基本呈现出“科技进步—经济发展—民生改善—社会稳定—文化兴盛—稳中求变—创新创业—科技革新与进步”的螺旋上升式通道特征。与这种社会进步相伴随的是各类资源与要素的投入，人力、资金、原材料、能源、土地、水、空间等。起初，这种投入相对是比较少的，人类感觉不到资源要素的紧缺，当经济发展到一定程度，会逐步受其限制并越来越严重，甚至显现出问题刚性的特点。当代社会便是如此。典型如前瑞典首相布伦特兰夫人对环境问题的关注。1984 年她出任联合国世界环境与发展委员会主席，该组织的任务是重审地球上环境与发展的严峻问题并构思解决方案，并于 1987 年向联合国提交了《我们共同的未来》，得到世界各国政府认同。而今，资源与环境问题更是突出，全球气候变暖、大气污染、水污染、水土流失、沙漠荒漠化、可用耕地锐减等，绿色管理问题迫切需要解决。

### （二）绿色管理与政府绿色责任

绿色管理问题因其本质上是一个动态循环的可能波及全球范围的资源环境问题，因而需要以全球视野来解决绿色管理问题，需要各个国家的支持、配合与参与，即政府绿色责任的命题提出、解决思路与办法以及践行绿色发展使命。

1. 绿色管理本质、目标与绿色责任分配

绿色管理本质上是通过对资源环境的科学管理来实现经济、社会的持续发展。因而，发展可持续是绿色管理的基本目标。由于绿色管理一般存在技术门槛并且常常是跨区域的动态问题，存在绿色问题责任主体和责任大小划分难题。如此，可能需要一个合适机构来专门处理此事——跨国资环类组织可能更加合适。联合国环境规划署（环境署）或许就比较合适。

环境署成立于 1972 年，是联合国系统内负责全球环境事务的牵头部门和权威机构，所有联合国成员国、专门机构成员和国际原子能机构成员均可加入环境署。2009 年已有 100 多个国家参加活动。其使命是“激发、推动和促进各国及其人民在不损害子孙后代生活质量的前提下提高自身生活质量，领导并推动各国建立保护环境的伙伴关系”；任务是“作为全球环境的权威代言人行事，帮助各政府设定全球环境议程，以及促进在联合国系统内协调一致地实施可持续发展的环境层面”。其主要职责则是：贯彻执行环境规划理事会的各项决定；根据理事会的政策指导提出联合国环境活动的中远期规划；制订、执行和协调各项环境方案的活动计划；向理事会提出审议的事项以及有关环境的报告；管理环境基金；就环境规划向联合国系统内的各政府机构提供咨询意见等。

据此可知，联合国环境署是全球绿色管理体系的关键部分，在全球绿色治理中发挥着重要作用。尤其是其贯彻执行的是由诸多国家参与的理事会的各项决定，使得各国政府皆有机会承担全球绿色发展的责任、参与全球绿色治理，并真正利于环境署理清划分绿色问题责任、制定落实全球环境问题的治理方案、协调处理绿色治理冲突矛盾。

2. 政府绿色使命与责任践行

绿色问题可以说是各国竞相发展经济的副产品。欲彻底解决它，相应需要各国政府的支持、配合甚至主动发起。基于绿色治理成本而起的对绿色问题产生原因的调查和责任划分，使得环境署的工作成果和方案计划等需要得到环境规划理事会的认可，也就是同步获得相关责任方的认可、支持并配合落实，再进一步行动。从中可以看出，各国政府于其中扮演了重要角色，是绿色问题责任的真正承担者与践行者。也正是因为有承担绿色问题责任的决心、积极参与全球绿色管理事务的心态、为本国绿色问题代言并谋求经济社会科学持续绿色发展的动力，各国政府积极参与其中、积极践行。

中国自1973年以来一直是环境署理事会成员。1976年中国开始向环境署基金捐款，并于1982年起改为每年定期捐款。2003年9月联合国环境署驻华代表处在北京正式揭牌成立，与中国国家环保总局及相关政府部门和组织机构在环境评价、环境法规、教育和培训、环境管理、技术转让和创新以及预防自然灾害等方面开展密切合作。

### （三）生态文明建设——中国政府的绿色责任升级版

2012年11月，党的十八大做出“大力推进生态文明建设”的战略决策，认为“建设生态文明，是关系人民福祉、关乎民族未来的长远大计。面对资源约束趋紧、环境污染严重、生态系统退化的严峻形势，必须树立尊重自然、顺应自然、保护自然的生态文明理念，把生态文明建设放在突出地位，融入经济建设、政治建设、文化建设、社会建设各方面和全过程，努力建设美丽中国，实现中华民族永续发展”。并进一步从优化国土空间开发格局、全面促进资源节约、加大自然生态系统和环境保护力度以及加强生态文明制度建设四个方面描绘生态文明建设蓝图。这是中国政府履行绿色社会责任的升级版，把生态文明建设与经济、政治、文化、社会建设并列，使之成为国家发展战略的一个重要方面。2015年5月5日《中共中央国务院关于加快推进生态文明建设的意见》发布。为了建立系统完整的生态文明制度体系，增强生态文明体制改革的系统性、整体性、协同性，2015年9月11日中央政治局会议审议通过《生态文明体制改革总体方案》，全面部署生态文明体制改革工作，细化搭建制度框架的顶层设计，进一步明确了改革的任务书、路线图，明确提出构建 8 个方面的制度体系，它是生态文明体制改革的行动指南。并于 2015 年 10 月把增强生态文明建设首度写入国家五年规划。

下面尝试性地整理了《生态文明体制改革总体方案》，以分析中国政府承担绿色责任的基本思路，从而利于生态文明建设工作的开展。整体来看，总体方案操作性很强，基本是按照生态文明体制改革的总体要求—八项制度—实施保障的顺序行文，思路很清晰，目标与措施很明确。表 6-2 至表 6-11 即为总体方案的表格式简版，如此阅读更为便捷。

**表 6-2 生态文明体制改革的总体要求**

| 四个要求 | 具体要点 |
|---|---|
| 指导思想 | 两个坚持（节约资源和保护环境；节约优先、保护优先、自然恢复）；建设美丽中国为目标；正确处理人与自然关系为核心；解决生态环境领域突出问题为导向；保障国家生态安全，改善环境质量，提高资源利用效率，形成人与自然和谐发展新格局。 |
| 改革理念 | 尊重自然、顺应自然、保护自然；发展和保护相统一；绿水青山就是金山银山；自然价值和自然资本理念；空间均衡；山水林田湖是一个生命共同体。 |
| 改革原则 | 坚持正确改革方向，健全市场机制；坚持自然资源资产的公有性质；坚持城乡环境治理体系统一；坚持激励和约束并举；坚持主动作为和国际合作相结合；坚持鼓励试点先行和整体协调推进相结合。 |
| 改革目标 | 到 2020 年，构建起由自然资源资产产权制度、国土空间开发保护制度、空间规划体系、资源总量管理和全面节约制度、资源有偿使用和生态补偿制度、环境治理体系、环境治理和生态保护市场体系、生态文明绩效评价考核和责任追究制度八项制度构成的产权清晰、多元参与、激励约束并重、系统完整的生态文明制度体系。 |

**表 6-3 建立自然资源资产产权制度的思路**

| 五个方面 | 具体办法 |
|---|---|
| 统一确权登记系统 | 坚持资源公有、物权法定，清晰界定产权主体；对所有自然生态空间统一进行确权登记；划清全民所有和集体所有边界；划清全民所有、不同层级政府行使所有权的边界；划清不同集体所有者的边界；确权登记法治化。 |
| 资源产权体系 | 制定权利清单，明确产权主体权利；可推动所有权和使用权相分离，明确权属关系和权责，适度扩大使用权权能；明确国有农场、林场和牧场土地所有者与使用者权能；建立资产有偿出让制度，严禁无偿或低价出让；建设自然资源资产交易平台。 |

续表

| 五个方面 | 具体办法 |
| --- | --- |
| 资产管理体制 | 按照所有者和监管者分开和一件事情由一个部门负责的原则，整合分散的全民所有者职责，组建统一行使资源所有权的机构并负责出让。 |
| 分级行使所有权 | 对全民所有资产，按照种类和重要程度，实行中央和地方政府分级代理行使所有权体制，实现效率和公平相统一。分清中央和地方行使所有权的资源清单和空间范围。 |
| 水流湿地确权 | 建立水权制度，开展水生态空间确权试点；甘肃、宁夏等地开展试点。 |

**表 6-4　建立国土空间开发保护制度**

| 四个制度 | 要点简列 |
| --- | --- |
| 主体功能区制度 | 健全基于主体功能区的区域政策，根据城市化地区、农产品主产区、重点生态功能区的不同定位，加快调整完善相关政策。 |
| 国土空间用途管制制度 | 简化用地指标控制体系，调整按行政区和用地基数分配指标的做法：将开发强度指标分解到各县，控制建设用地总量；将用途管制扩大到所有自然生态空间，防止不合理开发对生态红线的破坏。动态监测全部国土空间变化。 |
| 国家公园体制 | 改革各部门分头设置体制，进行功能重组，合理界定国家公园范围：实行更严格保护，除原住民生活生产设施改造和自然观光科研教育旅游外，禁止其他开发建设，保护自然生态和自然文化遗产原真性、完整性。 |
| 自然资源监管体制 | 分散职责逐步过渡到统一行使国土空间的用途管制。 |

**表 6-5　建立空间规划体系的三个维度**

| 三个维度 | 主要内容 |
| --- | --- |
| 编制空间规划 | 整合目前各类空间规划，实现统一全覆盖。空间规划分为国家、省、市县三级。研究空间规划编制机制。鼓励省级试点。 |
| 推进市县“多规合一” | 统一编制市县空间规划，逐步形成一个市县一个规划、一张蓝图。统一土地分类标准，根据主体功能定位和省级空间规划要求，划定生产、生活、生态空间，明确城镇建设区、工业区、农村居民点等开发边界以及各类资源保护边界，加强对城市地下空间的统筹规划。 |
| 创新市县空间规划编制方法 | 鼓励试点地区进行规划编制部门整合，由一个部门负责市县空间规划的编制，可成立规划评议委员会。规划编制前应当进行资源环境承载能力评价，以评价结果作为规划的基本依据。规划成果应包括规划文本和较高精度的规划图，并在网络和其他本地媒体公布。 |

**表 6-6 完善资源总量管理和全面节约制度**

| 十项制度 | 主要内容 |
|---|---|
| 土地节约集约利用制度 | 完善基本农田保护制度，实行严格保护，除确实无法避让外，其他任何建设不得占用。强化耕地质量保护与提升建设。完善耕地占补平衡制度。建设用地总量控制和减量化管理。 |
| 水资源管理制度 | 健全用水总量控制制度，保障水安全：省市县三级取用水总量控制；水资源使用结构调整和优化配置；项目水资源论证制度；价格和税收手段调节用水；严控高耗水项目；加强水产品产地保护和环境修复；水功能区监督管理；非常规水源利用制度。 |
| 能耗总量管理和节约制度 | 坚持节约优先，强化能耗强度控制，健全节能目标责任制和奖励制。能源统计制度。节能管理制度。节能自愿承诺机制。节能标准体系。能源消费总量目标并分解落实。节能产品技术推广。节能评估审查和监察。取消化石能源补贴。碳排放总量控制和分解落实。气候变化国际合作。 |
| 天然林保护制度 | 保护所有天然林。国家用材林储备。国有林区政企分开，完善以购买服务为主的国有林场公益林管护机制。健全林权抵押贷款和流转制度。 |
| 草原保护制度 | 稳定和完善草原承包经营制度。实行基本草原保护制度。草原生态保护补奖机制。监管草原征用审核审批，严控草原非牧使用。 |
| 湿地保护制度 | 保护所有湿地，禁止擅自征占用湿地保护区。确定湿地功能、规范行为，建立生态修复机制。 |
| 沙化土地封禁保护制度 | 沙化土地封禁保护。加强沙化土地治理，增加植被，合理发展沙产业，完善以购买服务为主的管护机制，探索开发与治理结合新机制。 |
| 海洋资源开发保护制度 | 实施海洋主体功能区、围填海总量控制制度、自然岸线保有率控制制度。完善海洋渔业资源总量管理、海洋督察制度。严格执行休禁渔制度。 |
| 矿产资源开发利用管理制度 | 建立开发利用水平调查评估制度，加强查明登记和有偿计时占用登记管理。建立集约开发、回收利用产业化扶持机制。建立矿业权人“黑名单”制度。完善矿山地质环境保护和土地复垦制度。 |
| 资源循环利用制度 | 建立健全资源产出率统计体系。实行生产者责任延伸制度。建立种养业废弃物资源化利用制度、垃圾强制分类制度、资源再生产品和原料推广使用制度。完善限制一次性用品使用制度。循环经济扶持政策。 |

**表 6-7 健全资源有偿使用和生态补偿制度**

| 八项制度 | 主要内容 |
| --- | --- |
| 自然资源及其产品价格改革 | 按照成本、收益相统一的原则，将资源所有者权益和生态环境损害等纳入价格形成机制。加强价格监管，建立定价成本监审制度和价格调整机制，完善价格决策程序和信息公开制度。推进农业水价综合改革、城镇居民用水阶梯价格制度。 |
| 土地有偿使用制度 | 国有土地有偿使用与管理。完善工业用地供应方式。完善地价形成机制和评估制度。有效调节工业用地和居住用地。国有农用地有偿使用制度。 |
| 矿产资源有偿使用制度 | 完善矿业权出让制度。建立矿产资源国家权益金制度。调整探采矿权使用费和最低勘查投入标准。统一矿业权交易平台，交易信息公开。 |
| 海域海岛有偿使用制度 | 海域、无居民海岛使用金征收标准调整机制、使用权招拍挂出让制度。 |
| 资源环境税费改革 | 理顺税费关系，合理确定税收调控范围。资源税从价计征改革，逐步将资源税扩展到占用各种自然生态空间。加快推进环境保护税立法。 |
| 生态补偿机制 | 多元化补偿，增加对重点生态功能区转移支付。制定横向生态补偿机制办法，以地方补偿为主，中央财政给予支持。鼓励各地区开展生态补偿试点。 |
| 修复资金使用机制 | 山水林田湖系统治理，完善相关资金使用管理办法，整合现有政策和渠道，深入推进国土江河综合整治。 |
| 休养生息制度 | 编制耕地、草原、河湖休养生息规划，调整严重污染和地下水严重超采地区的耕地用途。建立巩固退耕还林还草、退牧还草成果长效机制。开展退田还湖还湿试点。 |

**表 6-8 建立健全环境治理体系**

| 六维治理 | 主要内容 |
| --- | --- |
| 污染物排放许可制 | 统一企业排放许可制，依法核发排污许可证，必须持证排污。 |
| 污染防治区域联动机制 | 重点区域联防联控协作，其他地方区域协作。部分地区开展环保管理体制创新试点。建立流域水环境保护协作机制和风险预警防控体系。完善突发环境事件应急机制。 |
| 农村环境治理体制机制 | 以绿色生态为导向的农业补贴制度。加强农村污水和垃圾处理等环保设施建设。培育发展各种形式的市场主体。使用财政支农资金要统筹考虑农业生产力和农村污染。 |
| 环境信息公开制度 | 推进各类信息公开。健全环境新闻发言人制度。保障人民群众依法有序行使环境监督权。健全环境保护举报、听证、舆论监督等制度。 |

续表

| 六维治理 | 主要内容 |
| --- | --- |
| 生态环境损害赔偿制度 | 提高违法成本。依法严惩重罚，以损害程度等因素确定赔偿额度甚至追究刑事责任。 |
| 环境保护管理制度 | 建立和完善环境保护管理制度，逐步实行统一监管和行政执法体制。有序整合监管力量，统一环境执法体制，赋予环境执法相应权限。衔接行政执法和环境司法。 |

**表 6-9　健全环境治理和生态保护市场体系**

| 六大措施 | 主要内容 |
| --- | --- |
| 培育市场主体 | 鼓励发展节能环保产业。社会资本可参与建设和运营。支持环境污染第三方治理。污水垃圾处理设施运营管理单位向企业转变。组建或改组设立国有资本投资运营公司，支持环保领域国企实行混合所有制改革。 |
| 用能权和碳排放权交易制度 | 逐步改为基于能源消费总量管理下的用能权交易。建立用能权交易系统、测量与核准体系。推广合同能源管理。深化碳排放权交易试点，逐步建立全国碳排放权交易市场及监管体系。完善碳交易注册登记系统。 |
| 排污权交易制度 | 强化企业总量控制、以排污权交易获得减排收益的机制。合理推进跨行政区排污权交易。扩大排污权有偿使用和交易试点。加强排污权交易平台建设。 |
| 水权交易制度 | 合理界定和分配水权，探索水权交易方式。研究制定水权交易管理办法，开展水权交易平台建设。 |
| 绿色金融体系 | 推广绿色信贷，财政贴息扶持，加大绿色信贷发放。研究设立绿色股票指数和发展相关投资产品，研究银行和企业发行绿色债券，鼓励绿色信贷资产证券化。支持各类绿色发展基金。建立环保信息强制性披露机制。完善各类相关项目担保机制，加大风险补偿。建立环境污染强制责任保险制度、绿色评级体系以及公益环境成本核算和影响评估体系。 |
| 绿色产品体系 | 统一绿色产品标准、认证、标识等体系，完善财税金融支持和政府采购政策。 |

**表 6-10　完善生态文明绩效评价考核和责任追究制度**

| 五个方面 | 主要内容 |
| --- | --- |
| 目标体系 | 制定可操作、可视化绿色发展指标体系。要把资源消耗、环境损害、生态效益纳入评价体系。差异化绩效考评。 |
| 资源环境承载能力监测预警 | 建立资源环境监测预警数据库和信息技术平台，定期编制资源环境承载能力监测预警报告，实行预警提醒和限制性措施。 |

续表

| 五个方面 | 主要内容 |
| --- | --- |
| 自然资源资产负债表 | 制定资产负债表编制指南，构建资产和负债核算方法，建立核算账户，明确分类标准和统计规范，定期评估资产变化状况。开展编制试点。 |
| 自然资源资产离任审计 | 在编制自然资源资产负债表和合理考虑客观自然因素基础上，积极探索领导干部自然资源资产离任审计的目标、内容、方法和评价指标体系。借此客观评价领导干部履责情况。开展试点。 |
| 生态环境损害责任终身追究 | 生态文明建设一岗双责制。以离任审计结果和生态环境损害情况为据，明确追责情形和认定程序。区分情节轻重，予以处理。实行终身追责。建立国家环保督察制度。 |

**表 6-11　生态文明体制改革的实施保障**

| 五个措施 | 主要内容 |
| --- | --- |
| 加强领导 | 加快落实。抓紧制定单项改革方案，明确责任主体和时间进度，密切协调配合。 |
| 积极试点 | 充分发挥中央和地方两个积极性。鼓励各地积极推动改革并统一为国家试点试验。 |
| 完善法律法规 | 制定完善各方面的法律法规，为生态文明体制改革提供法治保障。 |
| 舆论引导 | 面向国内外宣传，正确解读生态文明各项制度的内涵和改革方向。 |
| 督促落实 | 加强统筹协调。重大问题及时请示报告。 |

### （四）中国九个国家公园体制试点的基本情况

2015 年 6 月，国家发展和改革委员会公布了九个省市开展为期 3 年的国家公园体制试点，以进一步完善保护地体系，使分类更科学、保护更有力，实现自然生态系统和文化自然遗产资源国家所有、全民共享、世代传承（见表 6-12）。

**表 6-12　中国九个试点国家公园基本情况**

| 国家公园 | 基本情况 |
| --- | --- |
| 三江源 | 我国第一个国家公园体制试点；包括长江源、黄河源、澜沧江源 3 个园区；总面积 12.31 万平方公里，试点面积最大。 |
| 大熊猫 | 跨川甘陕三省；加强大熊猫栖息地廊道建设，实现隔离种群之间的基因交流；总面积达 2.7 万平方公里。 |

续表

| 国家公园 | 基本情况 |
|---|---|
| 东北虎豹 | 吉黑交界的老爷岭南部区域；有效保护和恢复东北虎豹野生种群；总面积 1.46 万平方公里。 |
| 湖北神农架 | 湖北省西北部，被称为"地球之肺"；亚热带森林生态系统和泥炭藓湿地生态系统；世界生物活化石聚集地和古老、珍稀、特有物种避难所；面积为 1170 平方公里。 |
| 浙江钱江源 | 浙江开化县；大片原始森林；生物丰富度、植被覆盖率、大气与水体质量居全国前列；面积约 252 平方公里。 |
| 湖南南山 | 湖南邵阳；整合了原南山国家级风景名胜区、金童山国家级自然保护区、两江峡谷国家森林公园、白云湖国家湿地公园 4 个国家级保护地；总面积 635.94 平方公里。 |
| 福建武夷山 | 福建北部；保存了同纬度最完整、最典型、面积最大的中亚热带原生性森林生态系统，也是珍稀、特有野生动物的基因库；总面积 982.59 平方公里。 |
| 北京长城 | 在保护人文资源的同时，带动自然资源保护和建设；整合长城周边各类保护地并形成统一完整生态系统。 |
| 普达措 | 云南香格里拉；普达措的湖泊湿地、森林草甸、河谷溪流等原始生态环境保存完好。 |

## 二、建设国家公园——神农架林区生态文明建设主要载体

国家公园作为神农架林区生态文明建设的主要载体，其建设被置于深化改革的首要地位。根据收集到的神农架林区生态文明建设相关资料，总体正在按照《生态文明体制改革总体方案》稳步落实，具体思路应该是成立国家公园管理局、编制林区自然资源负债表和探索领导干部自然资源资产离任审计等工作同步进行；继而，由国家公园管理局出面主持工作，以维持生态系统的原真性和完整性为原则，把原来各部门分治的状况进行统筹，并通过自然资源资产负债表的编制去摸清家底，通过到任离任或规定时间段内前后自然资源资产的变化以及对环境的影响等来进行绩效考核或责任追究。以此为基础，进一步展开多规合一、确权、治理、生态修复等工作，并完善各类政策、参加各类绿色产品交易。

### （一）林区国家公园管理局的成立

2016 年 5 月神农架获批成为首批国家公园体制试点，11 月 17 日神农架

国家公园管理局挂牌成立。它是我国继三江源之后成立的第二个国家公园管理局，为正县级事业单位，由省政府垂直管理，委托神农架林区政府代管，是神农架继行政建区、实施天然林保护和退耕还林之后，生态文明建设的又一个里程碑，标志着神农架的保护与管理步入国家公园时代（见表6-13）。

**表6-13 神农架国家公园管理局基本情况**

| 类别 | 具体情况 |
| --- | --- |
| 级别 | 正县级 |
| 组织类别 | 事业单位 |
| 管理体制 | 省政府垂直管理，委托神农架林区政府代管。 |
| 组建宗旨 | 加快推进神农架生态文明建设，切实加强生态保护、绿色崛起的使命。 |
| 主要领导 | 神农架国家公园管理局的书记、局长分别由林区党委书记和区长兼任。 |
| 功能区划分 | 将按山系水系、资源情况、社区发展分布和保护程度需求，划分为严格保护区、生态保育区、游憩展示区和传统利用区四类功能区。 |
| 管理模式 | 采用国家公园管理模式。将整合原神农架国家级自然保护区管理局、湖北神农架大九湖国家湿地公园管理局机构职责，以及神农架林区林业管理局有关神农架国家森林公园的保护管理职责，按照“管理局—管理区（管理处）—网格管理小区（网格小区管护中心）”三级管理模式承担起1170平方公里试点范围的自然资源管护等职责。 |

### （二）林区自然资产负债表的编制

编制自然资源资产负债表是党的十八届三中全会提出的全新课题。主要目的是两个：第一，摸清自然家底或变动情况，以便对生态环境质量进行评估；第二，通过自然资源价值量化后建立起来的资产负债表，可以观测到各类数据在不同时点的变化，并据此对各经济活动主体包括区域主政者进行业绩评估，即是实施领导干部自然资源资产离任审计的基础。目前，世界各国大多采用GDP作为区域主政者的主要考核指标。然而，GDP指标存在一些先天性的缺陷，不注重环保甚至以破坏牺牲环境为代价的收益也被计入，是当前GDP核算体系的最主要问题。绿色GDP统计测算体系一直处于讨论研发状态——构建自然资源资产负债表的思路也是其一。

自编制自然资源资产负债表的课题提出以来，社会各界给予高度关注。

《生态文明体制改革总体方案》中，在关于“完善生态文明绩效评价考核和责任追究制度”的表述中，进一步明确了要编制自然资源资产负债表，要制定资产负债表编制指南、构建资产和负债核算方法、建立核算账户，要明确分类标准和统计规范，要定期评估资产变化状况，并建议开展编制试点。

按照党中央、国务院的决策部署，国家统计局通过深入调查研究，广泛征求有关部门和专家的意见，并充分借鉴和吸收国际标准和国际先进经验，提出了试点方案并于2015年9月经中央审议通过。根据试点方案：确定的试点地区是内蒙古自治区呼伦贝尔市、浙江省湖州市、湖南省娄底市、贵州省赤水市、陕西省延安市，试点时间从2015年下半年开始到2016年12月底；资产负债表的核算内容主要包括土地资源、林木资源和水资源，并研究资料来源、核算方法和数据质量控制等关键性问题，以编制高质量的自然资源资产负债表；国家统计局将会同国家有关部门根据试点经验制定统一的编制制度，并编制出全国自然资源资产负债表。

神农架林区也在2016年前后启动了自然资源资产负债表的编制工作，对土地、林木、水资源、空气、生物资源5类自然资源资产账户进行了核算，并在林木资源资产负债表部分补充了林地面积和森林覆盖率变化两项①。

虽然具体编制情况不是很清楚，但从各大媒介发布信息来看，自然资源资产负债表的编制工作是没有前例可循的，几乎所有的编制皆需要全新谋划与布局，不存在统一的编制方法与可靠稳定的数据来源，存在资产负债表的表格结构与报表体系、编制依据与技术路径、负债核算与资产的价值化等关键问题，显著存在统计数据来源的可靠性、持续性问题等。这些也正是全国开展试点以及鼓励积极试点的价值所在。通过试点探索与推广借鉴，会逐步形成规范的、统一的编制依据，以形成全国范围内的、具有可比性的报表体系；会形成比较可靠的技术路径来确保数据的真实、可靠、及时、稳定，来确保各类资产价值量化的可靠动态性和各类负债数据的真实准确变化性。神

① 神农架林区自然资源资产负债表编制工作迎首检［EB/OL］. http：//www.snj.gov.cn/info/1410/5071.htm.

农架林区在编制自然资源资产负债表的过程中，对细化表格要求注明填写说明，对各指标的概念要求准确，对数据处理要求来源清晰、算量关系明确，由此所得出的结论应该是相对真实可靠的，据此所推演的关于自然资源资产数据变化规律也具有一定的可信度。

林区自然资源资产负债表的编制为国家公园管理工作带来了极大的便利，是国家公园管理局展开活动的基础——国家公园管理局可以据此制定年度或期望跨度内的具有科学发展属性的绩效考核目标体系，并实施考核。

### （三）实行多规合一

建设国家公园的根本目的之一便是整合现有的关于自然资源和生态环境的因为责任分工明确而导致的九龙治水、共抓共管的难症顽疾，即结束九龙治水的尴尬、形成由国家公园来统一管理协调的局面。为此，原来各部门所做的基于各自利益的各类规划注定了兼容性差、难以协调的弊端，需要进行多规合一。“多规合一”即指将国民经济和社会发展规划、城乡规划、土地利用规划、生态环境保护规划等多个规划融合到一个区域上，实现一个市县一本规划、一张蓝图。其好处是显而易见的，即解决现有各类规划自成体系、内容冲突、缺乏衔接等问题。[①] 神农架林区在多规合一方面也早有行动，目前《神农架林区国土空间管控综合规划》已经编制完成，推动国土、规划、环保、发改等多部门实现信息共享一张图，建立统一协调办理业务平台，严格按照规划管控，其他各类专项规划必须符合综合规划的空间布局和用地规模，不得突破“三条红线”（生态保护、永久基本农田、城镇开发边界）。

### （四）对自然资源进行确权

根据《自然资源统一确权登记办法（试行）》（国土资发〔2016〕192 号）文件，国家建立自然资源统一确权登记制度目的在于建立归属清晰、权责明确、监管有效的自然资源资产产权制度。其登记对象是水流、森林、山岭、草原、荒地、滩涂以及探明储量的矿产资源等，职责是界定自然资产所有权

① 一张图看懂开化“多规合一”［EB/OL］. http：//news. xinhuanet. com/local/2016-03/21/c_128816143. htm.

主体，划清全民所有和集体所有边界，划清全民所有、不同层级政府行使所有权边界，划清不同集体所有者边界。总体工作安排是以不动产登记为基础，由国土资源主管部门负责指导、监督，由各级不动产登记机构负责登记；工作要求是设立统一的自然资源登记簿，按照自然资源重要程度以及相对完整生态功能、集中连片等原则组织划分登记单元并确定编码（国家公园、自然保护区、水流等可以单独作为登记单元）。在此基础上，进一步明确了登记内容、一般程序，并就各类自然资源特殊登记做规定说明。根据相关信息，神农架林区已于 2017 年 9 月正式启动了国家公园自然资源统一确权登记，计划用一年左右时间划清全民所有和集体所有之间的界限。届时，神农架国家公园内的每一处自然资源都将有明确的“主人”。根据试点方案，此次确权登记将在不动产统一登记的基础上，构建自然资源统一确权登记制度体系，重点探索国家所有权和代表行使国家所有权登记的途径和方式，并加强自然资源信息的管理和应用。

### （五）进行环境治理与生态修复

环境治理与生态修复是国家生态文明建设的出发点与着力点。通过治理修复，天蓝了、水清了、空气清新了，水土流失问题、大气污染、土壤污染、水体污染等皆得到有效治理。神农架林区一直在保护方面着力，致力于保护式开发，森林覆盖率保持在 90%以上，遵循一种类似于全域田园综合体开发模式，水土保持、恢复植被与退耕还林同步进行，河湖保护、治理与开发利用同步进行，清洁循环式生产服务产业、亮化美化产业、公共便民服务支撑产业得到大力扶持，生态补偿、扶贫开发、绿色发展、稳而有力，全域旅游牵引、国家公园支撑的产业体系得以更加健全，环境生态工作全国领先、未来的国际旅游生态目的地和世界性的国家公园可以期待。

### （六）对绿色产品进行品牌建设

目前，神农架国家公园管理局已经设计并公布了国家公园形象标识，可以此为母品牌去整合各类产品、品牌，并加强绿色产品种植和绿色产品子品牌建设，以品牌建设开发绿色产品市场、引领绿色产品交易。

### （七）进一步完善各类政策

最近两年，神农架林区在国家公园建设和生态文明建设中作为更多，不仅是一些实质性的操作，更有诸多重要专门政策出台。例如，神农架林区国土资源节约集约示范区行动方案（2016~2020年）、全面推行河湖长制实施方案、关于加强国家公园自然资源保护和监管的意见（暂行）、关于水域生态环境和渔业资源保护实施方案、关于非物质文化遗产保护管理办法、关于非物质文化遗产代表性传承人认定与管理办法、关于国有林场改革实施方案，等等。

从总体情况来看，神农架林区的国家公园试点体制改革正在有条不紊地进行。最新资料显示，已经在湖北省人大常务委员会上通过了《神农架国家公园保护条例》。据此可知，组建机构、编制报表、多规合一、资源确权等关于体制改革的基础性工作已经逐步展开或者运转；作为两个重要抓手的环境生态与品牌建设工作，或是常抓不懈，或是大有突破；政策与管理条例也陆续出台，制度性建设之基础性依据已经建立，只待来日各类投资项目建设再度拉动。从林区的发展实际以及生态经济总部的定位来看，生态文明基底之上的旅游经济大发展应该是政府当前应主导的投资方向。

# 第七章 神农架林区发展全域旅游思路

旅游业素有无烟产业、绿色产业之称。某种程度上来讲，全域旅游建设的实质是生态文明建设的一部分，是生态文明建设的一个手段。

## 第一节 全域旅游概述

2003 年杭州市提出了打造休闲城市理念，绍兴市委市政府则在 2008 年提出了全域旅游发展战略。随后，江苏昆山市、四川大邑县、浙江杭州与桐庐、四川甘孜州、山东一些县域和湖南资兴等相继明确了全域旅游发展思路。2013 年宁夏回族自治区明确提出要“发展全域旅游，创建全域旅游示范区（省），把全区作为一个旅游目的地打造”，2014 年山东省开展了全域旅游改革试点。在此基础上，全域旅游被全面推动。2015 年国家旅游局下发《关于开展“国家全域旅游示范区”创建工作的通知》，2016 年 1 月 19 日国家旅游局局长在全国旅游工作会议上提出“中国旅游要从‘景点旅游’到‘全域旅游’转变”，2 月 5 日国家旅游局公布首批 262 家“国家全域旅游示范区”创建名单，3 月 4 日李金早在《人民日报》发文以全面阐述全域旅游价值和途径。2017 年全域旅游被写进《政府工作报告》，成为国家战略，以加速旅游目的地建设、促进旅游业更大发展。由此，全域旅游到底该怎么做才能引领经济、社会、文化甚至生态领域的全面变革与发展？思考全域旅游相关问题对于以之为支柱产业的神农架林区尤有价值。

## 一、全域旅游概念

从全域旅游的民间实践到理念的迅速传播，再至成为官方语言甚至国家战略，度其用时之短，不可不谓迅疾而红、令人侧目。关于什么是全域旅游以及相应的理论问题探索，应该及时跟上并尽快用以指导实践。

“全域旅游”中心主题在“旅游”，“全域”则是指旅游业的发展原则、思路与方式。按照《辞海》释义，“域”多指空间地区、疆界，也有抽象数理域之意。此处之“域”，范围更宽泛：可是空间域、时间域、产业域，也可是方法域、要素域、社会域，甚至还可是文化域、学术域、职业域，等等。“全域旅游”的实质是调动地域所有资源、要素，以即时旅游业态或可旅游业态化为方向，来全力发展传统旅游业、“旅游+”和“+旅游”模式产业。具体思路可用以下几个具有递进关系的关联图表来表示（见图7-1至图7-5、表7-1）。

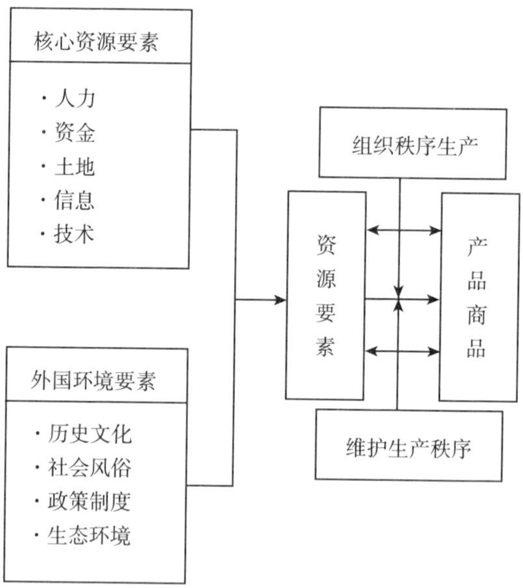


**图7-1 资源要素**

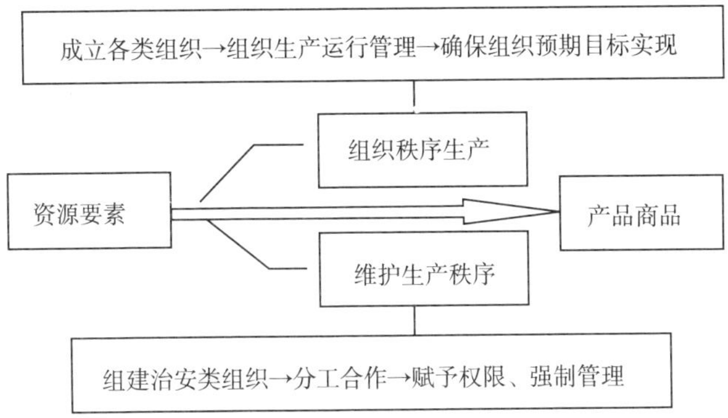


**图 7-2　经济类组织的价值与组建**

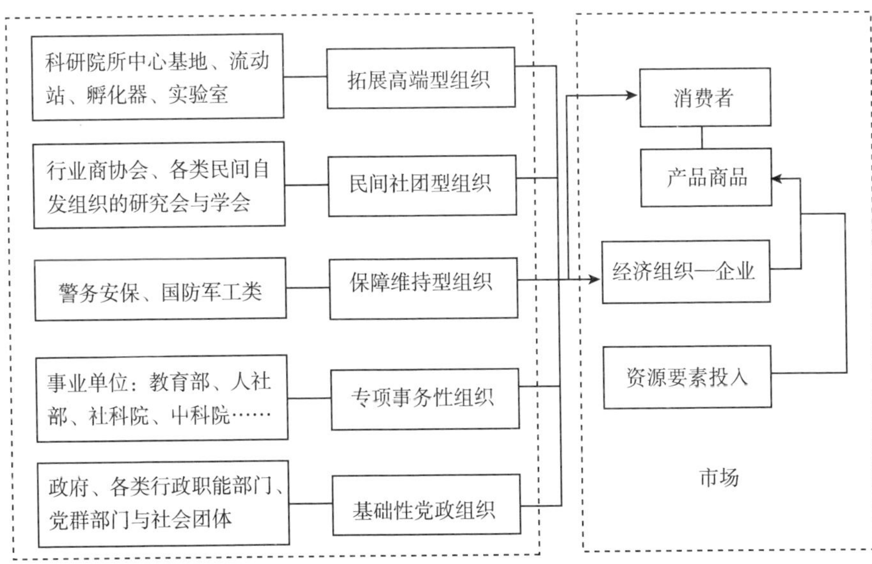


**图 7-3　各类服务市场（企业与消费者）的政府与非政府组织**

图 7-1 类似于某个组织（企业）的生产函数，即购入资源要素并通过配置调度来达到合理生产目的，最终表现为产成品出现。关键是投入资源要素，产出为目标产品，其间需要生产组织者，也需要各类秩序尤其是市场秩序的维护者。图 7-2 进一步表明了治安类组织和其他组织（经济性组织和服务型组织）的组建价值与运营方式、目标等，也可以理解为主生产型和主市场服务型两类功能组织。图 7-3 进一步明确了主要组织类型以及各类

组织定位与相互作用，目标皆是为市场中的经济组织（企业）的生产服务。既包括政府部门又包括非政府部门，既有事务性又有维持性和拓展型，甚至民间还成立了多类社会组织以协调经济组织间关系。

表 7-1 则对不同时期的经济组织生产特点以及产品共性进行了简要归纳。认为产业革命前，科技条件不发达，人类利用物质资源的条件有限，大量资源未得到开发，资源处于丰裕状态，期间以家庭作坊生产为主，产品质量也相对较差，以适用为主，只需关心生产无须关注销售问题。随着科技的逐步进步，资源逐步进入稀缺状态，环境问题也越来越突出，组织生产方式也逐步大型化、规模化，以降低生产成本，产品多为机器生产的标准件，且先后经历了轻工业、重工业和轻重工业并重以及当前的第三产业主导的局面。

**表 7-1　不同科技水平状态下的组织生产特点与产品共性特征**

| 科技水平 | 生产条件 | 组织生产特点 | 产品共性特征 |
|---|---|---|---|
| 科技 1.0 版（产业革命前） | 资源不稀缺；科技落后。 | 小规模家庭作坊式生产；有能力生产即可。 | 质量工艺相对较差；资源要素→传统生活必需品；不愁销。 |
| 科技 2.0 版（产业革命） | 资源不稀缺；蒸汽机、纺织机技术大进步。 | 企业方式运作普遍；公司化企业增多；家庭作坊生产仍然大量存在；新兴行业出现并引领发展。 | 以火车、煤炭、纺织类轻工品等新科技产业来主导资源要素的配置与利用→轻工业品。 |
| 科技 3.0 版（第 2 次科技革命） | 资源稀缺性相对不敏感；内燃机、电力技术。 | 企业、公司化企业、家庭作坊式生产同时大量存在；新兴行业出现并引领发展。 | 以内燃机、电力技术的普遍运用来主导资源要素配置→以交通、电力、电能产业、炼钢、机械等为主的重工业大发展。 |
| 科技 4.0 版（第 3 次科技革命） | 资源稀缺性问题出现并日益严重；原子能、计算机、航空航天、生物医药、新能源等领域科技进步。 | 企业、公司化企业大量存在，家庭作坊式生产较少；大量新兴行业出现并引领发展。 | 以新科技的普遍运用主导生产与要素配置、不再是生产出来即可，以需定产；新技术主导资源流向→新领域产品；轻重工业退居其次，第三产业大发展，尤其是金融、教育等服务领域的突飞猛进。 |

续表

| 科技水平 | 生产条件 | 组织生产特点 | 产品共性特征 |
|---|---|---|---|
| 科技 5.0 版（第 4 次科技革命） | 资源环境问题突出；环保产业、智能产业、物联网、互联网技术进步。 | 企业、公司大量存在，家庭作坊式生产较少；大量中介组织消失；新兴产业颠覆传统产业并引领发展。 | 新科技主导资源配置；轻重工业为基础、现代服务业引领第三产业发展。 |
| 科技 5.1 版（第 4 次科技革命升级版） | 强化资源环境问题治理；全域旅游业态化。 | 企业、公司大量存在，小公司普遍；全产业旅游业化。 | 发展质量外化要求——美感美观；以旅游业为标准来改造提升所有行业→旅游业、“旅游+”产业、“+旅游”产业。 |

面对资源环境问题，生态压力越来越大，除了倡导绿色、鼓励绿色生产、节约生产以外，由于本质的经济性和优美环境的内在需求，旅游业得到了空前重视，全域旅游被写进了政府工作报告中。图 7-4 介绍了旅游业的三种新业态的基本特点，图 7-5 表明了旅游业态化思路下的主要可旅游化面上产品，分别表现在产业、社会、区域空间、生态环境、精神文化等方面，即全域（全产业、全方位、全区域）旅游的产品。有了这些明确的旅游产品需求，相关企业即可以需定产、组织资源要素投入生产。

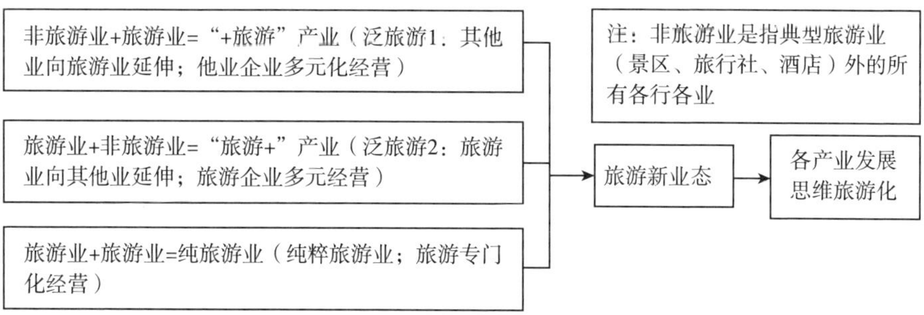


**图 7-4　旅游新业态的三种形式**

图 7-5 为旅游业态化的第四次科技革命升级版期的产成品过程图。它侧重以需定产的组织生产方式，即以全域旅游产品为目标，反向追溯到生产环节，再组织合适资源要素投入生产。

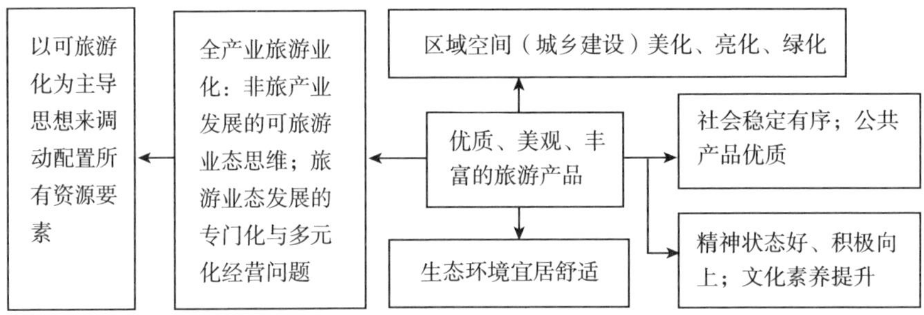


**图 7-5　旅游业态化的产成品过程**

综合来看，全域旅游具有全地域、全产业、全要素、全领域、全方位、全民性、全地域空间、旅游全过程和全季节等特点。

## 二、全域旅游建设指导思想与基本原则

国民收入水平的不断上升、国内经济的相对低速发展、国家调整优化经济结构的目标以及旅游业的全球繁荣，使得大众旅游时代进入优化升级期——游客对优质旅游产品与服务的要求越来越高。全域旅游正是顺应当前形势提出，其主旨在于以全域发展旅游的做法去提升区域旅游资源整体质量，增强区域旅游吸引力。发展全域旅游的基本目标是区域全时空可游，目的则是把全域旅游作为实现城乡建设与经济发展的重要手段之一。为此，面上覆盖全区域，项目上不限于旅游业内、把非旅游项目以旅游业思维来管理运营，全社会成员参与，以生态为底，努力打造全域旅游综合体以推动区域经济发展、城乡建设和社会进步，应该是全域旅游建设的指导思想。

全域旅游的根本思想是旅游业发展的全域化，尤其是泛产业发展。各行各业皆借助旅游业发展之东风，或转型为旅游企业，或把旅游业作为经营方向之一，或以未来可以旅游化运营来规划并布局产品线，以此发展壮大企业、摆脱经营困境，使国民经济整体回暖、更加稳健，使城乡得以美化、亮化，增强城乡舒适度与宜居度，并最终促进国民增收和幸福。

发展全域旅游适宜遵循的原则主要是坚持旅游业导向、突出核心与重点、政府规划并主导与全要素共同参与、优化生态环境、经济发展主导的目

标多元化五个方面。

第一，坚持旅游业导向原则。在全国经济新常态形势下，旅游业被赋予更多使命——以旅游消费拉动经济增长应居首位。全域旅游，更是拟以泛旅游的形式来全面发展经济。旅游业则是主导牵引力量，应该坚持旅游业终极导向原则。即以旅游业化为标准来投资兴建系列工程，以兼顾旅游盈利的方式来达到一个项目多途径并持续投资回报的目的。

第二，突出核心与重点景区景点原则。类似于传统旅游景区建设中的核心景点是重点建设项目，需要放置于合适位置并在各建设景点中具有优先序次。具体区域在启动全域旅游计划时，要注意根据区域现有旅游资源（景点）以及要素情况，分重点批次进行，剩下区域可以美丽城镇建设项目来进行。如此，既有亮丽城镇又有核心景点可赏可玩，从而做到依靠核心景区资源吸引人，以大美城镇为底蕴来增色、衬托并吸纳、疏散游客之功效。

第三，政府规划并主导与全要素共同参与原则。按照目前中国行政管理体制，区域全域旅游建设最好是先由所属政府借助依法行政之力来规划并主导，以奠定整个区域旅游业发展的基础并基本形成旅游业发展初始格局。在此基础上，鼓励国有企业并带动大量民营经济参与到全域旅游建设中来，基本形成全要素、全产业参与的局面。以此为原则，可以加快全域旅游进程。

第四，以优化生态环境为基底原则。在当前生态环境问题突出的今天，全域旅游建设也应以优化生态环境为基本原则，个别生境问题突出之地应该根据国家生态文明建设要求实施严格保护。以此为基础的全域旅游建设成果应该是绿色环保污染少、空气清新阳光好，这与全域旅游市场需求一致。

第五，以经济发展为主导的目标多元化原则。国家推行全域旅游建设计划有何价值？作为一个以大力发展旅游业为龙头来牵引的、覆盖全域的规划建设项目，提振区域经济无疑是排在第一位的。在此基础上，应该兼有社会、环保、文化等领域的目标，即促使社会更加和谐稳定幸福、生态环境良好自然、文化态势积极向上等伴随效应。

## 三、发展全域旅游具体操作思路

区域在决定全域旅游建设后，除了上述的全域旅游指导思想和基本原则以外，也需要明确具体操作思路以便于实施。一般地，全域旅游实施过程总体应该是包括政府决策→全域旅游规划→政府主导→全域参与→旅游全域化五个阶段。对应阶段实施的主要影响因子见图 7-6。

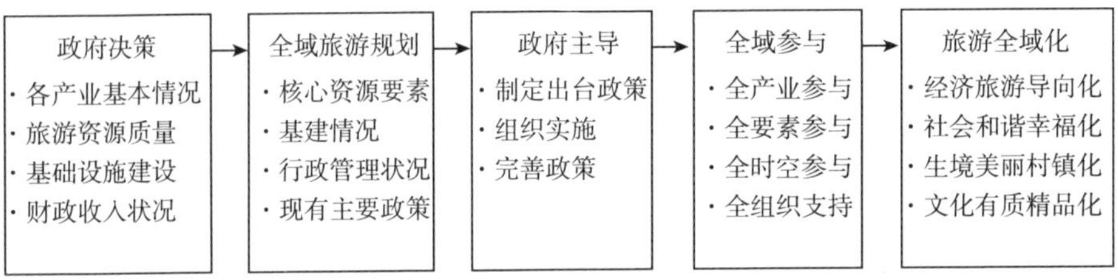


**图 7-6　全域旅游操作各阶段主要影响因子**

实践领域的全域旅游发展与操作问题需要因具体项目所在区域而异。以下在对襄阳市发展全域旅游思路分析的基础上，进一步对神农架林区的全域旅游发展思路进行粗浅探讨。

# 第二节　襄阳市全域旅游发展思路

2013 年襄阳市委市政府出台了《关于加快旅游业发展的意见》，明确提出要在 2020 年把襄阳建设成为鄂西生态旅游圈核心区、中西部地区旅游集散地、国内外有重大影响的文化生态型旅游目的地和国内外有重要影响的文化名城，把旅游业发展成为与房地产业、汽车产业并驾齐驱的支柱产业和龙头工程。同年 6 月，进一步提出了要努力把旅游业培育成新兴支柱产业。现今，面临国内经济形势总体不够稳定甚至略有下滑态势，国家甚至把旅游业作为发展经济的引擎，致力于发展全域旅游，提倡“旅游+”或“+旅游”经济，使得旅游业地位得到空前提高，成为旅游业大发展的新机遇、好机会。襄阳市也应该不错良机，酝酿并实施全域旅游计划。

## 一、发展全域旅游对于襄阳市的重要性

### （一）培育旅游支柱产业、提振襄阳经济的要求

把旅游业作为新支柱产业来培育，意味着襄阳市旅游业实现了从消极被动的顺应发展模式到积极主动的跨越式发展模式的观念转变。当今社会，支柱产业的基本特点是大规模产出、关联带动性强、强调发展与就业、强调节约能源与资源。旅游业是劳动密集型行业，有利于安排就业；它有强大的关联带动性，是低碳绿色产业，注重资源保护、强调节约能源。与支柱产业相比，襄阳市旅游业在产出规模上明显偏小。以 2012 年为例，襄阳市旅游收入在 GDP 中的比重不足 1%，而支柱产业一般要求该比例在 5%以上。增强产出能力、提高产出水平，就成为襄阳市实现旅游支柱产业发展计划的最大障碍与目标。

产出的关键是企业。典型的旅游企业有三类：景区、饭店和旅行社。怎么才能增加产出呢？传统旅游业六大要素理论说明了吃、住、行、游、购、娱是旅游企业增产增收的六个基本维度，发展旅游业的核心思想则是要形成强而久的吸引力。以核心吸引物来聚集人气，以六个要素的正常运转来保障并获得根本性收益。在此基础上，以其强大的关联带动性带动相关产业的发展，实现区域脱贫、致富，以旅游经济的发展带动地产经济、金融服务、工业经济、农业经济等的发展。可以看出，旅游业以及相关产业的发展，既是旅游业的基础又是其目标。产出能力与水平，则可以作为具体发展指标，也是培育襄阳市旅游支柱产业的根本要求。基于此种认识，构建了一个襄阳市旅游支柱产业培育的“三力”三维模型（见图 7-7），并借此模型对襄阳市旅游吸引力体系建设以及关联带动体系进行分析以提振襄阳经济。该模型实质即为以传统旅游产业为核心的全产业旅游、全域旅游思想。

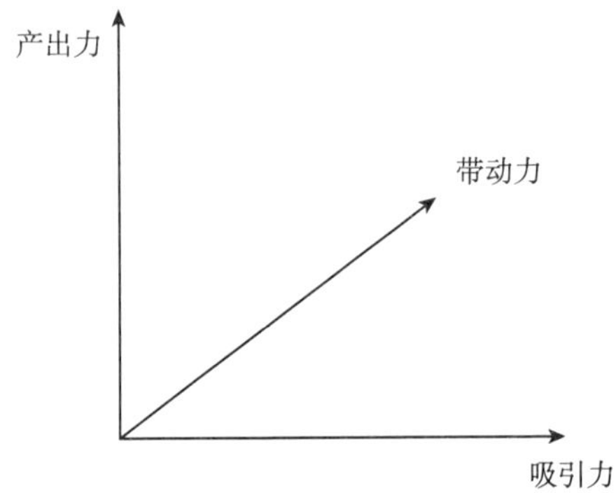


图 7-7　三力模型

### （二）美化襄阳、建设“四个襄阳”之需

2015 年全国旅游工作会议上，国家旅游局局长李金早认为激发人们旅游动机和体验的要素越来越多，可在现有六要素基础上概括出“商、养、学、闲、情、奇”。前者为旅游基本要素，后者为旅游发展要素或拓展要素。“商”是指商务旅游，包括商务旅游、会议会展、奖励旅游等旅游新需求、新要素；“养”是指养生旅游，包括养生、养老、养心、体育健身等健康旅游新需求、新要素；“学”是指研学旅游，包括修学旅游、科考、培训、拓展训练、摄影、采风、各种夏令营冬令营等活动；“闲”是指休闲度假，包括乡村休闲、都市休闲、度假等各类休闲旅游新产品和新要素，是未来旅游发展的方向和主体；“情”是指情感旅游，包括婚庆、婚恋、纪念日旅游、宗教朝觐等各类精神和情感的旅游新业态、新要素；“奇”是指探奇，包括探索、探险、探秘、游乐、新奇体验等探索性的旅游新产品、新要素。总体来看，旅游新六要素是对原六要素的有力补充，随着时代的前进，可能还会有更多的旅游新要素呈现。

如此，传统六要素与新六要素的合力，基本涉及经济社会生态建设的方方面面。以此为基础的全域旅游发展思路也就顺理成章。于襄阳市而言，基于传统六要素的旅游发展问题探讨已经比较多，关于新要素作用下的襄阳市旅游业发展问题更值得琢磨。由此，襄阳全域发展旅游，某种程度上也是新六要素产业发展问题，并波及全时空领域，成为一个“美丽襄阳”建设的整体构架及实施问题。即是美化襄阳、“四个襄阳”建设之需。

下文拟分为襄阳市旅游支柱产业构建和襄阳市全域旅游发展思路两个部分来进行。主要原因是：构建培育旅游支柱产业是全域旅游建设之根本、基础和目标，没有强大实力旅游业支撑的全域旅游是没有灵魂和依靠的；全域旅游不是排斥而是强化景点景区旅游，是进一步把朵朵繁花织成锦。

## 二、襄阳市旅游支柱产业构建

### （一）“三力”三维模型基本思想与具体构建

图 7-7 中的模型，“三力”分别是指旅游业的吸引力、旅游业对其他产业发展的带动力和产出力。此处的“产出力”既包括旅游业的产出力又包括相关产业的产出力，是目标。也就是说，该模型表达的是以旅游业和相关产业为主体，以提升旅游业的吸引力和行业辐射带动力为手段，来增强产出能力、提高产出水平。

可以看出，构建“三力”三维模型的基本思想，就是以支柱产业的特点与要求去分析襄阳市旅游业现状，通过以找差距的方式来确定襄阳市旅游业的发展方向与目标，进而构建一个科学合理的“三力”三维模型，提出一揽子的解决方案。即要有一个更高的目标、一个合理的模型和一揽子的解决方案。以此为据，以下就结合襄阳市具体情况来逐一进行分析。

### （二）襄阳市旅游吸引力体系建设

在古代社会甚至离今仅百余年前，外出旅游作为一种生活或休闲方式是得到认可并被推崇的，因而，社会大众对于旅游现象并不陌生。而在现代社会，作为一种经济现象的旅游业备受关注与发展。旅游作为一种休闲方式，主要与旅游者个人的休闲习惯思维、收入、消费偏好等密切相关；旅游消费作为一种高端消费，体现了旅游者的物质基础和精神追求；区域旅游业发展情况往往可以代表区域经济发展水平。在过去，受科技与生产力发展水平限制，人们普遍很难脱离生产活动，忙于组织或参与生产过程，以提高物质产出能力解决物质匮乏之忧，旅游时间和收入水平就构成了外出旅游的两大障碍，旅游作为一种重要的休闲活动也就不可能贴近大众、走进平民百姓家庭。彼时的旅游目的地或吸引物应该是无心插柳的产品和杰作，是一种自然附加或天然衍生的产品；彼时的旅游业应该是处于原始自然状态。总之，旅游处于消费末端，旅游产品是末端或衍生，旅游业也是末端或衍生。伴随着科技进步与生产力水平提升，人们的收入和闲暇时间越来越多，旅游消费越来越普及，旅游业地位日益突出，旅游对经济和社会的贡献越来越大，尤其是在消费经济主导时代。此时，旅游业不再被动，自生自灭时代一去不返，积极发展旅游业甚至主导区域经济建设成为可能（甚至必要）；旅游产品也不再是自然衍生品，刻意种柳插花、专攻各类旅游商品纪念品设计已成时代新工种；激发市场需求、引导旅游消费、发展旅游经济、解决发展难题，日益成为旅游业的社会责任与使命。很多国家包括中国都在顺应旅游业的这种发展趋势，积极发展旅游业，个别国家和地区的旅游业甚至已经成为主导支柱产业。作为一个制造大国的中国，也已明确提出要把旅游业培育成未来的支柱产业，这就要求旅游产品和旅游企业要具有很强的竞争力，具体表现为旅游产品的吸引力、资源丰度和旅游企业的产品资源组合与调度运营能力。因此，襄阳市旅游吸引力体系建设就至少包括三个部分：旅游吸引物体系、旅游吸引力体系和外围环境氛围或配套建设体系。

1. 襄阳市旅游吸引物体系（产品的吸引力、资源丰度）

区域旅游业吸引力提升的根本是旅游吸引物体系的建设、改进与质的提升问题。根据《旅游资源分类、调查与评价》（GB/T18972—2003），旅游资源是指自然界和人类社会凡能对旅游者产生吸引力，可以为旅游业开发利用，并可产生经济效益、社会效益和环境效益的各种事物和因素。因此，旅游吸引物体系建设即为富有吸引力的旅游资源体系建设。

在《旅游资源分类、调查与评价》中，依据旅游资源的性状，即现存状况、形态、特性、特征划分，把旅游资源分为 8 个主类、31 个亚类和 155 个基本类型，具体见表 7-2。

表 7-2 旅游资源分类（未列出基本类型）

| 主类 | 亚类 | 主类 | 亚类 |
|---|---|---|---|
| A 地文景观 | AA 综合自然旅游地 | D 天象与气候景观 | DA 光现象 |
| | AB 沉积与构造 | | DB 天气与气候现象 |
| | AC 地质地貌过程形迹 | E 遗址遗迹 | EA 史前人类活动场所 |
| | AD 自然变动遗迹 | | EB 社会经济文化活动遗址遗迹 |
| | AE 岛礁 | F 建筑与设施 | FA 综合人文旅游地 |
| B 水域风光 | BA 河段 | | FB 单体活动场馆 |
| | BB 天然湖泊与池沼 | | FC 景观建筑与附属型建筑 |
| | BC 瀑布 | | FD 居住地与社区 |
| | BD 泉 | | FE 归葬地 |
| | BE 河口与海面 | | FF 交通建筑 |
| | BF 冰雪地 | | FG 水工建筑 |
| C 生物景观 | CA 树木 | G 旅游商品 | GA 地方旅游商品 |
| | CB 草原与草地 | H 人文活动 | HA 人事记录 |
| | CC 花卉地 | | HB 艺术 |
| | CD 野生动物栖息地 | | HC 民间习俗 |
| | | | HD 现代节庆 |

相应地，襄阳市主要旅游资源可以做如下整理。首先就主要旅游资源的区域分布情况进行整理（见表 7-3）。

表 7-3 襄阳市各辖区主要旅游资源

| 所辖区域 | 主要景区景点 | 特色与亮点 |
|---|---|---|
| 襄阳市区包括襄城区、樊城区、襄州区 | 襄阳古城、古隆中、鹿门山、黄家湾、广德寺、岘山、鱼梁洲、唐城、米公祠、汉江、九天娘娘洞、中华紫薇园、邓城遗址、诸葛亮广场、月亮湾公园、习家池、真武山、夫人城、普罗旺斯薰衣草庄园、仲宣楼、绿影壁、马跃檀溪、诸葛亮文化节、穿天节、凤凰温泉、襄阳市体育馆、汽车产业园、汉江大桥、卉丰源、栖溪小镇、卧龙古镇、岘山文化广场、临汉门公园、长门遗址公园、岘山绿道、沃尔玛商圈、人民广场商圈、鼓楼商圈、东津华侨城项目。 | ①人文与自然、历史与当代交融，资源多样、分布广，有很强的穿透力，组合状态较好；②资源有亮点：古城今市、三国文化、汉江、名人、汽车、楚文化、影视等主题资源相对突出；③资源质量整体很高，襄阳市被评为国家级历史文化名城、中国优秀旅游城市、中国魅力城市；④节庆文化；⑤商业文化；⑥休闲文化。 |

续表

| 所辖区域 | 主要景区景点 | 特色与亮点 |
| --- | --- | --- |
| 南漳县 | 水镜庄、徐庶庙、水镜湖、石门水库、龙王峡漂流、鱼泉河漂流、香水河、金牛洞、春秋寨、七里山、抱璞岩、蛮河、漳河、沮河、麻城河村、华中绿谷、中国有机谷。 | ①水资源突出；②以三国和春秋楚时期为主的历史遗迹散落；③有国家4A级景区一个；④有“中国景观村落”、绿谷、有机谷，是全国休闲农业与乡村旅游示范县。 |
| 枣阳市 | 玫瑰海、白水寺、白竹园寺、九连墩古墓群、楚人谷、中国汉城、雕龙碑遗址、凤鸣山、熊河。 | ①汉文化、楚文化、宗教资源相对突出；②有古人类遗迹。 |
| 保康县 | 官山森林公园、五道峡、九路寨、九道河漂流、温泉、野花谷、沮河、尧治河村、中国有机谷。 | ①水资源相对突出；②乡村旅游项目；③花卉资源突出。 |
| 宜城市 | 张自忠纪念馆、楚皇城遗址、蛮河。 | 文化资源具有优势。 |
| 老河口市 | 李宗仁纪念馆、中国有机谷、宋长城遗址、木板年画、方营村、王甫洲电站、梨花湖、梨桃园。 | ①水体旅游资源突出；②传统艺术；③乡村旅游项目较多。 |
| 谷城县 | 南河小三峡、薤山、承恩寺、中国有机谷、五山堰河村、紫金镇茶园沟。 | ①水体资源和乡村旅游资源比较突出；②茶文化（玉皇剑生态休闲谷、汉家刘氏茶）。 |

根据表7-3，襄阳市旅游资源主要集中于襄阳市区、南漳县、枣阳市、保康县和老河口市，尤以襄阳市区更为集中。辖区内旅游资源基本形成了人文和自然旅游资源交融、历史题材与当代园区产业相互依存、城市与乡村旅游交相呼应的格局。资源质量总体较好，历史文化资源源远厚重，三国文化、楚文化灿烂夺目，名人名篇似江河明珠；今日襄阳发展形势更是喜人，山水园林城市形态初具、汽车产业发展迅速、交通方式日益多样便捷、乡村旅游热闹红火；一条汉江穿城而过，一批水利水电工程相继竣工，一座座大桥跨江而立，一个个水体俊朗清秀。各个具体区域旅游资源的特色与亮点已经在表中反映，基本情况是：除了襄阳市区，其他各县市大都以自然山水、民风民俗民建民调等为主要资源来做观光娱乐一体的旅游项目和乡村旅游项目；人文历史旅游项目氛围相对浓厚的是南漳县和枣阳市，南漳县的优势在于三国遗产和楚文化资源，枣阳市则以汉文化和楚文化传承演绎为主。

根据《旅游资源分类、调查与评价》（GB/T18972—2003），再对襄阳市辖区旅游资源进行归类（见表 7-4）。

**表 7-4　根据国标对襄阳市辖区旅游资源进行归类的结果**

| 主类 | 亚类 | 基本类型 |
| --- | --- | --- |
| A 地文景观 | AA 综合自然旅游地 | 岘山、真武山、薤山、七里山、官山森林公园、月亮湾公园、鱼梁洲、九路寨。 |
| | AB 沉积与构造 | 九天娘娘洞、金牛洞。 |
| B 水域风光 | BA 河段 | 汉江、南河小三峡、五道峡、九道河漂流、龙王峡漂流、鱼泉河漂流、蛮河、漳河、沮河。 |
| | BC 瀑布 | 香水河七彩瀑布。 |
| | BD 泉 | 保康温泉、凤凰温泉。 |
| C 生物景观 | CC 花卉地 | 普罗旺斯薰衣草庄园、中华紫薇园、野花谷、玫瑰园、华中绿谷、有机谷、梨桃园。 |
| E 遗址遗迹 | EA 史前人类活动场所 | 雕龙碑遗址。 |
| | EB 社会经济文化活动遗址遗迹 | 襄阳古城、夫人城、邓城遗址、绿影壁、马跃檀溪、春秋寨、楚皇城遗址、抱璞岩、宋长城遗址。 |
| F 建筑与设施 | FA 综合人文旅游地 | 广德寺、唐城影视基地、承恩寺、白水寺、楚人谷、中国汉城、鹿门山、白竹园寺、凤鸣山、卉丰源花鸟古玩博览中心、玉皇剑生态休闲谷、汉家刘氏茶场、栖溪小镇、卧龙古镇、岘山文化广场、临汉门公园、长门遗址公园、岘山绿道、诸葛亮广场、沃尔玛商圈、人民广场商圈、鼓楼商圈、东津华侨城项目。 |
| | FB 单体活动场馆 | 襄阳市体育馆、博物馆。 |
| | FD 居住地与社区 | 古隆中、习家池、米公祠、仲宣楼、黄家湾、徐庶庙、水镜庄、李宗仁纪念馆、张自忠纪念馆、尧治河村、汽车产业园、麻城河村、方营村、堰河村。 |
| | FE 归葬地 | 九连墩古墓群。 |
| | FG 水工建筑 | 王甫洲电站、梨花湖、水镜湖、石门水库、熊河、汉江大桥。 |
| H 人文活动 | HB 艺术 | 木板年画、草编、柳编、汉陶。 |
| | HD 现代节庆 | 诸葛亮文化节、穿天节、卉丰源民俗文化节、“米芾杯”卉丰源奇石文玩菊花节、鱼梁洲沙雕旅游节。 |

根据表 7-4 可以得出以下结论：第一，襄阳市旅游资源主要以地文景观、水域风光、遗址遗迹和建筑设施等 6 个主类为主；亚类则主要集中于 7 个，即综合自然旅游地、河段、花卉地、社会经济文化活动遗址遗迹、综合人文旅游地、居住地与社区、水工建筑。第二，其他富有特色的资源主要是节庆、民间艺术、汉江石和影视文化产业。

以下再以专题形式对襄阳市资源进一步梳理。主要依据是在襄阳历史中的分量、灿烂程度以及对当今社会的影响，确定的整理主题有三国文化、帝乡汉文化、汉江风情、襄阳古城、荆楚文化、花卉和名人资源。具体情况见表 7-5。

**表 7-5　襄阳市主题旅游资源情况**

| 资源主题 | 旅游资源 |
| --- | --- |
| 三国文化 | 襄阳城、鹿门山、隆中诸葛亮故居、刘表墓、徐庶庙、水镜庄、黄家湾、仲宣楼、荆州古治、马跃檀溪、水淹七军、刮骨疗毒、诸葛亮广场、岘山、樊城、呼鹰台、习氏故宅、杜康台、向宠墓、关帝庙、蔡瑁墓、万山、三国名篇。 |
| 荆楚文化 | 春秋寨、楚皇城、抱璞岩、蛮河、沮河、漳河、楚人谷、九连墩、伍子胥故居、邓城遗址、白起渠、古卢戎国遗址、主山寨、重阳乡（张家岭、锅厂遗址、西坪遗址、穆岭头遗址）、穿天节、端公舞、巫音调、苞茅缩酒、薅草锣鼓、漳河鱼灯、古法造纸、东巩高跷、楚辞、宋玉。 |
| 襄阳古城 | 古城墙与护城河、夫人城、邓城、鹿门寺、诸葛亮故居、多宝佛塔、绿影壁、米公祠、杜甫墓、荆州北街、陈老巷、襄阳公园、岘山文化广场、临汉门公园、长门遗址公园、岘山绿道、鼓楼商圈。 |
| 帝乡汉文化 | 白水寺、中国汉城、刘秀故里（以枣阳市为主）。 |
| 汉江沿线风景 | 襄阳（方叔）、樊城（山甫）、邓城遗址、鱼梁洲、老龙洲、月亮湾、汉江大桥、水利水电工程、梨花湖、汉江风光、穿天节、夫人城、朱序归晋、诸葛出山、水淹七军、噬脐之祸、伍员复仇、岳飞克襄、赵淳守城、宋元襄阳保卫战、金花守襄、王聪起义、抗日英雄（李宗仁、张自忠）、汉水女神、牛郎织女、商贸之河（山陕会馆、抚州会馆）、襄阳城防御体系、襄阳山水古风公园、码头设施、栖溪小镇。 |
| 花卉 | 普罗旺斯薰衣草庄园、中华紫薇园、野花谷、玫瑰园、华中绿谷、有机谷、梨桃园、卉丰源。 |

续表

| 资源主题 | 旅游资源 |
| --- | --- |
| 名人资源 | 岳飞、李自成、张自忠、李宗仁、朱序、白起、关羽、刘备、诸葛亮、刘表、庞德公、庞统、徐庶、司马德操、熊绎、羊祜、卞和、宋玉、刘秀、王粲、习凿齿、释道安、萧统、孟浩然、米芾、伍子胥、刘玄、杜预、屈原、阮籍、李白、杜甫、王维、白居易、陈子昂、宋之问、刘禹锡、元稹、李贺、杜牧、皮日休、范仲淹、欧阳修、曾巩、王安石、柳永、苏轼、黄庭坚、陆游、唐寅、岑参、王叔和、杜夔、金花小姐、王聪儿、张九龄、孟郊、张柬之。 |
| 襄阳亮点 | 以汽车产业园为基础的工业旅游；乡村旅游；以唐城影视基地和汉城为代表的影视产业；以卉丰源花鸟古玩博览中心为代表的休闲文化产业；卧龙古镇文化综合体；东津华侨城项目。 |

根据表 7-5 可以得出以下几个结论：第一，除了帝乡汉文化辐射区域范围较小、旅游资源数量较少以外，其他的几个主题无论是丰度、广度还是组合情况都还较好；第二，名人资源较多较杂，可以进一步确定依据进行细分，比如帝王将相、诗词作家、宗教、民族民间英雄豪杰包括义军领袖、地方长官以及其他等；第三，汉江沿线风景基本囊括襄阳市重要旅游资源；第四，突出旅游资源是襄阳古城、三国文化和荆楚文化资源；第五，襄阳市花卉种植观光业应该受到重视；第六，对古代留下的文学艺术作品需做进一步整理；第七，今日襄阳之亮点较多，以工业旅游和文化影视产业为主。

根据上述基于不同角度对襄阳市旅游资源的整理，可以大致建立一个富有吸引力的襄阳市旅游资源吸引物体系。

汉江，以其源远流长的客观存在见证并贯通融合了古老的黄河文明和长江文明，形成了伟大的华夏民族汉文化。把汉江作为襄阳时空主轴线，不同历史时期的襄阳大地是名人代出、异彩纷呈，如星河之光，永耀宇宙。其中，春秋战国和三国时期的历史对当今襄阳的影响最为深、远、广，以古城墙为代表的襄阳历史遗迹令其平添厚重沧桑之感，以古隆中诸葛躬耕静学园为代表的名人故居彰显了襄阳人大气而雅致的品位与一贯追求，以春秋寨为代表的山地军事防御系统则如实记录了筚路蓝缕、创业维艰的楚人精神，以汽车产业园为代表的各类产业基地体现了当代襄阳区域性政治经济与社会文化中心的地位，以唐城、汉城和卉丰源花鸟古玩博览中心为代表的项目则代表了当代文化襄阳盛景与未来。基于各区域优势资源分析，荆州古治所在地的襄阳尤以三国史迹最为丰富，发源荆山、穿越楚地的蛮河流域两岸是楚文化资源广布，枣阳市则以汉帝之故乡而著称，是汉文化旅游的好基地。据此建立起来的资源体系如图 7-8 所示。

翡翠汉江明珠襄阳

- →文化厚重大气美（三国文化、楚文化、汉文化、汽车文化、影视文玩产业）
- →山清水秀自然美（汉江、荆山）
- →荆襄楚地精神美（熊绎故事、老龙庙传说、尧治河村的建设）
- →历史遗存沧朴美（襄阳古城墙、古隆中、春秋寨）

**图 7-8　襄阳市旅游资源体系**

正是一江（汉江）一山（荆山）育襄阳，三朝文化亮襄阳。艰苦创业魂犹在，产业文化富襄阳。

2. 襄阳市旅游吸引力体系构建（旅游企业的资源开发、组合与调度运营能力）

发展旅游业必须有旅游吸引物。这些吸引物可以是当地既有资源，也可以是横空出世，只要能够足够吸引人。依托既有资源发展旅游业是主流做法，国内典型案例诸如北京市旅游业、杭州旅游业、张家界、黄山、九寨沟等；凭空造景确实有难度，但也有成功案例，比如迪士尼乐园、华侨城的世界之窗和锦绣中华项目等。襄阳市有较好的旅游资源禀赋，发展旅游业的固有思路也是基于地脉来做特色、谋发展。

任何资源只有被利用了方显价值，这就涉及资源的开发、组合与调度运营等。资源开发主要是景区景点建设与管理问题；资源组合者主要是旅行社对各类旅游资源进行各种线路设计以满足市场需求；资源的调度运营与整个产业链条（配套体系建设）皆有关系。

（1）景区建设与管理。整体来看，襄阳市景区建设这些年突破不小，给人耳目一新的印象，比如隆中文化园建设、新景唐城、岘山资源开发以及包括卉丰源在内的樊城新区八大市场等。但是，也仍然存在各自为政、盲目上马、重复建设、恶性竞争的现象，这点在漂流项目、乡村旅游项目上表现得最为明显。几乎每个山区县都有漂流项目和乡村旅游点，个别县甚至有几个漂流项目，村镇到处都是景。以发展旅游业来带动当地经济发展的思路没有错，但是任何投入都必须考虑产出，不经过论证、拍脑袋式的搞旅游创业大多都会失败。抓住旅游本质，打造特色精品旅游项目，实现各景区景点互补、联合，要远比摊大饼实在、放心。以下就个别景区建设谈谈笔者的想法：

第一，汉江襄阳段旅游资源开发问题。作为孕育汉水文明的本体，汉江沿线区域旅游资源量多、质优，水体景观和历史遗迹散布。汉江襄阳段主要涉及襄阳市区、老河口市、谷城县和宜城市，有梨花湖、王甫洲电站、万山、襄阳护城河、汉江大桥、鱼梁洲、鹿门山、崔家营水电站、隆中、楚皇城等。当代河道形态已经基本形成，可以大力发展水体旅游项目，龙舟赛、舰艇娱乐、游艇赏汉江、徒步汉江、游汉江甚至适宜沙滩经营的水项目。目前基本情况是有所开发，但并未得到足够重视，汉江旅游主题线路有待深入挖掘。具体主题可以有汉江文明溯源游、汉江自然风光游、游乐汉江欢畅行等。

汉江文明溯源游。以汉江和汉江流域文明的起源、发展、形成为主线，贯穿沿江的历史遗迹和人文景点，融实地察看、听解说、收看视频讲解和相关影视节目于一体的探古访今考察休闲游。线路设计的根本目的是考察学习，适宜于学生休假、专业人士重点考察以及业余兴趣爱好者；对讲解者的综合人文素养要求非常高，客户高端，可以向精品项目方向策划。重点突出汉江源头区域以及中游襄阳段：以汉水女神为引，激发游客探秘汉江的兴趣；到源头区域考察，分析远古人类的活动，并与黄河流域、长江流域结合讲解，剖析华夏民族的悠久历史、奋斗精神、民风民习；襄阳段以老龙庙、老龙堤、老龙洲为题，拓展到万山、鹿门山、护城河、汉江大桥、二桥直到五桥的修建、当代产业襄阳的发展历程、崔家营水利枢纽工程，通过讲述汉江沿岸人民治理汉江、发展农业、南船北马、三国古荆州的繁荣兴盛、襄阳大地上的系列战争、建城立市、发展产业的历史事迹，把一个厚重奋发、抗争不屈的襄阳展现在世人眼前；通过汉水女神的故事，引至白蛇许仙、梁祝爱情，再到牛郎织女的动人传说，水上交通工具的落后，并不能阻止人们对美好爱情的向往——汉江襄阳段历史上就曾像是一条银河，把相爱的人们分隔在南北两岸，并继而以穿天节的形式向世人表达一个浪漫有爱的襄阳。

汉江自然风光游。作为中国四大水系“江河淮汉”之一的汉江，兼有黄河之厚重、长江之险急与秀丽，一路奔腾欢唱，一路遍洒旖旎风光。此线路主要是讲解源头陕西省境秦岭南麓的三源地带（漾水为中源、沮水为北源、玉带河为南源）的山水生物等资源、险峻河道、山洪泛滥以及汉江治理、秀丽山峰、主要水利水电设施的修建以及系列影响、水上交通设施设备、大桥架设构想与实施、人工水库与通航河道的利用、沿岸的主要人文景点与故事、沿岸城市的特色与历史、历代名人之应景佳作甚至于汉江游轮旅游的发展情况。总之，其特色在于欣赏自然风光，兼带景点讲解，可以专注于摄影爱好群体、回归自然与修身养性群体，也可以向大众游客敞开。因此，一幅好的风景、一个好的拍摄角度、一个好的休闲环境、一贯的高质服务甚至一条好游船都很重要。

游乐汉江欢畅行。线路设计主要是凭借汉江沿线水体游乐项目，以满足乐水族需求。比如游泳训练基地、赛艇训练基地、穿天节等民俗表演节目、冲浪、滑水、水球、汽艇游乐、沙滩休闲、晒太阳、沙滩排球、自助饮食、垂钓乐园、鱼疗、江上喷泉、沙滩影视、举办各种水体赛事等。以追求娱乐、刺激、好玩为主，力求亲水、近水，主要市场是儿童、青壮年一族。

第二，三国文化旅游资源的开发利用。首先，存在粗放开发、特色不鲜明问题。襄阳市三国文化内涵深厚，一直是旅游业发展主题之一。然而，在襄阳市三国文化旅游开发中，有形的物质表现与无形的文化融合不足，文化内涵挖掘不够深，不能通过合适方式表现，使得景点创新不足，缺少特色，缺乏新意，重复建设，粗放发展，最终导致旅游吸引力降低，发展受限。

彰显人物而非智慧。毫无疑问，诸葛亮是三国时期著名的政治家、军事家以及文学家，为后人留下了诸多精神瑰宝，隆中对策、大小战役、前后出师表、诫子书等影响深远。正因如此，诸葛亮是中国的乃至世界的，而非襄阳的。襄阳的诸葛亮只是青年时期的诸葛亮，虽才华横溢、志向远大，也只是小有名气、苦无良主。然而，三顾茅庐才华展，隆中对策举世惊。龙卧隆中，襄阳才盛；智谋据优，人为载体。宣传诸葛亮、做足诸葛亮旅游无错，但重点更应该放在青年时期的诸葛之智，应该突出《隆中对》。

做足隆中旅游却忽略三国时期的隆中精神。三国故事多又多，隆中对策优上优。整个三国的前半部历史可以说是《隆中对》的现实版。正因如此，襄阳市三国遗迹虽多，但古隆中遗址则为重点，隆中旅游风景区是襄阳市旅游业头号招牌。做足做好隆中游，理所当然。然而，从襄阳古隆中旅游风景区建设情况来看，存在发展思路有些混乱，重点给力不够、特色大众不明的现象，这对于提升其竞争力是不利的。根源在于对三国历史文化内涵的把握不够，未能深刻领悟到隆中的独特文化，或不能坚持隆中文化，从而不能独树一帜、靠特色取胜。

隐士文化开发不够。在中国的传统文化之中，士农工商代表的是一种社会身份地位。士的地位是最高的，属于治国人才类。要想成为士，则需饱读诗书。由此，万般皆下品，唯有读书高。靠读书出人头地，于是乎成为富家子弟、穷家小子的头等大事。然而，考取功名只是第一个门槛，于治国距离很远。于是乎，有人欢喜有人忧，抑或是时喜时忧。隐，可调节心情，可表明心志，隐士文化大行其道。“小隐隐于野，大隐隐于市”，或许就是最经典的隐士文化。消极者避世，好求世外之地，吟风弄月，以退为进；积极者入世，披荆斩棘，奋力前行，彰显刚毅。他们只是人生态度不同，行为方式不同，价值观则是一致的。隐者，士也；士者，好隐也。朝野之士皆好隐。由此，隐士文化在中国千百年来是根深蒂固，是骨子文化之一。再回至襄阳、古隆中、诸葛亮，便会发现善“隐”是诸葛智慧之一，“隐士文化”则是隆中文化之一，“隐士之乡”则也可以冠之于襄阳市。反思当今中国，压力越来越大，节奏越来越快，短期行为越来越多，浮躁之风日盛，“隐”“隐士”“隐文化”就是一种新的市场需求，可以陶冶情操，帮助人们释放各种压力、宣泄各种不良情绪。襄阳市历史上从未做过帝都甚至较大区域的中心，即为不显，以“隐”为主题来做文章恰如其分。同时，襄阳市也有很多“隐”资源，为做好“隐”文章奠定了坚实的基础。

其他三国人物资源开发不够。表现在对诸葛亮、司马徽、黄承彦、徐庶、庞德公等开发的相对比较多，对庞统、刘备、关羽、刘表等关注得较少。可以刘表、诸葛亮为主角，开展“名人游，学名人，览名胜，宿名城”

的襄阳三国名士专线游，带动襄阳旅游市场。

其次，从对策来看，应紧抓襄阳三国文化之魂，提升三国文化旅游品质。三国文化旅游之核心即为三国文化。然而，三国文化并非襄阳所特有，凝练出襄阳三国文化之特色更显重要。

政治军事文化是三国文化核心。三国文化就是三国时期的代表性文化。整个三国时期就是魏、蜀、吴三国争得天下并失去天下的一个过程。在这个动荡时期，分析各国在政治、军事、经济乃至社会领域的诸多思想与典型做法以启示当代人，是三国文化研究价值所在。关键人物与重大事件研究则是主要抓手。三国历时并不长。置于历史长河中，三国文化研究重在政治军事领域，政治军事文化则是三国文化之核心。因此，其时的关键人物是帝王将相，最为重要的事件则是三国并立蓝图构想的提出和三大决定性战役。

“才聚襄阳、智在隆中”是襄阳三国文化之魂。帝王将相历代有，足迹更是遍天下。在襄阳的三国时期，涉及的名人志士很多，包括庞统、徐庶、司马徽、黄承彦等；重要事件也很多，包括马跃檀溪、司马荐诸葛、三顾茅庐、水淹七军等。然而，与襄阳密切相关的关键人物是蜀帝刘备和蜀相兼军师诸葛亮，最为重要的事件则是隆中对策，它提出了三国并立蓝图构想。认真思考后便会发现襄阳之刘备是茫然求智，诸葛亮则是所需，更胜一筹。三国时期，才聚襄阳、智在隆中，贤才智谋是襄阳三国文化之魂。另外，还有刘表。作为荆州牧治理荆州，井井有条、经济繁盛，引各地士子纷纷于此避乱，奠定了荆襄地区历史地位。

以“才”“智”等为主题，进一步提升三国文化旅游品质。“才聚襄阳、智在隆中”是襄阳市三国文化之魂，以此为主题来宣传古隆中正是发挥文化本土特色，是基于“特”和“土”的思路。

以“卧龙岗可以遍地，隆中对唯有隆中”来解决襄南之争带来的发展困境。三国史实如何，是史学家的事；襄南旅游则是两地政府与人民关注的焦点之一。“平添几分神秘，助推隆中旅游”，应该是襄阳市发展旅游业的正确态度。鉴于南阳的龙卧之地竞争，襄阳的隆中旅游更应突出隆中对策，正可以用“卧龙岗可以遍地，隆中对唯有隆中”来区别。

抓住龙头项目，宣扬隆中精神，做好三国旅游。以隆中文化产业园为龙头，统筹考虑并理顺襄阳市旅游与襄阳三国文化旅游关系，通盘策划，多序列、多形式地分期分批进行。比如可以开展人物序列、故事序列、文化序列、智慧序列等，形式上可以采取评书、专场讲座、人物故事工艺造型、连环小说、学术交流、相关竞技与赛事活动、影视表演等。

大力弘扬隐士精神，深度开发隐士文化资源。隐士文化的基本表象就是山水田园、闲情雅趣。可以在自然风光优美之地上歌舞曲赋、琴棋书画等休闲、养气、养身之项目，其建筑风格要别致，突出静、雅、精、细之特色，周边宜种花植草、养鱼观鸟，不宜张扬、不宜夸张，依山傍水，营造出一派天人合一之气象。

最后，以鹿门山风景区建设情况作为个案进行简要分析。目前襄阳市旅游是以三国文化、汉江文化、荆山文化、楚文化、帝乡汉文化、文化影视、工业旅游为主线展开，也基本形成了以襄城区为中心，主要由隆中、岘山、鹿门寺、习家池、春秋寨（南漳）、唐城等精品景区组成的空间布局。鉴于此，建议鹿门旅游的发展战略是构建襄阳市区“一江两翼”旅游发展格局（汉江、隆中与鹿门山）。

鹿门山旅游资源主要可以分为三国文化、唐文化、汉江文化、佛教文化、隐士文化等主题，对此有深远影响的历史人物主要是庞德公、孟浩然、皮日休三位，也被尊称为“鹿门三圣”，其共同特点是在此隐居，以农耕、采摘生活为主。

具体开发思路是：与周边景区互补，差异中求发展求特色。具体为：以“隐”为主题，文化为灵、山林为躯，突出山水之乐，建山水文化家园。具体项目可以有：①发展会议旅游，建会议展览中心、承办商务会议；②做休闲旅游主题，建浩然演艺多功能厅（艺术创作表演类：书法、美术、音乐）、浩然藏馆（玉石）、浩然养生馆（以疗为主：药、花、茶、鸟）、浩然讲坛（名家每日讲坛：文学艺术、科普工艺）、浩然论坛（学术沙龙：诗、词、对联）等；③建科普教育基地，将多功能厅滚动播放与露天教育结合；④建襄阳特色风情游，与台湾风情商业街对应地建特色街，招具有襄阳特色的商家入驻或投资具有襄阳特色的商业项目；⑤发展佛教旅游，以鹿门寺为中心，讲佛学、做佛事、悟佛理、养佛性；⑥可以适度考虑乡村旅游项目、农业旅游项目，主要是观光园（药、花、果）、花博园、鸟市等。

第三，开发荆山楚地旅游资源。荆山位于中国湖北省西部、武当山东南、汉江西岸。因周成王时熊绎受封此地、建立楚国而名扬。熊绎在位时期，发展生产，扩大疆土，乘柴车、穿破衣以开辟荆山，跋山涉水向周天子进贡。经过熊绎至熊渠数代君主的努力，使楚国疆域不断扩展，国力不断增强，由一个方圆仅有五十里的小国发展成泱泱大国。荆山是楚国的原始根据地，也是楚文化的发祥地。几千年来，虽然经历了无数风雨，楚之影响依然挥之不去，留下来的诸多遗迹，比如楚皇城遗址、春秋寨、抱璞岩、蛮河、沮河、漳河、九连墩、伍子胥故居、邓城遗址、白起渠等，也包括穿天节、端公舞、巫音调、苞茅缩酒、薅草锣鼓、漳河鱼灯、古法造纸、东巩高跷等楚风楚习。但是，出于各种原因，目前开发状态不是很好，主要开发了楚皇城和春秋寨景区，其他诸多景点就如星光点点，未能集中成片开发，影响力不够，楚文化专题旅游线路还不够条件。鉴于荆山目前在襄阳市旅游业中的地位，具体建议是结合乡村旅游项目进一步把楚文化传播开来，择机发展。

第四，帝乡汉文化资源的发掘。襄阳市富有影响力的汉文化旅游资源主要集中于枣阳市。枣阳市对于汉文化的打造给人的感觉也是大手笔，尤其以中国汉城为人瞩目。当然，作为两位汉帝之故乡，帝王文化有待进一步挖掘、演绎。根据历史文化主题旅游资源在襄阳市区域性布局的情况，建议各区域以其主要历史遗存为主来做旅游业，如此襄阳市旅游业才可能实现文化主题旅游景点的合理布局，从而走上互补共赢共存之整体发力局面。具体来说，枣阳市可以楚汉主题为主，襄阳市则以三国文化主题、汉江主题、影视文玩、工业旅游为主，宜城、南漳和保康则以楚文化和特色乡村旅游项目为主，老河口、谷城则可以重点发展汉江主题、茶文化旅游。

第五，汽车产业园区旅游项目化建设。襄阳高新区是1992年11月经国务院批准设立的国家级高新区。下设“一区四园”。其中，汽车工业园是以“服务东风、配套东风”为宗旨。2013年实现汽车产业产值989.75亿元，占全市规模以上汽车及零部件企业工业产值65.5%，占全市规模以上工业企业产值20.9%，居国内各大经济技术开发区汽车产业排名前十位，地级市行业第二位，汽车零部件产值规模位居国内地级市第一。已经形成了以汽车产业为支柱的经济体系，汽车工业举足轻重，以发展汽车工业为导向的政治、文化氛围逐步形成。因此，以车元素为主题，进一步在汽车产业园区建设甚至城市建设中融入车元素，让汽车从消费、产业层面逐步深入社会各个层面，逐步接受领会车文化并进行规划建设以美化都市环境成为可能。即以车文化去统筹经济建设、城市建设，以旅游业态思路去进行各级各类项目规划设计，以工业旅游、园区旅游、汽车旅游项目思维去进行区域建设。

第六，乡村旅游项目建设——以“农家乐”为例。工作压力大、生活节奏快、时间有保证、经济状况改善，人们希望能随时调节情绪、释放负能量，有返璞归真的无声诉求。农家乐产品以其身心贴近自然、充分体验农家生活、可以暂时忘我、升华自我的个性，以其便利、团圆、热闹的特点以及灵活有效的经营管理方式，对旅游客源市场具有强大的吸引力。也就是说，对于“农家乐”项目，一种很现实的、庞大的市场需求已经形成和客观存在，很真实。我们所要做的，就是抓住机遇，想办法满足这些需求。发展经济只能增加实力，强身健体，可谓财大气粗，是体量增宽。唯文化素养，才可自内而外平添气质，提升内涵、品位。目前市场上存在的大多乡村旅游项目，更多的是一些农家餐馆，农家风俗的简单复制。下文以“农家乐”项目为例来简要分析乡村旅游项目建设应该注意与思考的问题。

首先，简要认识“农家乐”。主要是两个方面的认识。一是要注意“乐”的主体、联系与区别。“乐”的主体可以有官乐与民乐、市民乐与农家乐之分，“乐”的本质（联系）是在生活与工作中以积极的方式去感受人生、体验人生。比如，学会感恩，因美的事物、善的举动而感动，充分享受生命的愉悦；追求快乐的生活、快乐的工作，在努力提高生活质量的同时，修身养性，提升品质、内涵，提高境界，升华人生。同时，不同主体之“乐”因工作性质、社会地位、财富拥有量等不同，具有不同的形式与内容。二是“农家乐”的本质就是农家之乐。“农家之乐”是指借助农人智慧，展示农家生活、农人品位与积极人生态度，给人“农”之印象。不可否认，当今农村的经济实力、基础设施建设与城市相比是相对较差，但是，“农”并非是原始、落后、简陋、粗鄙、短视、愚昧等的代名词。以中国为例，长期封建社会的经济关系就是地主与农民。要不就是地主剥削农民，要不就是农民起义、推翻统治。中国政治经济舞台上历次重要的改革与变新，几乎都与“农”分不开。近代农民更是在新中国成立与建设中起到了重要作用。中国农民一直就是中国政治舞台上的一支重要力量，历史上甚至有士农工商的排序。当今中国 13 亿人口，7 成就是农民。如果再倒推两代人，又有多少人敢说自己不是农民出身？藏智于民之“民”，很大程度上应该就是农民。

其次，明确农家乐生产要素，做好“农家乐”项目。现在的农家乐产品比较单一，经营是粗放式的，比较浮躁，以盈利为主，属于短、平、快项目。即短期之内可见明显效益，长期来看则很难发展，反会受制于此。发展农家乐项目的基本思路应该是：根据市场需求特点，以“乐”为主线、为主题，做精品农家乐；借助农家乐精品项目，演绎农家风俗风貌，展示农人智慧，传播“农”文化。具体做法是：根据基本思路，明确项目生产要素并组合生产要素。

“农家乐”之主要生产要素可以是：生存环境（山、水、田、天），依山傍水、田园风光、空气清新；交通不便、基础设施；生存方式与具体业态（农作、农林牧副渔）；工作习惯（日出而作，日落而息）；农具与生活用具（农机具、锅碗瓢盆）；饮食起居（粗茶淡饭、山珍野味、山野小吃、五谷杂粮、布衣粗食）、农舍（院落、树木、宠物、房屋结构、门窗陈设）；乡风乡俗（节庆庆典、红白喜事、婚丧嫁娶、日常待人接物）；农闲时光（农人差别之所在，比如琴棋书画、剪纸皮影、亲情游戏、诗词歌赋、品茶听曲）；农民（纯朴、踏实、厚道、精明、勤劳、向上，有文化、有理想、有意志）等。具体确定为要素的原则是“一切具有独特气质的皆可入景”。以此为基础，要对生产要素进行组合，组合方式可以灵活多变。具体组合要注意的事项主要是：主角是农民（企业）；背景是农家生产生活环境；活动场所以农舍和田间地头为主；项目载体可以是劳作与休闲、衣食住行；重要时点为来客、节庆、红白喜事；组合原则是借农村（农家）之景，带点山水之灵气，沾点大师之仙气，养圣贤之贤气，融入农家之智，让游客在做农人、吃农饭、行农路、干农事、住农舍、购农特、享农乐的过程中传播农家优秀、独特文化。农家乐的代表性项目有种花、植草、摘果等农田作业项目，打猎、爬山、攀岩、探险等林地作业项目，放羊、骑马、摔跤等牧业项目，养鱼、垂钓、荷塘等渔业项目，赛歌、嬉戏、读书、剪纸、舞蹈、书法、评戏、说书等副业项目。

最后，“农家乐”要以文化为支撑，做主题、形成特色。可以结合襄阳市城市背景与旅游项目主流趋势来思考。比如以三国文化旅游、汉水文化、荆山文化、楚文化为背景，建世外桃源、人间仙境，以“隐”为题，借“农”之身份，显“士”之品位；或以休闲为题，做生态、文化、绿色、休闲项目，隐露山水之间、怡然自得之情致。

（2）旅行社线路设计。当今社会，旅游资源开发得再好，若仅凭一己之力来开拓市场，恐怕难以成功。所谓的“好酒也怕巷子深”。搞旅游资源开发就好比是去酿造一坛坛美酒，佳酿也需借力走向市场，除非自销或直销。若如此，市场覆盖率和市场占有率应该很难提高，继而会影响产业链上的企业利润和发展前景。因此，好酒美景皆要走上营销之路。

传统营销理论之中的 4P 组合策略，依次是产品（Product）、价格（Price）、渠道（Place）、促销（Promotion）。搞好旅游资源开发只是做好了第一个 P（产品）。欲把产品推向市场，尚需进一步对产品定价、开拓销售渠道以及搞促销活动。定价并非易事。定价过高会导致消费不足与人气不旺，很难形成有利的市场形势，市场接纳度不高直接导致失败；定价过低是很容易打开市场局面，但是它往往伴随高的渠道成本和促销费用，最终会在利润上存在问题。不过对旅游这种奢侈品类商品，适合它的营销策略却是薄利多销。因此，从利润的角度来讲，低价格能够做得更好就采用低价。只是低价也给人一种产品或服务不到位的现象，比如近几年出现的零团购现象，游览过程中出了问题竟然是投诉的尴尬。销售渠道对于旅游景区景点来说非常重要，一般倾向于直销或中介销售相结合的方式，这就出现了旅游业的联动问题，并且是基于卖方的角度产生了对旅行社宣传并组合打包产品的服务需求。从消费者的角度来看，旅行社的诞生为其旅行提供了便利，因而也有消费需求。正因如此，供给市场和消费市场都呼唤旅行社的服务，旅行社就顺应诞生并双向满足市场需求，甚至基于业务拓展的需要还产生了不同级别的渠道商，渠道越长、渠道成本费用越高。最后就是各级各类媒体的宣传促销攻势了。

襄阳市域各个景区景点，也离不开旅行社的组合打包宣传促销等服务。但是旅行社并不具有景区景点盈利的责任，其承担的盈利责任是对自己的。因此，旅行社在对已开发出来的旅游资源进行组合打包时，会考虑各种情况，比如资源本身的吸引力大小、与景区景点的合作关系、景点的价格、市场的差异与偏好、区域旅游资源整体分布与开发情况、景区景点的可进入性、政策导向、所产生的各类费用等。根据襄阳市目前情况，可以开展的精品线路主要是：襄阳市区一日游、三国文化专线游、汉江主题游乐、荆楚文化城乡游、大汉文化专线游、影视文玩主题游等。具体建议见表 7-6。

**表 7-6　襄阳市可以开展的特色精品线路**

| 精品线路 | 具体路线建议 |
| --- | --- |
| 襄阳市区一日游 | 隆中—广德寺—黄家湾—中华紫薇园—夫人城—襄阳古城—汉江码头—荆州古治—岘山—唐城—鹿门山—鱼梁洲—汽车文化产业园—邓城遗址—二桥——桥—汉江风光散团。 |
| 三国文化专线游二日游 | 鹿门山—唐城—岘山—襄阳古城——黄家湾—广德寺—隆中—水镜庄—春秋寨—中华紫薇园—万山散团。 |
| 汉江主题游乐二日游 | 隆中—岘山—唐城—鹿门山—鱼梁洲—汉江一桥—襄阳古城—汉江二桥—老龙堤—万山—月亮湾公园—王甫洲电站—梨花湖散团后去武当山。 |
| 荆楚文化城乡游二日游 | 襄阳或枣阳组团—襄阳古城—广德寺—古隆中—水镜庄—春秋寨—香水河—五道峡—野花谷—水镜湖—蛮河—徐庶庙—中华紫薇园—岘山—唐城—宜城楚皇城散团后游客可以南下。 |
| 大汉文化专线一日游 | 古隆中—襄阳古城—荆州古治—习家池—鹿门山—中国汉城—白水寺—刘秀故里—枣阳市散团。 |
| 影视文玩主题三日游 | 襄城襄阳公园集合—荆州古治—南湖广场—唐城影视基地—习家池—鹿门山—中国汉城—白水寺—刘秀故里—樊城卉丰源—栖溪小镇—诸葛亮广场—沃尔玛—米公祠—卧龙古镇—隆中—黄家湾—中华紫薇园—张公祠森林公园—烈士塔—襄阳古城—襄城鼓楼结束行程。 |

（3）配套建设体系——旅游产业链条的运转。襄阳市在对旅游资源开发与利用的过程中，除了开发深度不够、旅游产品整体仍显单一以外，还存在系列配套建设问题。首先，对资源开发存在整体合理性问题，未能统筹开发、统一管理，景点建设有趋同态势，未能形成独特风格，各个人文景点较分散，未能有效贯穿起来，难以满足旅游者多样化的需求。其次，整体营销不足，大小景点知名度低、市场狭窄，旅游氛围不够浓厚。以三国文化旅游为例，整个三国时期在中国的历史长河中是一朵璀璨的浪花，三国演义和民间传说中的刘关张兄弟情、诸葛之智忠、关羽的武圣与财神爷等的影响，让三国故事在中国家喻户晓，远播国外。但遗憾的是，襄阳三国文化却是真正知者不多。在此基础上，衍生的三国文化主题旅游发展也受到影响，大小景点知名度不高。这与宣传力度不足、宣传渠道比较狭窄、宣传方式方法较为片面、整体营销不够等是相关的。再次，旅游产业链上企业之间的联系还不够紧密，注重游，吃、住、行、购有待加强。旅游接待服务水平有待提升，导游员的人文素养需要进一步加强；基础设施建设及配套建设不到位，缺乏大型的有吸引力的配套接待设施，高端商务会务旅游市场深度开发不够；区域内旅游服务功能体系不健全，大多是形似而神不备，结果就是各搭各台，各自唱戏；小打小闹，不成规模。最后，缺乏政策指引，缺乏雄厚资金实力去整合或许是根本原因。有鉴于此，必须加强配套产业体系建设，即为旅游业的关联带动问题。

3. 襄阳市旅游业关联带动体系——辐射带动模型

人们之所以旅游是因为有强吸引力的事物。这些旅游吸引物可以存在于诸多有亮点的行业与区域之中。也就是说，凡是具有一定吸引力且可以促使人们因之而发生空间上的移动来专门欣赏或学习的事物皆可以作为旅游吸引物。如此，各行各业各区域皆有成长为旅游目的地的可能，现实中则是那些已经具有一定吸引力的会被开发成景区或景点。以襄阳市为例，目前发展比较好的产业主要是酒店、地产、交通、文化娱乐、汽车制造等。其中，在上文中已经把汽车制造产业作为重要的旅游资源进行了分析，此处不再就此展开。酒店、地产、交通、文化娱乐四个产业解决的是吃、住、行、娱，与旅游业高度相关，尤其是酒店业甚至被视为旅游业的三大标志性产业之一；关于酒店经营与管理的研究、培训与教育已经非常深入，从中职到普通高校基本都有酒店管理相关课程开设，甚至就是一个专业；关于酒店经营与管理的实践也应该是自古皆有，现当代经营更为丰富、管理日趋成熟；襄阳市目前的各大酒店也已经与当地高校或中职建立了业务合作关系，理论与实践结合的需求日益显著。以下重点对地产、交通、文化娱乐等产业与旅游业结合发展的情况做个简单分析。

（1）襄阳市房地产业旅游业态化发展。房地产项目可以简单分为住宅型房地产和商业地产项目。无论是哪一种类型的房地产开发项目，皆有一个共同的评价标准，即基建到位、外观美、环境美，这就为房地产项目旅游业态化方向发展提供了条件。

1）住宅型房地产项目——繁星点点。从住宅型房地产项目来看，把项目所在小区塑造为区域一景是促进房产消费的重要措施，也是亮化、美化城市的重要一环。诸多同类房地产项目成为当地民生建设和城市建设典范，高端住宅小区更是这些项目中的精品，远观有气质、近看有山水花园，小汽车静静行驶、人于其中穿梭，动静结合、自得其乐、和谐无比，从而为城市增色添美，让城市于细微处平添动人姿色。

2）商业地产项目——城市明珠。商业地产项目与旅游业的联系又更为密切，它可以简要分为城市商业中心或商用办公楼地产项目、酒店地产项目以及景区景点地产项目三大类。

首先，从城市商用楼地产项目来看，中国地产界最为知名的商业地产商是潘石屹和张欣夫妇为大股东的SOHO中国有限公司以及王健林所在的万达地产。这些商业地产商往往会把项目落在城市商业中心或未来的中心。以襄阳市为例，非常典型的就有长虹北路的万达地产项目以及长虹中路由闽发集团开发的商业地产项目，并且都已经成功招商。相对来讲，闽发集团开发的地产项目目前要更为成功，它引入了沃尔玛、武商等大型集团性零售企业入驻，也引入了麦当劳、肯德基等全球一线快餐品牌，还有诸多的国内品牌餐饮企业、娱乐项目。诸多企业在竞争或合作中集群发展的结果就是形成了有力吸引，人气旺、商业旺、地产不断增值、项目越来越紧俏，地段越来越繁华，带动了周边地区发展，达到了项目、地段与城市同进步、同发展的共赢之境。因此，一个成功开发的商用楼项目本身就是一个以购、娱、吃为终端的旅游吸引物。

其次，再看酒店房地产项目。酒店业的发展离不开房产、地产。因此，房地产项目开发就成为酒店业依存之基础。当代酒店业竞争过于激烈，毛利率大多在10%左右，生存压力极大。除了个别极有实力的酒店集团会利用集团房地产投资酒店业以外，大部分酒店甚至是酒店集团的很多旗下子公司所用的房产和地产皆是租借的。鉴于酒店业投资回收期大多在3~4年，所以酒店房地产租借合同期一般为8~10年，若经营得好再续签。以国内目前酒店业的龙头企业——锦江股份来讲，它也经历了内部的几次资产重组，目前主业是以经营经济型酒店为主，主打品牌是锦江之星。根据2014年锦江股份的年报信息，锦江股份的业务已经覆盖国内重要的大中型城市，国际化进程也已迈开了重要一步——在韩国拥有了第一家加盟店。如此迅猛有力的发展，很大程度上是在借力发展：很难想象全国各地的锦江之星所占用的房产和地产的所有权皆属于锦江集团，当然不排除少量直营项目，且大多直营项目分布在上海本地。锦江股份在多年发展中积累的非常重要的两个发展途径就是接受加盟和代管项目。再看襄阳市的酒店业情况：基本是高中低端酒店皆有，酒店数量整体呈塔基更宽的金字塔形分布；各大酒店皆在努力做品牌，在全国富有影响力的酒店集团有入驻；本土酒店生存压力极大，绝大部分本地酒店也就成了金字塔的塔基。若把这些酒店与旅游业关联起来，作为产业链条上的一个环节，除了满足基本的住宿接待，其他的酒店功能较弱，比如吃、娱乐、会议接待等；若把酒店作为一个有吸引力的旅游资源，襄阳市的各大酒店或许还有很大差距，即休闲度假类旅游地产项目发展状况滞后。

最后，景区景点房产与地产项目。作为一个景区或景点，尤其是以自然风光取胜的景区景点项目，一般占地皆比较大。若是这些地产也能阶段化的商业运作，其增值效应应该较大。目前，这些土地皆属国有，土地开发权、流转权和经营权皆有相关规定。景区在开发管理过程中，适当性地搞些基建项目、建一些与景区格调主题一致的房产或休闲等项目，应该是在政策允许范围内。正因如此，一个海滨休闲度假区，可以适量开发商业地产项目，用以盘活、经营休闲度假项目；一个风景名胜区可以适当修建度假疗养别墅或大型会议中心，以真正有效利用资源。具体来看襄阳市，受经济发展水平限制，目前在景区景点房地产项目与休闲度假类项目方面开发力度不够，影响也比较小，可以初步满足游客游乐需要，被动开发成分居多。

（2）襄阳市交通运输业与旅游业的结合发展。交通运输业起初只是为了满足人们出行的方便。随着科技水平的提高，人们对此产业链条上的各类企业产品的要求越来越高。从交通工具来看，有水路、陆路和空运等几种方式，每一种交通运输方式也都有各自的特点与发展演变，时至今日，已经基本形成了各类工具科技先进、美观实用、价格合理、交叉互补的格局；再从基础设施配套建设情况来看，路桥坝站等也已经基本形成现代化的立体交通网络，并正在进一步改善，它们已经成为现当代生活的一部分。这些交通工具和设施设备以及相关生产制造与施工安装企业不再只是为生产生活服务的工具，更是一种极度富有吸引力的旅游资源，应该实施与旅游业配套发展的战略。

从襄阳市的情况来看，自古即为交通要塞，是兵家必争之战略要地，素有“南船北马、七省通衢”之称，为南北通商和文化交流的通道。当代的襄阳，更是水陆空全方位发展，尤其是公路交通非常便捷，国道、省道穿境而过，高速、动车便捷高效，形成了独具特色的交通网络。具体来说，市区南面是襄城老城区且城南环山，西面是隆中国家级风景名胜旅游区，“北拓、南优、西控、东进”的市区城市发展方针应该得到支持。据此，“五城环洲、多中心发展”的格局是城市发展的目标，未来十年市区城市发展的方向是优化襄城、提升樊城、保护鱼梁洲、整合油坊岗、开拓东津、培育余家湖。在目前已经得到大力开发的“二城一洲”（襄城、樊城、鱼梁洲）中，已经基本形成了以主要大桥大道为轴心，与“二城一洲”相互联结的“四纵”格局，即为云锦大道、长虹大道、护城大道（原环城东路）、丹绿大道（丹江路—绿洲大道）。具体“两城一洲”各自内部交通道路布局见表 7-7。

表 7-7　襄阳市“两城一洲”各自内部交通道路布局

| 所在区域 | 道路系统总览概括 | 具体情况 |
|---|---|---|
| 樊城区 | 三纵七横 | 三纵为：云锦大道北、中段；长虹大道北、中段；丹绿大道北段（注：缺失护城大道北段，故为“三纵”）。<br>七横为：邓城大道（西、中、东段）；七里河大道（西、中、东段）；春园大道（西、中、东段）；人民—前进大道；建设—大庆—航空大道；解放—旭东大道；沿江大道（西、中、东段）。 |
| 襄城区 | 四纵三横 | 四纵为：云锦大道南段；长虹大道南段；护城大道（原环城东路）；环城东路。<br>三横为：襄江大道；檀溪—庞公大道；环山—过江大道。 |
| 鱼梁洲 | 一纵一横 | 一纵是绿洲大道；一横是明珠大道。 |

如上所述，襄阳市的公路交通很有特色。古有护城河，今有立体网络，既是襄阳市旅游业发展的重要配套支撑，也是重要的旅游资源，应该进一步提炼并开发、宣传、利用。

（3）襄阳市文化娱乐产业与旅游业的结合发展。旅游业发展至今，出现了很多问题，诸如重复建设缺特色、粗制滥造缺精品、服务不周缺内涵等各种难以持续现象。究其根源，在于文化的缺失。文化是旅游的灵魂，是旅游业的灵魂。大众旅游时代的旅游业粗放发展期已经成为过去，精品旅游时代成为游客和旅游业界的呼声。把本土特色文化融于旅游项目、旅游服务之中，在使其富有乡土特色和亮点的同时，也促使旅游业向纵深发展以得到质的改变或提升。

襄阳市建城有 2800 年的历史，积累了丰厚悠久的文化。它表现在多个层面，政治、经济、军事、环境、建筑或工程、人文等，以有形或无形的遗产方式存在，也几乎是无所不在、无处不有的。在对这些文化遗产开发的时候，尤其要关注精神与思想意识的传承，进行多途径多层次的宣传与利用。对于那些不具有明显文化遗产特征的资源或项目，也应该尽量引导其与襄阳市旅游业发展的主旨一致、与襄阳市域主流文化合拍。具体来说，可以襄阳市近两年提出的“千古帝乡、智慧襄阳”“襄阳慢生活”的品牌为主线来规划设计旅游项目，并最终把市域绝大部分景区景点贯穿，形成有宽度、有丰度、有深度、有高度、有一定覆盖度的旅游大项目，做足襄阳市的三大“国”字招牌（国家级历史文化名城、中国优秀旅游城市、中国魅力城市），为最终开展襄阳市全域旅游做铺垫。

### （三）襄阳市旅游综合产出能力——提升产出力简要思路

综合上文，襄阳市旅游综合产出能力提升的主要思路是：以传统旅游业、旅游链条企业的发展为主线，融入重要关联产业与企业，力求同步发展，实现联动产出。

1. 提升传统旅游产业、企业的产出能力思路

传统旅游产业链条上的企业主要是指景区、旅行社和酒店三类。结合襄阳市具体情况，在景区建设与发展方面，可以引进有实力的战略投资者或尝试实施混合所有制改革，以壮大景区实力、激发景区活力，可以根据襄阳市发展战略以及旅游业发展思路来调整景区发展方向与思路，做到与襄阳市经济同步发展、与襄阳市旅游业协同发展，可以加强与外界同业联系以融入更高一级的发展战略之中，要注意加强景区自身建设与管理，提质提服务；在旅行社发展与壮大方面，根据襄阳市旅行社业大多民营且规模小、分布散的特点，可以组团结盟发展，实施整体联动进步，比如对旅游产品与线路进行整合、对销售渠道进行整合、对宣传促销进行整合、对旅游商品价格进行统一管理、对旅游从业人员进行统一调度等，以避免进入恶性竞争循环之中；在酒店业的发展方面，鉴于其体量相对较大、以品牌特色取胜、大多民营的特点以及当前酒店业发展的整体不利环境，建议本土酒店走委托管理、加盟连锁之路，或者实施同业兼并以做大，或者努力降低经营与管理成本，或者调整发展方向以提供中低端产品来满足大众之需。

2. 重要关联产业、企业的产出能力提升思考

重要关联产业主要是指上文重点分析的房地产业、交通运输业以及文化娱乐产业。

先来分析房地产业。相对于前些年的房地产热，近几年的房地产可谓降温不少，有些专家学者甚至预测房价会下降。作为中国当前经济的主要晴雨表，房地产业不振，意味着整体经济的下滑态势。拯救房地产，让其再度成

为中国经济的主力军？当前市场上的房源够几年消化，有些城市甚至成为鬼城、空城，无人入住，是供给过剩，按照市场价格形成理论，房价未来几年应该会成跌势，拯救很难。同时，房地产经济作为一种典型的消费经济，它需要实业支撑而不是一业独大的畸形发展。全球很多国家与地区都经历了房地产泡沫经济时代，比如日本，在房地产业最膨胀的时代，东京 23 个区的地价总和甚至达到了可以购买美国全部国土的水平，银行以不断升值的土地作为担保向债务人发放大量贷款。同时，地价上升使得土地所有者的账面财产价值增加，刺激了消费欲望，从而导致了国内消费需求增长，进一步刺激了经济发展。但是随着 20 世纪 90 年代初房地产泡沫的破裂，日本经济出现大倒退，此后进入了大萧条时期。因此，不救房地产、挤出泡泡，引导其良性发展而不是畸形成长，曾经一度呼声很高。暂且不论房地产对经济的贡献以及要不要拯救的问题，国内很多城市房价上涨乏力甚至停滞不前、略有下降，房地产业发展前景不再被高度看好，投资房地产风险很高、需要慎重，房地产业也需要思考其出路问题：坚持走房地产老路？还是多元化经营？或者退出转为他业？作为一个相对市场化较高的行业，房地产业市场竞争的最终结果可能是：龙头或有实力的房地产企业会继续坚持，房地产界的后来者、实力较弱者可能会退出转向其他行业，那些很有实力的房地产企业更多的倾向是多元化经营以分散风险、为未来发展做多手准备。作出此种判断的主要依据是：适者生存，优胜劣汰。以襄阳市房地产业的发展情况来看，情况大同小异，房地产业的发展受政策、形势的影响很大，土地和资金的获得不再那么容易，房地产企业有前景之忧。鉴于本土房地产企业实力的相对弱小，建议适时转型投资酒店业、景区建设或投入新农村建设的大军之中。

再看交通运输业。要想富，先修路。交通运输业对国民经济和老百姓生产生活的作用是不言而喻的，正因如此，发展交通运输业历来备受重视。旅游业不仅和国民经济景气程度紧密相关，也离不开交通运输业的大力支撑，以解决行和游的问题。襄阳市这些年来在公路、铁路、水路和航空建设等方面投入较大，所形成的交通网络对于解决襄阳市运力不足和老百姓出行问题带来了极大的方便。进一步的建议是乡村公路和景区景点内外交通问题以及交通管制问题，有效扩容并增强有序流动，以促进乡村旅游的发展和旅行的流畅。

最后是文化娱乐产业。于旅游业而言，文化产业的价值在于提品，娱乐产业的价值在于休闲。当今社会集体比较浮躁，以文化人来回归道德与精神的制高点、以娱求乐以回归人类追求幸福、快乐、轻松、自由、和谐的本性等具有现实意义。襄阳市文化娱乐产业近些年来产出能力有大幅提升，但很显然仍然跟不上民众之需。建议加强与旅游业的紧密结合，力促文化娱乐产业旅游业态化，把襄阳市核心文化搬上荧屏、舞台、讲台、竞猜、赛场、论坛，搬到景点景区、广场公园、商场、公交站等公共场所，以贴近民众、大众参与的方式显现出来。

如此，旅游支柱产业伸手可得，强化旅游支柱产业更是价值可期。在当今国强民富的大背景下，旅游业发展前景看好，政府倡导主力抓，国企民营一起办，金融不再是瓶颈，房产热后旅游替。襄阳市应该顺应经济发展大势、旅游业红火形势，继续支持旅游业发展、引导重要关联产业旅游业态化，逐步实现襄阳市全域全产业旅游业态化发展。

## 三、襄阳市全域旅游发展具体思路

根据2016年12月第十三次党代会信息，襄阳市将按照城乡建设景区化、旅游发展全域化方向，打造文化旅游发展板块，建成中部地区重要旅游集散地和旅游目的地。目前，襄阳市已基本形成襄城“一城三线四大旅游区”、南漳“山水文化走廊”、保康“六大工程”、谷城“生态山水”、枣阳“一城两花”和老河口“百里生态丹渠”等精品景区，已形成三国文化旅游、荆山生态旅游、节庆会展旅游、乡村旅游等特色产品。加快发展汉江游轮、自驾车房车、旅游小镇等旅游新业态，加大招商建设力度，是当前工作目标。截至2017年5月，襄阳市新签华侨城项目、卧龙古镇项目和栖溪小镇等重大项目，它们将与唐城、汉城、卉丰源花鸟古玩博览中心一起引领襄阳市文化旅游发展。更加科学布局谋划全域旅游以促进旅游业发展，迫在眉睫。

具体来讲，除了继续强化襄阳市旅游业新支柱产业地位并遵循全域旅游共性原则和思路以外，襄阳市发展全域旅游还可以考虑以下具体建议：

### （一）以点带面，重点突出

发展全域旅游，不是否定景区景点价值，而是对景区景点价值的肯定与泛化。即以现有景区景点为基础，新建一批景区景点、特色项目，再把所有景区景点和项目串联成片甚至扩至全域、覆盖辖区所有范围，形成全员参与、全部门联动、全域亮化、城乡美化、经济发展、社会和谐的目标。以襄阳市为例，建议是以古隆中、襄阳古城、汉江、唐城、汉城、米公祠、荆州古治、湖北文理学院、春秋寨等为基本点，以卉丰源花鸟古玩博览中心、栖溪小镇、卧龙古镇、华侨城、习家池、绿影壁、鹿门山、汽车城、黄家湾等新建或待建的项目为重要节点，以中华紫薇园、襄阳公园、临汉门公园、南湖广场、人民广场、沃尔玛商圈、鼓楼商圈、岘山绿道、诸葛亮广场、月亮湾公园、岘山文化广场、长门遗址公园、张公祠森林公园等公共服务设施为拓展节点，以九路寨、五道峡、水镜庄、徐庶庙、白竹园寺、南河小三峡、薤山、楚皇城遗址、邓城遗址以及诸多乡村旅游项目为组织末端节点，以各级各类互联交通线路为大小基线，来构建襄阳市旅游资源网络，形成旅游节点带动、交通串联、推及至少全业态、全员和全时空域的四维立体旅游发展思路。

### （二）重大项目引领主题旅游发展

具有襄阳市全域价值的重大项目主要是：第一产业以有机谷、鹿门山、七里山、薤山、玫瑰花、桃花、紫薇花、薰衣草、梨花、茶叶种植与观赏、南河小三峡、汉江等为代表；第二产业以汽车、蓄电池生产、航空航天、智能制造与高端装备、云谷等为代表；第三产业以古隆中、唐城、汉城、卉丰源花鸟古玩博览中心、栖溪小镇、卧龙古镇、华侨城、沃尔玛商圈、鼓楼商圈、人民广场商圈、湖北文理学院等为代表，皆可作为旅游主题来发展旅游业。结合前文分析以及当前成形旅游主题，可以重大项目作为引领来强化、丰富主题旅游（见表7-8）。

**表 7-8　以重大项目来引领、强化、丰富主题旅游**

| 旅游主题 | 重大项目 | 建议线路 |
| --- | --- | --- |
| 研学游 | 湖北文理学院 | 诸葛亮广场集合—卉丰源花鸟古玩博览中心—湖北文理学院—古隆中—黄家湾—中华紫薇园—张公祠森林公园—烈士塔—古城墙—博物馆—荆州古治—习家池—唐城—市规划展览馆—鹿门山—米公祠—汉江一桥—船游汉江。 |
| 工业游 | 汽车产业园区 | 襄阳火车站集合—襄阳汽车工业园—谷城骆驼蓄电池—谷城石花酒业—尧治河楚翁泉酒业—南漳县珍珠液酒厂—襄阳汽车职业技术学院—鼓楼散团。 |
| 影视游 | 唐城 | 襄阳南湖广场集合—唐城影视基地—习家池—鱼梁洲—中国汉城—白竹园寺—襄阳火车站散团。 |
| 三国文化旅游 | 古隆中 | 古隆中—卧龙古镇—黄家湾—马跃檀溪—襄阳古城—荆州古治—水镜庄—湖北古隆中演义酒业有限公司。 |
| 古代军事游 | 襄阳古城墙 | 襄城鼓楼集合—襄阳古城墙—荆州古治—烈士塔—张公祠森林公园—水镜庄—春秋寨—襄阳汽车站散团。 |
| 农业旅游 | 中国有机谷 | 市区集合—南漳印象老家乡村游—保康尧治河村—谷城茶文化旅游—尹集乡村游—市区散团。 |
| 茶文化二日游 | 汉家刘氏茶 | 市区集合—玉皇剑茶叶基地—汉家刘氏茶叶基地—保康有机茶叶基地—南漳茶叶基地—隆中茶场—隆中—鼓楼散团。 |
| 花卉旅游 | 卉丰源花鸟古玩博览中心 | 诸葛亮广场集合—卉丰源花鸟古玩博览中心—中华紫薇园—尹集赏花—老河口赏花—襄城散团；襄城集合—中华紫薇园—卉丰源花鸟古玩博览中心—枣阳桃花或玫瑰花—樊城散团。 |
| 旅游综合体游 | 卧龙古镇 | 诸葛亮广场集合—卉丰源花鸟古玩博览中心—栖溪小镇—卧龙古镇—古隆中—唐城—习家池—华侨城—鱼梁洲—米公祠—襄阳公园散团。 |
| 亲子娱乐游 | 华侨城 | 襄阳公园集合—唐城影视基地—习家池—华侨城—鱼梁洲—米公祠—卉丰源花鸟古玩博览中心—栖溪小镇—卧龙古镇—古隆中—湖北文理学院—黄家湾—中华紫薇园—烈士塔—襄阳古城墙—市区散团。 |
| 汉文化游 | 中国汉城 | 南湖广场集合—岘山文化广场—唐城—习家池—襄阳古城—中国汉城—襄阳火车站散团。 |
| 楚文化游 | 楚皇城遗址 | 襄阳市区集合—襄阳古城—唐城—习家池—楚皇城遗址—鹿门山—中国汉城—楚人谷—九连墩—卉丰源花鸟古玩博览中心—春秋寨—水镜庄—中华紫薇园—岘山—市区散团。 |
| 襄阳市区游 | 襄阳古城 | 南湖广场集合—唐城—习家池—岘山文化广场—襄阳古城—荆州古治—汉江—米公祠—卉丰源花鸟古玩博览中心—古隆中—卧龙古镇—黄家湾—市区散团。 |

续表

| 旅游主题 | 重大项目 | 建议线路 |
| --- | --- | --- |
| 襄阳购物游 | 沃尔玛商圈 | 襄城集合—鼓楼商圈—人民广场商圈—沃尔玛商圈—万达商圈—卉丰源花鸟古玩博览中心商圈—古襄阳商都商圈—襄城二桥头散团。 |
| 枣阳游 | 中国汉城 | 襄阳市区集合—中国汉城—白水寺—熊河—玫瑰海—樊城火车站散团。 |
| 汉江风光游 | 鱼梁洲 | 襄城鼓楼集合—隆中—岘山—唐城—习家池—鹿门山—鱼梁洲—汉江一桥—襄阳古城—汉江二桥—老龙堤—万山—月亮湾公园—王甫洲电站—梨花湖散团。 |
| 南漳游 | 水镜庄 | 襄阳市区集合—水镜庄—蛮河—水镜湖—香水河瀑布—春秋寨—中华紫薇园（古隆中）—襄阳古城—汉江风景—鼓楼散团。 |
| 谷城游 | 南河小三峡 | 襄阳市区集合—南河小三峡—薤山—承恩寺—卉丰源花鸟古玩市场商圈—沃尔玛商圈—人民广场散团。 |
| 保康游 | 五道峡 | 襄阳市区集合—五道峡—野花谷—温泉—九路寨—中华紫薇园（古隆中）—襄阳古城—汉江风景—鼓楼散团。 |
| 襄城游 | 襄阳古城 | 襄城鼓楼集合—襄阳古城—汉江风光—襄阳公园—唐城—习家池—岘山文化广场—古隆中—卧龙古镇—黄家湾—中华紫薇园—张公祠森林公园—烈士塔—襄城二桥头散团。 |
| 樊城游 | 米公祠 | 人民广场集合—汉江一桥—米公祠—汉江风景—二桥—沃尔玛商圈—诸葛亮广场—栖溪小镇—卉丰源花鸟古玩博览中心—新五中—高新区—万达商业圈—火车站商圈并散团。 |

### （三）文化引领旅游提质

文化是区域社会、经济发展之根本，也是其灵魂。以区域文化来引领旅游业发展，既可以促进文化事业的推广普及、文化产业的繁荣与发展，又能促使旅游业提质，给游客的游、学提供更好的服务，从而达到文旅相促相长。以文化旅游为例，这些年襄阳市的文化产业发展并不是很好，直到唐城影视基地的出现，促进了很多就业。评价唐城影视基地是襄阳市影视产业和文化产业大发展的主要推动力，应该不为过。以此为基础，中国汉城、包括卉丰源花鸟古玩博览中心在内的樊西新区八大商区建设，刚签约不久的华侨城项目、栖溪小镇、卧龙古镇项目，以及新建的诸多公园广场项目，皆可以作为引领旅游业发展提质的原动力。如此，一批富含地域特色与历史积淀的重大文化项目，因为能够显化地域文化与历史，即可被旅游业推荐给游客，让游客、社会大众广泛认知，从而得以传播、继承与发展壮大。

### （四）精品景区线路不放松

主要是既有精品线路的保留与做强问题。先把既有精品与线路做个梳理，见表 7-9。

表 7-9　襄阳市既有精品景点与线路

<table>
<tr><th>既有精品景点</th><th>既有精品一日游线路</th></tr>
<tr><td rowspan="2">古隆中、襄阳古城墙、米公祠、唐城、习家池、鱼梁洲、襄阳公园、中国汉城、春秋寨、五道峡、尧治河、水镜庄、薤山、南河小三峡、枣阳玫瑰花海、春季乡郊赏花</td><td>市区：①襄阳—古隆中—黄家湾；②襄阳王府—襄阳古城—博物馆；③襄阳南湖广场—唐城—习家池—岘山文化广场；④襄阳市区—鱼梁洲—襄阳公园；⑤人民广场—米公祠—汉江；⑥鼓楼—沃尔玛—人民广场；⑦襄阳市区—中华紫薇园。</td></tr>
<tr><td>市县：①襄阳—春秋寨；②襄阳—玫瑰花海（桃花）；③襄阳—五道峡；④襄阳—香水河；⑤襄阳—尧治河；⑥襄阳—九路寨；⑦襄阳—中国汉城—白水寺；⑧襄阳市区—鹿门山。</td></tr>
</table>

做强精品线路，主要是在做优精品的同时，加强精品线路的推出频次与组合，并通过旅游业的再发展甚至全域化来争取更多游客或停留时间，以延长旅游线路、增加更多频次。

### （五）城乡建设景区化

城乡建设主要可划分为七大块：城市小区美化、乡区集镇建设规划化、新待建项目景区化、交通道路景观化、河流清澈无污化、农村面貌整洁化和农业田园综合体化。通过城乡全面景区化建设，可以促使全域得以美化，并最终呈现出各大小景区景点似繁茂花朵般点缀于一块亮丽色锦之上。就城区来说，小区美化、交通道路景观化以及新待建项目的景区化等问题，在当前重民生、重节能环保生态的大背景之下应该是可以做到，甚至包括污染河流的治理与跨区域河流的管理问题等都有了似乎更为有效的解决办法，国家新近实施的江河湖海行政区域首脑直接负责的河湖长制就是典型的管理体制制度层面的思考。关于农村建设问题，下面再专题简要陈述想法。

### （六）农村面貌整洁化和农业田园综合体化

发展旅游业、实施全域旅游计划，农村是重要环节。除了很多重要旅游资源位于偏远山区以外，乡村旅游热和乡村养老旅游趋势也是农村旅游应受关注的原因。由此，农民生活生产条件与环境建设以及成果风貌展示成为农村全域旅游事业的重要载体，即农村面貌整洁化、农业田园综合体化和新型农民知识化。在当前社会经济条件和科技水平下，虽然实施了多年的“三农政策”进行扶持，但中国农村面貌确实仍有相对衰败的一面，比如田园荒芜、留守老人与儿童、村落整洁、丰产不丰收、城市农民工、农民城市发展边缘化、居家农民收益不高等问题需要改善。细思造成这些问题的原因，除了国家政策、所在区域、管理体制等基本不可逆转的大环境以外，农村从业者素质、文化与科技水平也是非常重要的因子。事实上，人是所有活动的最重要因子，生产问题更是如此。农村面貌整洁化离不开新型知识化农民的建设，新型农业生产模式也离不开新型知识化农民的劳作与思考。农业田园综合体，作为农村全域旅游的最新形式，把田地、沟渠、庄稼、山林、人烟、道路等进行统筹，美化乡村、设计田园，应该大力倡导、推进农业田园综合体化，以吸引更多的游客来到美丽乡村旅游，吸引更多的资金与技术落入田间地头，促进农业发展、农村面貌大改变和农民素质提升。

### （七）安全网络立体化

保证出行安全是旅游业的基础。发展全域旅游需要更加高效的安全防范管控体系，打造立体化的安全防控网络很有必要。比如，加强城乡治安巡逻、重点商业场所安保人员全天轮流值守、企业学校全面专职保安、社区村镇设立警务室，建立治安联动、警格联动机制；完善城乡视频监控系统，织密“天眼”网络，实行“地面+鼠标”模式，形成街面巡防与空中监控紧密协作的立体防控网；重点路段设置联勤、联防、联治点，与移动警务平台协同配合形成互补，提高预警处变能力；整合社区民警、治安巡逻队、社区（村）干部、网格员、治安积极分子等巡逻力量，加强管理。即让“天网”和地面巡逻的“地网”结合，织起一张巨大的立体治安防控网以守护平安。

襄阳市发展旅游业思路以及全域旅游想法和做法对神农架林区具有启示和借鉴意义。

## 第三节　神农架林区全域旅游发展思路

2016 年 2 月 5 日，国家旅游局公布了包括神农架林区在内的首批入选国家全域旅游示范区创建单位名单。首批国家全域旅游示范区创建工作，原则上为 2~3 年时间。国家旅游局将制定国家全域旅游示范区创建工作指南，加大对创建工作的指导力度。对旅游业率先实现当地经济贡献率 15% 和新增就业贡献率 20%，率先实施“1+3”旅游综合管理和综合执法模式，旅游厕所建设率先达标，旅游数据中心率先建成的创建单位，国家旅游局将优先组织验收。凡通过验收的，将被正式列入“国家全域旅游示范区”名录。

### 一、发展全域旅游首先是一种责任

全域旅游是将特定区域作为完整旅游目的地进行整体规划布局、综合统筹管理、一体化营销推广，促进旅游业全区域、全要素、全产业链发展，实现旅游业全域共建、全域共融、全域共享的发展模式。创建“国家全域旅游示范区”是国家推进全域旅游战略以壮大国家经济、建设美丽中国的重要举措——发展全域旅游首先表现为一种责任。

#### （一）推进国家全域旅游战略的需要

在 2017 年国家政府工作报告中，提出了包括深化生态文明体制改革、促进消费稳定增长和发展文化事业和文化产业等在内的诸多工作重点。其中，生态文明体制改革主要是指完善主体功能区制度和生态补偿机制、建立资源环境监测预警机制、开展健全国家自然资源资产管理体制试点、出台国家公园体制总体方案等；促进消费稳定增长则是指加快发展服务消费（包括教育、文化、养老、医疗、旅游等在内）、增加高品质产品消费和整顿与规范市场秩序三个方面；发展文化事业产业主要是指繁荣发展哲学社会科学和文学艺术创作，发展新闻出版、广播影视、档案等事业，实施中华优秀传统文化传承发展工程，加强文物和非物质文化遗产保护利用，统筹群众体育、竞技体育、体育产业发展等。不难看出，此三项重点工作皆与旅游有关，尤其是与全域旅游概念高度相关。实际上，报告中也明确地将全域旅游作为国家促进消费稳增长目标的重要手段。因此，若说全域旅游已是国家发展战略应不为过，欠缺的只是对国家全域旅游发展进行总体设计、规划与贯彻执行，而这些，国家旅游局和各省市旅游主管部门皆早有行动，只是新形势更有利。发展全域旅游不再是局部、自发作为、自下而上，而是演变为自上而下并有一定谋划的国家行政力量推动。当前，发展全域旅游已经成为一种责任，是区域经济发展与全面建设的先行先选的战略举措。

**（二）建设美丽中国的需要**

党的十九大报告指出："建设生态文明是中华民族永续发展的千年大计，必须树立和践行绿水青山就是金山银山的理念；坚定走生产发展、生活富裕、生态良好的文明发展道路，建设美丽中国，为人民创造良好生产生活环境，为全球生态安全作出贡献。"生态是区域发展全域旅游的基础，全域皆景则是全域旅游的外在表现，若所有区域皆是全域可景，岂不就是一个美丽中国。区域全域旅游建设的实质是美丽中国建设的一部分，发展全域旅游是建设美丽中国的需要，区域进行全域旅游建设就是在承担建设美丽中国之责。

**（三）新常态下的新经济发展战略的需要**

若单以 GDP 来论中国这几年的经济状况，可用经济总量增长逐年下滑、形势不够乐观来描述。原因有很多，比如现有经济结构不够合理、供给侧需要改革、金融外汇风险管理问题、生产要素价格上升、科技水平、房地产经济等各个方面。旅游产业和文化产业则因关联带动性强且同属消费需求领域，而被视为解决当前经济困境的出路之一，跨越时空维度的全域旅游则是当前旅游业发展的新趋势，发展全域旅游也就自然成为新常态下的经济发展之需，需要大力推动。发展全域旅游也就具有了某种使命责任感。

**（四）旅游业发展形势的需要**

改革开放以后，中国旅游业是率先对外开放的产业部门之一，并伴随着国民经济的迅速恢复提升而得到迅猛发展。时至今日，旅游业已经成为国民经济的新支柱。只是在常年旅游业发展过程中，一直是跟着国民经济跑，以解决诸多百姓出门旅游问题，停留于粗放发展阶段，已经与当前游客的新的品质、个性消费需求不相适应，需要旅游产业进行相应结构调整的同时提高旅游服务质量。全域旅游作为一个可以全面发展旅游、提升旅游质量的战略举措，自然受到旅游界甚至社会的高度关注，发展旅游、实施全域旅游计划也就成了共识，并相应出现在国家政府工作报告中，出现于国家旅游局的工作思路与重要举措中，全域旅游成为旅游业提质增速的重要手段之一，甚至有了承担发展壮大旅游业之责的意味。

## 二、神农架林区发展全域旅游的责任与基本思路

### （一）关于区域实施全域旅游战略的责任分解

责任与权利是组织具体工作岗位或事务的依附品。没有岗位（事务），则不存在责任划分与承担问题；没有承担责任，则无须赋予相关权力予以保障实施、无须考虑利益分配予以调动工作目标与积极性。岗位（事务）是责任与权利附生的本体，遵循的是分工合作、分工基础上合作的理念。组织分工体系以及相应岗位设计一直是各级各类组织运转体制机制设计的核心事务。区域发展全域旅游事务之责同样存在工作推进体制设计与运行问题，它大体分为政府责任、单位部门责任、企业责任与社会全员责任四类。

1. 政府责任

全域旅游作为由国家旅游局主导推进的国家发展战略之一，政府以及相关职能部门（各级旅游委局）应是全域旅游事务的责任主体，主要负有区域全域旅游总体设计、制定规划、出台政策、指导落实以及监督反馈等总体架构设计、区域宏观管理协调之责。即把区域旅游从发展思路上总体理顺并做出工作部署安排，以便于各单位或各部门与关联有意企业分头执行。

2. 单位部门责任

按照政府制定的区域全域旅游发展总体构想，相关单位部门是需要参与决策与执行的，包括对总体构思的想法建议、规划政策的可行性、具体操作过程的监管等。这些部门是区域全域旅游建设的主要执行者和监管者，领会

上级精神意图、熟悉相关文件政策、制定翔实可行的落实办法并监督执行，似乎是其应担之责。

3. 企业责任

企业作为营利性经济组织，追逐利润应是其主要职责。企业赚钱了，养活了很多员工，替政府与社会不同程度地解决了就业问题，本就是一种责任担当。全域旅游形势下，各类各级企业皆可与之相关，因此，关注全域旅游并积极投入其中至少是当代企业应该承担的社会责任。企业承担社会责任之根本理论在于利益相关者之利益形成与分配格局问题。博文被认为是开创了现代企业社会责任研究领域的开拓者，他认为商人有义务按照社会所期望的目标和价值，来制定政策、进行决策或采取某些行动。即企业应该根据区域全域旅游规划方案来相应调整发展战略，顺应全域旅游发展形势，并以此为契机来促进企业自身发展。

4. 社会全员责任

全域旅游至少是空间上的全覆盖。全员参与是区域全域旅游化建设的必然。对于实施全域旅游计划的区域来讲，调动社会全员力量、鼓励社区居民全员参与无疑利于计划实施。区域社会成员作为全域旅游建设实质性受益方之一，也是区域全域旅游项目质量以及区域特色旅游形象的代表，主要是具有协助、宣传作用，应有自觉参与全域旅游建设和自觉宣传维护区域形象之责。

### （二）神农架林区发展全域旅游的责任分解

2016 年 7 月 17 日，在联合国教科文组织世界遗产委员会第 40 届会议上，神农架被正式列入《世界遗产名录》，荣膺“世界自然遗产地”称号，成为湖北省第 1 项、中国第 11 项世界自然遗产，也成为中国首个获得联合国教科文组织人和生物圈保护区、世界地质公园、世界遗产三大保护制度共同录入的“三冠王”名录遗产地。世界遗产委员会认为，湖北神农架拥有世界上最完整的垂直自然带谱，独特的地理过渡带区位塑造了其生物多样性，弥补了世界遗产名录中的空白。神农架荣膺世界自然遗产名录，意味着其责任和使命更加艰巨。基于此，湖北省委省政府给予“彰显生态保护与绿色发展价值，建设世界著名生态旅游目的地”的战略定位。神农架林区该怎么办？强化自然资源保护，勇于承担绿色责任，践行绿色发展理念，应是最合适的。以此为基础，大力倡导绿色旅游，发展特色生态旅游，并结合旅游业全域旅游发展态势，进行全域旅游规划与布局，以努力把建设世界著名生态旅游目的地的战略定位落到实处。

神农架林区发展全域旅游事务中，从具体管理体制设计上来看，林区党委政府负总责、总览全域旅游建设全局，国家公园管理局、各乡镇和相关职能部门分头组织实施，意向企业具体落实，社区积极参与的思路应该可行。若涉及跨部门企业纠纷问题，可以增设一个全域旅游事务办或直接将其挂靠林区战略规划与旅游产业发展办公室的方式解决（见图 7-9）。

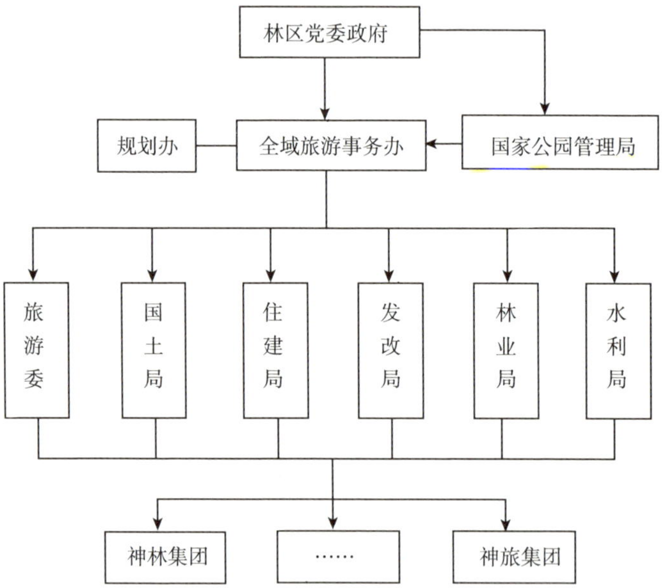


**图 7-9　神农架林区全域旅游管理体系设计**

各乡镇管理模式可以相应参照设计。林区党委政府主要是统筹各方意见、做出总体决策并相应安排部署，主要是组建全域旅游工作专班、核准全域旅游实施方案、出台全域旅游政策等；国家公园管理局主要是统筹国家公园内相应事务；各乡镇比照，若与国家公园存在事务交叉，要注意与其协商，若不交叉，则需要独自拿出全域旅游方案并申请核准。各相应职能部门应该形成以林区党委政府管理为核心、优先考虑实施国家公园方案的共识，以确保国家公园重点项目正常进行。从具体企业层面实施来看，由于林区主要资源是林特资源、生态资源，且实施全域旅游计划是以政府推动力量为主，以神旅集团和神林集团为主的国企来主导落实相对比较可靠。民营企业可以根据具体情况积极参与建设。

### （三）神农架林区发展全域旅游的基本思路

1. 林区主要旅游资源基本情况

根据中华人民共和国国家质量监督检验检疫总局发布的《旅游资源分类、调查与评价》（GB/T18972—2003）标准对神农架林区主要旅游资源进行归类。统计结果表明，林区旅游资源跨越 8 个主类、18 个亚类（该标准总体有 8 个主类、31 个亚类），形成了以神农顶、大九湖、天燕、板桥、香溪源和老君山六大景区为主、偏自然生态的旅游资源体系（见表 7-10）。

**表 7-10　神农架林区主要旅游资源类型**

| 主类 | 亚类 | 基本类型—典型资源 |
|---|---|---|
| 地文景观 | 综合自然旅游地 | 大九湖景区（冰川地貌和高山草甸）；板桥景区（侵蚀构造地貌）；神农顶景区（山岳、地质剖面）；天燕景区（峡谷与岩溶地貌）；香溪源景区（峡谷、河源）；老君山景区（断裂构造与水体景观） |
| | 沉积与构造 | 神农架群石槽河组地质奇观、板壁岩、老君山 |
| | 地质地貌形迹 | 神农谷、阴峪河大峡谷、大寨湾大峡谷、金丝燕洞 |
| | 自然变动遗迹 | 大九湖 |
| 水域风光 | 河段 | 香溪源 |
| | 天然湖泊池沼 | 大九湖、坪堑水库、麻线坪水库 |
| | 冰雪地 | 大九湖 |
| 生物景观 | 树木 | 原始森林、古树名木（千年杉王）、名贵中药材 |
| | 草原与草地 | 高山草甸 |
| | 花卉地 | 箭竹林、杜鹃林、藤本植物 |
| | 野生动物栖息地 | 原始森林（有金丝猴、金雕、白化动物；有华南虎、金钱豹、苏门羚、驴头狼、野人等出没） |
| 天象气候 | 光现象 | 佛光、观星 |
| | 天气气候现象 | 云雾、日出、冬雪 |

续表

| 主类 | 亚类 | 基本类型—典型资源 |
| --- | --- | --- |
| 遗址遗迹 | 史前人类活动 | 古犀牛远古人类遗址 |
| 建筑设施 | 综合人文旅游地 | 炎帝神农文化园、瞭望塔 |
| | 单体活动场馆 | 神农祭坛 |
| 旅游商品 | 地方旅游商品 | 板仓红、林特产、中药材、百花蜜 |
| 人文活动 | 人事记录 | 炎帝神农 |

根据中国类似国家公园概念建设的基本情况初步统计结果，中国国字品牌旅游资源主要是国家公园、国家森林公园、国家地质公园、国家湿地公园、国家城市湿地公园、国家级自然保护区、国家级风景名胜区、国家考古遗址公园、国家海洋公园和国家矿山公园 10 类（见表 7-11）。其中，与神农架林区有关的主要是国家公园、国家森林公园、国家地质公园、国家湿地公园、国家级自然保护区和国家级风景名胜区。神农架林区的国字旅游品牌建设基本情况见表 7-12。

**表 7-11　中国国字品牌旅游资源系列基本情况**

| 类似概念 | 主管部门 | 建设基本情况 |
| --- | --- | --- |
| 国家公园 | 环保部和旅游局 | 2008 年第一个正式建立；2015 年 6 月启动体制试点。 |
| 国家森林公园 | 国家林业局 | 1982 年建的张家界国家森林公园最早。 |
| 国家地质公园 | 国土资源部 | 截至 2014 年 1 月，一共公布七批共 240 家国家地质公园。 |
| 国家湿地公园 | 林业局湿地研究中心 | 截至 2014 年 12 月 31 日，共计 569 家（52 家为正式公园）。 |
| 国家城市湿地公园 | 建设部 | 2005 年 2 月第一批建立，至今已有多批。 |
| 国家级自然保护区 | 环保部报国务院批 | 截至 2013 年底，已达 407 处。 |
| 国家级风景名胜区 | 国务院批准 | 2012 年 11 月，第八批名单已公布。 |
| 国家考古遗址公园 | 国家文物局 | 2010 年 10 月公布了第一批，2017 年启动第三批评审。 |
| 国家海洋公园 | 国家海洋局 | 2011 年 5 月 19 日发布首批，至今已有多批。 |
| 国家矿山公园 | 国土资源部 | 首批 28 处于 2005 年评审通过，已经公布多批。 |

表 7-12　神农架国字品牌旅游品牌建设基本情况

| 类似概念 | 建设基本情况 |
|---|---|
| 国家公园 | 2015 年 6 月，国家发改委公布了九省市（包括神农架）开展为期 3 年的国家公园体制试点。神农架目前已组建国家公园管理局，并于 2017 年 11 月 29 日湖北省 12 届人大常委会第 31 次会议上通过了《神农架国家公园保护条例》，以规范管理和服务、保护公园、促进国家生态文明建设。它由世界自然遗产地、国家级自然保护区、国家湿地公园、国家地质公园、国家森林公园、省级风景名胜区和大九湖省级自然保护区等整合而成。 |
| 国家森林公园 | 建于 1983 年。1986 年为国家级自然保护区，1990 年加入世界生物保护区。由天燕景区、古犀牛洞景区组成，是以原始森林风光为背景，以神农氏传说和淳朴的山林文化为内涵，反映原始悠古、猎奇探秘为主题的原始生态旅游区。 |
| 国家地质公园 | 2005 年批准设立。2013 年 9 月，在联合国教科文组织召开的第三届亚太地质公园研讨会上，正式成为世界地质公园网络成员，荣膺“神农架世界地质公园”称号。它由五个园区组成，分别为神农顶园区、官门山园区、天燕园区、大九湖园区和老君山园区。 |
| 国家湿地公园 | 2006 年 9 月批准的全国第 4 个国家亚高山湿地公园。2013 年 10 月，大九湖湿地被国际湿地公约组织列入国际重要湿地名录。这是神农架拥有的第三个世界级品牌。 |
| 国家级自然保护区 | 成立于 1982 年。1986 年成为国家级森林和野生动物类型自然保护区，1990 年加入联合国教科文组织世界生物圈保护区网，1992 年为世界自然基金会的“生物多样性保护示范点”，1995 年成为全球环境基金资助的中国首批 10 个自然保护区之一。它是全球 14 个具有国际意义生物多样性保护与研究的关键地区之一，2005 年成为国家地质公园。 |
| 国家级风景名胜区 | 2002 年被评为 4A 级景区；2011 年荣获湖北唯一“全国森林旅游示范区试点单位”称号；2012 年成功创建国家 5A 级旅游景区。 |

根据表 7-12 可以推知，国家级自然保护区、国家森林公园、国家地质公园和国家湿地公园是神农架林区的四个基础性国字招牌。以此为基础，神农架林区申报了国家级风景名胜区，并于 2002 年成功创建国家级 4A 景区、2012 年又成功升级为 5A 级景区，继而紧抓国家生态文明建设机遇并于 2015 年成为国家公园体制试点单位之一，步入国家首批国家公园行列。

自 1970 年经国务院批准建制以来，以自然生态见长的神农架林区除获得了以上国字旅游品牌，在国际上也享有很高的声誉，是联合国教科文组织人和生物圈保护区、世界地质公园、世界遗产三大保护制度共同录入的“三冠王”名录遗产地，同时也是“亚洲生物多样性永久性示范基地”、生物多样性保护示范点和国际重要湿地（见表 7-13）。

**表 7-13 神农架林区的国际旅游品牌建设基本情况**

| 国际品牌 | 基本情况 |
| --- | --- |
| 人和生物圈保护区 | 1990 年加入联合国教科文组织世界生物圈保护区网。 |
| 世界地质公园 | 2013 年 9 月，正式成为联合国教科文组织世界地质公园网络成员。 |
| 世界遗产 | 2016 年 7 月 17 日，在联合国教科文组织世界遗产委员会第 40 届会议上，被正式列入《世界遗产名录》，荣膺“世界自然遗产地”称号。 |
| 亚洲生物多样性永久性示范基地 | 1992 年被世界银行全球环境基金组织列为亚洲生物多样性永久示范地。 |
| 国际重要湿地 | 2013 年 10 月被国际湿地公约组织列为国际重要湿地。 |
| 生物多样性保护示范点 | 1992 年成为世界自然基金会的“生物多样性保护示范点”。 |

根据以上简单梳理可知，神农架林区旅游品牌建设的基本脉络是：1982 年林区自然保护区→1983 年国家森林公园→1986 年国家自然保护区→1990 年“人和生物圈保护区”→1992 年“生物多样性保护示范点”和“亚洲生物多样性永久示范地”→2005 年国家地质公园→2006 年国家湿地公园→2011 年“全国森林旅游示范区试点单位”→2012 年国家 5A 级旅游景区→2013 年世界地质公园→2013 年国际重要湿地→2015 年国家公园→2016 年世界自然遗产地。其中，作为国家级自然保护区核心的西南部林区（可分为东西两片，东片以老君山为中心，西片以大小神农架为中心）是根本，以神农顶、大九湖和老君山为核心旅游资源；后期逐步向林区西北扩展，先后建设了天燕景区和红坪景区；东部旅游业相对滞后。具体景区景点建设情况见表 7-14 和表 7-15。

表 7-14 是把神农架林区的四个基础性国字招牌进行了梳理。目前又新增了国家 5A 级景区和国家公园两个招牌。随着经济社会建设进一步加速，有足够理由可以令人相信越来越多的国字招牌甚至世界级品牌会继续落户神

农架。表 7-15 是对神农架林区主要景区基本情况进行简介。

**表 7-14　神农架林区四大基础国字招牌基本情况**

| 景区 | 基本情况 |
| --- | --- |
| 国家自然保护区 | 位于湖北省神农架西南部。分东西两片，分别以老君山、大小神农架为中心。生物物种丰富。森林覆盖率达 98%，是欧亚大陆从亚热带到寒温带主要植被类型的缩影。有高等维管束植物 3216 种，有野生兽类、鸟类、鱼类和两栖类动物 493 种，有昆虫 4143 种。其中，金丝猴、金雕等 73 种动物被列为国家重点保护动物名录。保护区内 6 座海拔 3000 米以上的高峰构成了“华中屋脊”，是湖北省境内长江与汉水的分水岭。最高峰神农顶是“华中第一峰”，景点以神农顶风景区为主。 |
| 国家森林公园 | 天燕景区位于神农架西北部。以原始森林风光为背景，以神农氏传说和淳朴的山林文化为内涵，集奇树、奇花、奇洞与山民奇风异俗为一体，以反映原始悠古、猎奇探秘为主题的原始生态旅游区。 |
| | 红坪景区是以神奇山谷风光为背景，高山古人类遗址为特色的科考观光区。主要有古犀牛远古人类遗址、红坪画廊、野马河等景点。 |
| 国家地质公园 | 位于神农架中南部。有世界上最完整的上前寒武系地层，地质构造完整，地层出露齐全，构造证据明显，融众多地质、地貌景观于一体：完整的前寒武系、典型断弯构造、第四纪冰川遗迹、高山湿地草甸，峡谷、河流瀑布、暗河泉水、石林溶洞等。自西向东有大九湖景区、板桥景区、神农顶景区、天燕景区、香溪源景区、老君山景区六个景区。 |
| 国家湿地公园 | “一脚踏三省六县”：位于川、渝、鄂三省交会处，西与重庆市巫山、巫溪县接壤，北与十堰市竹山、房县为邻，东与巴东县相连。平均海拔 1730 米，规划总面积 5083 公顷。有保存较为完好的亚高山泥炭藓沼泽类湿地，在全国湿地生态系统中具有典型性、特殊性、代表性和稀有性。 |

**表 7-15　神农架林区主要景区基本情况**

| 景区 | 基本情况 | 主要景点 |
| --- | --- | --- |
| 神农顶 | 位于神农架西南部，是以保存完好的亚热带森林自然生态系统为背景，体现人与自然和谐共存为主题的自然生态旅游区。景区内动植物资源十分丰富，其生物多样性极具全球意义，素有“绿色宝库”“植物基因库”“天然动物园”“百草药园”“濒危动植物避难所”的美誉。 | 有小龙潭、金猴岭、神农谷、板壁岩、瞭望塔、太子垭、天生桥、炎帝神农文化园 |

续表

| 景区 | 基本情况 | 主要景点 |
| --- | --- | --- |
| 天燕 | 位于神农架西北部，以原始森林风光为背景，以神农氏传说和淳朴山林文化为内涵，集奇树、奇花、奇洞、奇峰与山民奇风异俗为一体，反映原始悠古、猎奇探秘为主题的原始生态旅游区。 | 燕子洞、燕天飞渡、刘享寨、仙桃峰、原始森林、云海佛光、会仙桥、野人洞 |
| 香溪源 | 位于木鱼镇以西 2 公里，是长江重要支流香溪源的发源地，以原生态山水景色成为著名风景区。源头是一个水潭，水质极佳，含有人体所需的多种微量元素，相传为神农氏洗药池。 | 香溪源流域 |
| 玉泉河 | 位于神农架东北部，以玉泉河流域为核心，以区内旅游循环线为依托，以高山湖泊、河川幽谷为特色，以探险挑战为主题的综合型旅游区。又分为送郎山、玉泉河、樟树坪 3 个景区。 | 有自然博物馆、张公祠等 30 多个景点 |
| 大九湖 | 大九湖属亚高山湿地，南北长约 15 公里，东西宽约 3 公里，四周被高山包围，有湖北“呼伦贝尔”美誉。景区总面积 3 万亩，海拔 1700 米，有高等植物 141 科、366 属、964 种，其中国家重点保护植物共 5 种，国家珍贵树种 3 种，苔藓植物 13 科 18 种。 | 有洗马池、娘娘坟、卸甲套等景点 |

根据表 7-15 可知，神农架林区旅游景区主要是神农顶、天燕、香溪源、玉泉河和大九湖五个。其中，神农顶、大九湖和香溪源景区可以作为以林区西南国家自然保护区为基调的代表性景区，天燕景区则代表西北国家森林公园，玉泉河则是林区东北旅游区的代表性景区。正因如此，在全域旅游态势下，也有把林区化为南部、西北和东北三大旅游区域的思路与做法，即南部考察探险旅游区、西北部猎奇探险旅游区和东北部观光度假旅游区。

总体来看，神农架林区旅游资源的根本特色在于原始森林以及以其为生产生活背景和原材料的故事与传说，比如野人之谜、神农传说、珍稀动植物以及林农经济；从旅游业发展情况来看，基本做到了全域化发展，各个区域皆形成了旅游亮点。目前，由神农架国家自然保护区组建的神旅集团业务涵盖面较广，并有诸多子公司和控股公司，发展态势很好，旅游业在林区经济中早已占据主要地位。据 2010 年《湖北日报》报道消息，以旅游为龙头的生态经济占林区 GDP 六成以上。2015 年全区实现地区生产总值 22.5 亿元，增长 8.0%；接待游客 877.9 万人次，增长 25.2%；实现旅游经济总收入 31.51 亿元、增长 25.2%。再根据 2018 年 1 月 4 日神农架林区政府工作报告信息，2017 年神农架共接待游客 1316 万人次，实现增长 20.1%；旅游经济总收入达到 47 亿元，增长了 20.2%。2018 年，神农架将围绕“两高时代”补短板，聚焦立体交通、城镇功能、特色产业、市场主体和营商环境，苦练内功，蓄势聚力；将围绕“全域旅游”促转型并通过推动供给侧结构性改革，力争接待游客增长 20%，旅游经济总收入增长 20%。由此可见，全域旅游于林区使命重大。

2. 基本思路

2018 年神农架政府工作报告提出了“全域旅游”发展目标：围绕“全域旅游”促转型，坚持国际标准和全球视野，按照景区景点全域布局、要素资源全域整合、旅游产业全域覆盖、快进慢游全域体验的思路，以供给侧结构性改革思维，推动旅游向健康度假复合型、文化体育融合型转变。据此可以进一步对神农架全域旅游发展思路作出如下设计：调动全域资源要素，以旅游业为方向来指导产业转型升级，加强景区景点建设并进行全域合理布局。即大力发展健康度假复合型、文化体育融合型产业，以促进林区产业转型升级、更加优化产业结构。

## 三、襄阳市发展旅游业做法对神农架林区的启示

严格来讲，襄阳市与神农架之间具有某种不可比性，比如行政级别、管辖范围、人口、产业基础乃至自然环境等都有截然不同。但是，基于同属湖北省管辖和旅游业的角度，相互借鉴一下具体做法，应该还是可行的。只是要时刻注意二者之间的主要差别，不能生搬硬套，仅仅是借鉴，具有启示价值。

先把襄阳市和神农架林区的基本情况做个对比（见表 7-16）。

**表 7-16　襄阳市与神农架的基本情况**

| 比对条目 | 襄阳市 | 神农架 |
| --- | --- | --- |
| 行政级别 | 地级市 | 副地级市 |
| 管辖面积 | 1.97 万平方公里 | 3253 平方公里 |
| 人口 | 563.9 万人（2016 年） | 79248 人（2014 年） |
| 产业基础 | 工业城市；一个龙头六大支柱：以汽车及零部件产业为龙头，以现代装备制造、新能源汽车、新能源新材料、电子信息、医药化工、农产品深加工产业为“六大支柱”。 | 林区；以农业、林业、旅游业为主，工业控制发展。 |
| GDP 概数 | 2013 年实现地区 GDP 2814.0 亿元。 | 2013 年，实现地区 GDP 18.5745 亿元。 |
| 旅游资源质量 | 资源质量一般：龙头景区古隆中正在创建 5A 级景区；古城墙正在捆绑申报世界遗产。 | 自然资源质量高，有全球意义：是中国首个获得联合国教科文组织人与生物圈自然保护区、世界地质公园、世界遗产三大保护制度共同录入的“三冠王”名录遗产地。 |

从旅游资源质量来讲，神农架林区的旅游资源尤其是自然资源处于绝对优势，正因如此，旅游业和生态经济是林区经济的显著特点，襄阳市则主要是得益于十堰汽车基地的外迁，这种格局还会在未来的某段时间持续存在。相对来讲，以工业城市而国内外知名的襄阳市，其旅游业相对不重要，旅游经济占 GDP 比重一直偏低，基本是因国内旅游业发展形势而舞。于是，襄阳市旅游业便也在近些年中逐渐热了起来，各个层面皆开始重视旅游，各个领域皆把可旅游作为工作标准甚至方向，渗透进了城市建设、经济建设、文化建设、社会建设和生态建设之中。若论其对林区有借鉴价值的做法，城市建设、改善交通、经济建设、品牌建设、农村建设等方面值得关注；从具体旅游资源开发来看，水体资源、影视资源、文博馆建设、名人文化发掘、历史文化资源的开发等方面经验应有较高借鉴价值。实际上，从旅游业对当地经济的贡献度即可推之当地政府的注意力以及兴奋点：神农架林区在旅游业发展方面可能会走得更远、飞得更高，尤其是在联合国认可的“三冠王”桂冠之下会进一步整合原有的农、林、特、工、旅等资源，借助国家生态文明建设和旅游业发展大好形势，实现经济再提速、社会再发展、林区更美和

人民日益幸福康乐，即以生态经济总部建设为目标并从建设中受益；襄阳则主要会在原有的工业城市方向上继续发力，不过发展工业经济的同时会兼顾旅游业发展、兼顾美丽和谐襄阳建设。二者之间有很强的互补性，源于基底差异和长期发展理念与道路的差异，也凸显了湖北省不同区域之间的分工与合作。今后，襄阳市对于神农架林区旅游业的更重要意义可能在于客源市场、交通条件改善、经济溢出效应和生态环境的共汉江水之命运，襄阳市的绿色经济增长极建设也势必要得到神农架林区的认可、支持、合作并惠及于它。旅游业则是公认的无烟产业、绿色产业、低碳产业之一，也将会在襄阳市绿色增长极的建设中起到更加重要的作用，各区域、省内外的城市与乡村皆会从中受益。同时，也应加强不同区域之间在生态资源保护与开发方面的合作，加强旅游合作，发挥旅游资源互补优势，跨区域组合旅游资源、形成省级甚至国家级特色精品旅游线路，以大旅游、抱团发展旅游的方式进一步打开国内外市场。

## 四、神农架林区发展全域旅游的若干建议

根据神农架林区全域旅游基本思路，借鉴襄阳市发展旅游业经验并结合神农架林区实际情况，认为林区发展全域旅游应再强化以下六个方面：

### （一）坚持全球视野和国际标准，继续提升旅游品质与形象

神农架林区作为一个拥有中国首个获得联合国教科文组织人和生物圈保护区、世界地质公园、世界遗产三大保护制度共同录入的“三冠王”名录遗产地，同时拥有国际重要湿地、亚洲生物多样性永久性示范基地和世界自然基金会的生物多样性保护示范点等荣誉，可以说是得到了国际权威社会组织的认可，具备一定的国际影响力和国际形象。从全球视野看问题，以国际标准做事情，立足中国、面向国际，借助国际国内旅游再树形象，强化旅游业支柱产业和相关产业，应该是林区发展全域旅游的根本性思路。以此为基础，再进一步整合全域资源要素、支持旅游业全域覆盖，高品质建设旅游项目、实现景区景点全域布局。并进而以健康度假、文体融合型产业为导向，调整产业结构，促进落后产业旅游化转型、优化升级旅游产业。

## （二）全域整合资源要素，支持旅游业全域覆盖

在科技水平和当前制度下，发展经济的基本思路是基于当地特有资源环境条件，组织劳动、资本、土地和企业家才能四类主要生产要素来投入生产。于林区而言，即为新形势下再度整合劳动、资本、土地和企业家才能四要素，大力发展旅游业，实现旅游业全域覆盖。

1. 从林区人口结构来看

2014 年，全区户籍人口为 79248 人。①民族结构。有 10 个民族（汉族、土家族、回族、壮族、苗族、彝族、满族、朝鲜族、畲族、蒙古族），除汉族（汉族占总人口的 90. 6%）外，土家族是人口最多的民族，占全区人口总数的 4. 7%，占少数民族人口数的 70%。据此可知，民族资源相对比较突出且很有特色，其中的壮族、苗族、彝族、满族、朝鲜族、畲族和蒙古族相对比较稀缺，应该可以作为特色资源进行开发。②性别结构。2014 年，男性人口为 42292 人，女性人口为 36956 人，男女性别比为 114. 4：100；全区共出生 881 人、出生率为 11. 1‰，死亡 720 人、死亡率为 9. 1‰，人口自然增长率为 2. 0‰；城镇化率为 47. 35%。因此，性别比例偏高，且全区域新增人口仅 161 人，相对偏少，城镇化率偏低，应该比较适宜发展“农林+旅游+外出打工”经济。③收入结构与土地结构。2015 年全区实现地区生产总值 22. 5 亿元，增长 8. 0%。城镇、农村常住居民人均可支配收入分别为 21692 元、7632 元，分别增长 9. 5%、10. 3%。城乡差距较大，城镇居民几乎是农村居民的 3 倍收入。再看其土地结构，耕地 7046. 86 公顷，占国土面积 2. 2%；园地 674. 06 公顷，占国土面积 0. 2%；林地 295260. 59 公顷，占国土面积 90. 8%；未利用地 15014. 2 公顷，占国土面积 4. 67%。由此，“农业+旅游”或“林业+旅游”仍然应是主导。

2. 从其资源来看

①全区人均耕地面积 1. 33 亩，略低于全国人均耕地。②矿产资源以磷、硅、水晶、玛瑙、冰洲石等为主，尤其是磷矿。③生物资源丰富多样。享有“物种基因库”“金丝猴的故乡”“天然动植物园”等美誉，是亚洲生物多样性永久性示范基地和世界自然基金会的生物多样性保护示范点。具体来说，现有森林面积 1618 平方公里，活立木蓄积量 2019 万立方米；有高等维

管束植物199科、872属、2671种，其中列为国家一二级保护的树种有39种；脊椎动物500多种，其中列为国家重点保护的有50多种；可入药的动植物达2013种，其中许多具有重大药用价值或属珍贵药物；尤以白化动物和“野人”之谜为世人瞩目。④水能资源。境内有香溪河、沿渡河、南河、堵河4大水系，水能蕴藏量达53万千瓦，可供开发的达27万千瓦。据此，基于发展全域旅游视角，这些资源皆有价值：发展乡村旅游、建矿山公园；与生态文明建设违背的原有工业体系可以转型为旅游观光业；建动植物博物馆、基因库、各类珍稀动物保护区、野人寻踪以及各类主题研究所；塑造水景，建水上旅游项目，沿河特色资源相应旅游方向开发。⑤特色自然资源与文化资源。森林、湿地和冬雪资源相对有特色，神农文化、中药养生、野人传说、民间歌舞等也具有显著地域特色，适合“大健康”旅游，比如度假休闲、科考科研、运动健体以及农趣、“三养”（养生养心养老）等旅游项目。

3. 从资本和企业家资源来看

目前较大规模企业皆属国有或国控，民营经济相对比较滞后，因此，加强市场建设、强化相关行业招商引资工作对于林区来讲相对比较紧迫。

### （三）高品质建设旅游项目，旅游景区景点全域布局

在主要景区布局上，林区目前已经基本覆盖全域：若把整个林区行政区域分为西南、西北和东北三大块，西南为主要以神农顶、大九湖和香溪源景区为主科考探险游旅游区，西北则是以天燕景区和红坪景区为主的猎奇探险森林游旅游区，东北则是以玉泉河旅游景区为主的度假游胜地。但是在具体旅游景点质量和景区景点的丰度和组合度上来看还是有些欠缺。具体来说，第一，西南为林区原始森林集中区，最高峰神农顶也位于此，鉴于生态文明建设和林业资源管理规定，应是属于禁止旅游开发区域、实行最严格林业资源保护制度，因此，适宜进一步增加或强化天然旅游项目，比如夜景类的自然风光游与特色主题科考探险游，继而加强旅游组织与防护工作。可以在山脚建一些旅游便利客栈，主要为游客提供茶水、饮食、交通和住宿服务等。当前的省级旅游度假区木鱼镇，镇内有神农顶、神农坛、天生桥、香溪源等著名景点，是“长江三峡、神农架、武当山”旅游黄金线上的重要节点和

游客集散地，是神农架旅游接待服务中心、林区对外开放的“窗口”，曾先后被授予为“全国环境优美乡镇”“中国人居环境范例奖”和首批“全国特色景观旅游名镇”、国家卫生镇等荣誉称号，只是总体来看，仍然在统一规划、统一管理方面有些欠缺，应该加强。第二，西北建有一个国家森林公园，可以适度发展旅游。除了对当前的天燕景区和红坪景区提质以外，也应努力向周边区域扩散，多建品质景区。第三，东北度假休闲旅游区目前景点总体偏少，应该加强。尤其是增加“农业+旅游”项目的投入，类似田园综合体项目，以乡村度假方式来发展旅游。与此同时，以旅游服务为导向，以集约、节能、环保、低碳的理念，发展绿色生态村镇。比如，以松柏、木鱼、阳日为重点，带动其他各城镇并促进周边村庄地区发展；以坪阡古镇、龙降坪国际旅游度假区、红花风情养生小镇、桂竹园静养基地、温泉养生度假区为重点，打造精品小镇；以乡村自然生态基质、田园风光和乡村意境为基础，农家乐为主要形式，引导村民适当集中，以“重点村、特色村、一般村”建设为抓手，优化乡村空间布局，引导美丽村庄建设。总体来看，提升西南国家公园核心区域旅游项目品质、西北适度再发展、东北借交通改善带来的休闲度假机会再扩展旅游区，是总体思路。

**（四）调整产业结构，促进落后产业旅游化转型**

从林区产业结构来看，生态旅游经济占 GDP 比重很大，农业比重相对较大，采矿、磷化工相对比较突出。结合现在全国农产品市场状况，鼓励开展农产品“三品一标”（有机、绿色、无公害、地理标志）质量体系认证，建议向蔬菜、茶叶、中药材、畜牧、水产、特色养殖等方向发展，尤其是茶叶和中药材种植，若能规模化种植并形成相应产业链条，再辅以适度营销把产品推向省内外市场以壮大农村经济则为更好。在第二产业发展方面，应该弱化磷矿开采和相应产业链条，建议实施矿山绿化、产业旅游化或服务业化和厂房园区化，从而实现落后产业的转型。同时，集中要素向劲牌神农架酒业、蜜蜂天堂、康帝山泉水、神农百草园等生态骨干企业倾斜，并以盘水省级生态园区为依托，强化园区“孵化器”作用，引导合适企业向园区聚集并实现园区管理与服务现代化、智能化方向发展。

### （五）融入林区文化，优化升级旅游产业

作为国家自然保护区，拥有世界自然遗产地、世界地质公园、国家森林公园、国家5A级景区等诸多荣誉，神农架新近又成为首批国家公园试点区域之一。为此，生态文明建设不仅是过去、现在，也是其将来长期坚持的一项工作。若论提振经济，势必受此限制，发展旅游业尤其是生态旅游是顺应自然。并且，长期的未开发或弱开发状态，使得人文气息略显不足，相对比较有影响力的是生态文化、神农炎帝文化、野人文化、白化文化以及少数民族文化，这些在当前旅游业中已经渗入。只是野人文化略显沧桑古朴，与当代文明进程有些相悖，不适宜强势宣传。白化现象类似。生态文化、神农炎帝文化、少数民族文化相对则是可以浓墨重彩处，应该加强研究和宣传，并把它和旅游业结合，以游客喜欢的方式传播并提升旅游项目品质，从而实现旅游产业自身的更新甚至升级。近些年来，神农架在文化旅游方面相对比较重视，业绩也比较突出，比如2016年举办了炎帝神农祭祀大典、第六届神农架高山杜鹃花节、第一届美丽乡村旅游节等节庆活动，举办了两岸大学生自行车挑战赛、北京国际徒步大会神农架分站赛、第十二届神农架冰雪节等体育活动，同时还举办了第二届百度旅游目的地峰会和2016中国长江论坛·涵养文化长江神农架分论坛等活动，以节庆欢庆、体育赛事和论坛的影响力扩大神农架知名度。同时，也欢迎国内外组织团体到林区考察，比如接待了中国香港健康快车湖北光明行考察团和马来西亚考察团，扩大了神农架海外影响力。

### （六）优化产业结构，大力发展健康度假、文体融合型产业

根据第一白银网2016年10月24日发布的信息，在由中国社科院研究所、国家金融与发展实验室等共同主办的《经济蓝皮书夏季号：中国经济增长报告（2015~2016）》中，2015年中国人均GDP为5.2万元（按13亿人口计），约合8016美元，正好位于世界银行分类标准中的中等偏上收入国家范围。在此等经济状况下，衣食住行问题基本得到解决，老百姓的需求由生存之需演变为质量、内涵、发展之需，健康度假、文体娱乐等原来可归为奢侈品系列的商品逐渐映入眼帘，成为伸手可及的产品，大众旅游时代也已来临。随着出游频次和出游距离的不断增加、增多，人们的视野、品位都得

以拓宽，需要市场提供更加富有质感的产品。因此，旅游业自身的提质与康乐休闲、文体娱乐产品是时代所需，应该大力发展。具体表现为旅游业的产业泛化、时空泛化，即全域旅游现象的出现与倡导发展；健康养生问题得到普遍关注，相应产业发展迅速；休闲的时间与空间越来越大；休闲的方式也更加健康，不再局限于静态休闲、粗浮休闲，而是文体类运动体验式休闲和品位内涵式休闲。神农架林区也应该据此形势，顺势而为，鼓励健康度假、文体融合型产业发展。相关资料也表明，2014 年，神农架的人均 GDP 为 29335.07 元，约合 4709.89 美元，离全国人均值差距还大，经济需要另有思路，大力发展健康度假、文体融合型产业对于林区产业结构是一次优化，利于林区构建合理经济结构。于林区而言，此类项目从布局上来讲，应侧重东北旅游区域，西北区域可适度兼顾，西南区域则不适合大规模发展。根据新华网消息，2017 年 4 月，神农架林区与荣盛康旅投资有限公司签订旅游开发协议，启动东部、北部综合旅游项目。荣盛公司将投资 150 亿元，在未来 5 年重点开发下谷太和山、木鱼神农药谷、天燕景区、塔坪长寿村、红坪东沟和西沟、东部新华五星级大酒店等，助推神农架建成世界著名生态旅游目的地、全国生态文明示范区，加快推进“大数据、大旅游、大健康、大农林”产业发展布局。

总体来看，长期“农林产业+旅游”的经济发展模式，使得神农架林区形成了党政主要负责人亲自抓旅游，区直各有关部门积极参与旅游经济建设的大好局面，旅游经济得到了蓬勃发展，景区景点能够基本全域布局，旅游产业不仅是导向产业也是战略性支柱产业，带动了诸多相关产业发展。同时，基于原始森林本底、以旅游业为导向的发展思路，也使得神农架林区从国内外诸多旅游项目中脱颖而出，成为我国第一个联合国教科文组织人和生物圈保护区、世界地质公园、世界遗产三大保护制度共同录入的“三冠王”名录遗产地。并在林区党政的共同努力下，成功申请全国首批国家公园体制试点，整合了神农架国家级自然保护区、神农架国家地质公园、神农架大九湖国家湿地公园、神农架国家森林公园 4 个“国字头”保护地共计 1170 平方公里的资源，建立了统一高效的管理机构即神农架国家公园管理局，结束了原来的九龙治水局面，实行网格化、精细化管理，建立起资源网格化管理信息平台、管护信息平台，实现了神农架国家公园特色集成管理，并出台了《神农架国家公园保护条例》以规范化管理。形势看似喜人。然而，在旅游大发展的黄金时期，竞争也必然是激烈的。如何进一步提高林区旅游竞争力是当前应该思考的问题，尤其是在观光旅游逐渐衰弱、品质旅游渐强的时期。发展全域旅游的同时，也必须强化旅游景区景点品质问题，宜走文化旅游、转型旅游与旅游项目品质提升之路。

# 第八章　研究结论

主动顺应全球环保形势的需要，国家做出了生态文明建设的决策。一方面是发展经济，以实现小康、奔向现代化强国；另一方面是金山银山皆不如绿水青山。如此陷入了“似乎发展悖论”。欲解此困，绿色、开放、协调、创新、共享的科学发展理念至关重要。号称“华中屋脊”的神农架，也是长江汉水的分界岭，不仅林木繁茂，更是长江汉水之源头，是首当其冲的生态文明建设者。生态文明建设，更是其责任与担当。神农架人，也默默承担起了这一切，坚持国家利益导向、服从政府安排，国家需要保护森林就封山育林，需要源头水清澈可人就禁渔撤网，是夹缝之中求生存、转型之中谋发展。以农林为基底、第三产业主支撑的“生态经济总部”应当可行。在此基础上，应进一步安排部署好重大项目、做好国家公园项目、盘活林区国有企业并大力发展全域旅游，以求经济再提速。只是，之所以是“似乎发展悖论”，是因为生态文明建设可能会与发展经济存在某种不一致甚至冲突，可能会牺牲一些经济利益。此为憾处。若能弥补，则甚好。如此，只能是在自力更生求突破的同时，更加需要区域共生与互补，以谋求整体利益大盘子里面的各地方利益兼顾。除此，似乎别无他法。

出于时间、精力、资料的易得可靠性，以及个人水平限制，本书仅仅只是一个粗浅认识。随着中共十九届一中全会至三中全会的召开以及起自于2018年的系列国家政府工作报告的工作安排与逐步落实，关于生态文明建设和自然资源管理的问题会被进一步理顺，神农架林区的发展形势很好，中国生态经济总部的目标似乎伸手可及。

不足之处，敬请批评指正。

# 参考文献


［1］（英）凯恩斯．就业利息和货币通论［M］．西安：陕西人民出版社，2004.

［2］郎荣燊，何孝贵．投资学［M］．北京：中国人民大学出版社，2005.

［3］孙咏梅．资本效率理论与产业增长［M］．北京：经济科学出版社，2007.

［4］陈收．行为金融理论与实证［M］．长沙：湖南大学出版社，2004.

［5］刘红忠．投资学［M］．北京：高等教育出版社，2004.

［6］保罗·萨缪尔森，威廉·诺德豪斯．经济学［M］．萧琛主译．北京：人民邮电出版社，2004.

［7］张丽丽，郑江淮．国外总部经济研究进展与述评［J］．上海经济研究，2011（4）.

［8］许蓝月，黄凌翔．境外总部经济的发展经验及对我国的提示［J］．科学管理研究，2013（16）.

［9］赵黎明，张亚兰．基于系统动力学的总部经济发展研究［J］．华东经济管理，2011（5）.

［10］赵弘．企业以总部经济模式提示资源配置效率的机制研究［J］．科学学研究，2010（6）.

［11］张新伟，陈建成，国新豹．总部经济形成机制的探讨［J］．中国科技论坛，2006（6）.

［12］吕波．总部经济研究综述与展望［J］．中国科技论坛，2010（2）.

[13] 孙鳌，陈雪梅．企业总部的都市化与都市经济的总部经济化［J］．税务与经济，2008（2）．

[14] 潘素昆．北京总部经济发展的现状与对策——基于上海的比较研究［J］．研究，2011（1）．

[15] 陆拥俊，江若尘．总部经济与城市区域发展的双边匹配［J］．南京大学学报，2014（4）．

[16] 万容，陈树桢．总部经济发展的路径依赖及对策研究［J］．求索，2010（2）．

[17] 王凤洲，孔丰．总部经济发展战略及其成本效益分析研究［J］．东南学术，2006（5）．

[18] 毛翔宇，高展，王振．基于总部经济的服务业集聚动力机制探讨［J］．上海经济研究，2013（8）．

[19] 何骏．中国发展总部经济的路径拓展与模式创新［J］．贵州社会科学，2010（2）．

[20] 肖雁飞，廖双红．“总部经济”形成动力机制和整体规划［J］．生产力研究，2008（5）．

[21] 王瀛．关于总部经济发展的若干思考［J］．生产力研究，2009（23）．

[22] 盛钢．总部经济与总部区域协调发展问题研究［J］．西南民族大学学报，2008（12）．

[23] 王浩．地区总部、产业转型和经济发展［J］．亚太经济，2005（3）．

[24] 李庆华，尤号，胡建政．总部经济概念辨识：二维四方主体视角的研究［J］．东南大学学报，2010（4）．

[25] 刘志阳．中国总部经济的过度竞争与治理［J］．学术月刊，2013（3）．

[26] 高洪深．总部经济：理论阐释与案例分析［J］．中国人民大学学报，2005（4）．

[27] 王如忠，朱拓．上海总部经济发展的影响因素及其对策：基于

SWOT 分析框架的研究 [J]. 上海经济研究, 2009 (10).

[28] 余典范. 总部经济区位选择及影响因素：基本上海的实证研究 [J]. 经济管理, 2011 (6).

[29] 赵丽娜. 总部经济与区域经济发展 [J]. 理论学刊, 2015 (11).

[30] 任永菊. 地区总部、产业结构与总部经济来自香港的实证研究与思考 [J]. 亚太经济, 2007 (4).

[31] 王举颖, 金乐. 总部经济集聚区协同发展与对策研究 [J]. 中国海洋大学学报, 2014 (3).

[32] 邓子基, 李为巍. 总部经济与地方财税 [J]. 税务研究, 2011 (2).

[33] 潘素昆. 新加坡总部经济发展经验及其启示 [J]. 亚太经济, 2010 (4).

[34] 张泽一. 北京总部经济的特点及提质升级 [J]. 经济体制改革, 2015 (1).

[35] 贾康, 阎坤, 鄢晓发. 总部经济、地区间税收竞争与税收转移 [J]. 税务研究, 2007 (2).

[36] 陈迪, 谢富纪, 牛盼强, 付内海. 基于产业知识基础的总部经济区域创新体系构建 [J]. 科技管理研究, 2016 (11).

[37] 刘志彪, 张少军. 总部经济、产业升级和区域协调 [J]. 南京大学学报, 2009 (6).

[38] 王昌海. 国家公园体制建设的几个关键点 [J]. 中国发展观察, 2016 (10).

[39] 周睿, 钟林生, 刘家明, 唐承财, 孙雷钢. 中国国家公园体系构建方法研究——以自然保护区为例 [J]. 资源科学, 2016 (4).

[40] 杨果, 范俊荣. 促进我国国家公园可持续发展的法律框架分析 [J]. 生态经济, 2016 (3).

[41] 王辉, 张佳琛, 刘小宇, 王亮. 美国国家公园的解说与教育服务研究 [J]. 旅游学刊, 2016 (5).

[42] 张立. 英国国家公园法律制度及对三江源国家公园试点的启示

[J]. 青海社会科学，2016（2）.

[43] 苏杨. 十说国家公园体制元年 [J]. 中国发展观察，2016（4）.

[44] 苏杨. 国家公园归谁管？[J]. 中国发展观察，2016（9）.

[45] 汪德根. 国家公园“门票经济”的公益性回归与管理体制改革 [J]. 旅游学刊，2015（5）.

[46] 李芬，张林波，李岱青. 国家公园：三江源地区生态环境保护新模式 [J]. 生态经济，2016（1）.

[47] 方法林. 国家公园服务质量价格锁定的解锁 [J]. 中国旅游发展笔谈，2015（6）.

[48] 黄林沐，张阳志. 国家公园试点应解决的关键问题 [J]. 旅游学刊，2015（6）.

[49] 于海波，徐虹. 国家公园体制建设中的旅游公共管理 [J]. 旅游学刊，2015（6）.

[50] 张朝枝. 国家公园体制试点及其对遗产旅游的影响 [J]. 旅游学刊，2015（5）.

[51] 刘静艳，孙楠. 国家公园研究的系统性回顾与前瞻 [J]. 旅游科学，2010（10）.

[52] 李鹏. 国家公园中央治理模式的“国”“民”性 [J]. 旅游学刊，2015（5）.

[53] 周武忠，徐媛媛，周之澄. 国外国家公园管理模式 [J]. 上海交通大学学报，2014（8）.

[54] 喻江平. 基于国家公园的生态旅游发展国际合作研究 [J]. 生态经济，2012（2）.

[55] 郝志刚. 基于国家遗产区域理念的我国国家公园体系建设 [J]. 旅游学刊，2015（5）.

[56] 周光迅，庞惠鸿. 建立完善国家公园体制的若干思考 [J]. 浙江社会科学，2014（6）.

[57] 钟士恩，钟静. 将国家公园的进步置于地方 [J]. 旅游学刊，2015（5）.

[58] 刘玉芝．美国的国家公园治理模式特征及其启示［J］．国际瞭望，2011（5）．

[59] 朱华晟，陈婉婧，任灵芝．美国国家公园的管理体制［J］．城市问题，2013（5）．

[60] 李晓莉．美国国家公园休闲土地管理中三个模型的应用及启示［J］．人文地理，2010（1）．

[61] 徐菲菲．英美国家公园体制比较及启示［J］．旅游学刊，2015（6）．

[62] 田世政，杨桂华．中国国家公园发展的路径选择国际经验与案例研究［J］．中国软科学，2011（12）．

[63] 罗金华．中国国家公园管理模式的基本结构与关键问题［J］．社会科学家，2016（2）．

[64] 吴承照，刘广宁．中国建立国家公园的意义［J］．旅游学刊，2015（6）．

[65] 张海霞，张旭亮．自然遗产地国家公园模式发展的影响因素与空间扩散［J］．自然资源学报，2012（4）．

[66] 苏杨．国家公园体制试点是生态文明制度配套落地的捷径［J］．中国发展观察，2016（7）．

[67] 陆林，葛敬炳，苏静．基于制度变迁的浙江省民营资本旅游投资行为研究［J］．旅游学刊，2008（5）．

[68] 章杰宽．旅游投资经济影响的系统动力学建模［J］．旅游论坛，2011（10）．

[69] 王如东，诸大建．基于投入产出分析的旅游投资对城市经济贡献的研究——以苏州市为例［J］．旅游学刊，2009（11）．

[70] 柳应华，宗刚，杨柳青．不确定条件下旅游投资决策分析方法的对比与应用［J］．数量经济技术经济研究，2013（5）．

[71] 黄郁成，张国平，李金波．乡村旅游投资主体关系研究［J］．旅游学刊，2007（6）．

[72] 路琪，石艳．生态文明视角下旅游投资效益评估体系的构建［J］．

宏观经济研究，2013（7）.

［73］章杰宽，姬梅，朱普选．基于 SD 的区域旅游投资经济影响研究［J］. 系统科学学报，2014（11）.

［74］李仲广．中国旅游投资：规模、方向和价值［J］. 中国流通经济，2012（3）.

［75］张世兵，龙茂兴．乡村旅游中社区与旅游投资商合作的博弈分析［J］. 农业经济问题，2009（4）.

［76］赵恒伯．我国旅游投资存在的问题及对策研究［J］. 江西社会科学，2014（12）.

［77］邓爱民．我国旅游投资研究综述与展望［J］. 经济学动态，2009（8）.

［78］麻学锋，何颖怡，孙根年．旅游投资决定机制及其时空响应——以张家界为例［J］. 地理科学进展，2014（2）.

［79］徐尚昆，杨汝岱．企业社会责任概念范畴的归纳性分析［J］. 中国工业经济，2007（5）.

［80］杨家宁．资源基础理论视角下的企业社会责任［J］. 理论导刊，2007（9）.

［81］王虹. 制度经济学视角下的企业社会责任标准［J］. 经济论坛，2005（7）.

［82］李淑英．社会契约论视野中的企业社会责任［J］. 中国人民大学学报，2007（2）.

［83］刘笑霞．论企业社会责任的多元性［J］. 现代财经，2007（4）.

［84］赵琼．国外企业社会责任理论述评——企业与社会的关系视角［J］. 广东社会科学，2007（4）.

［85］高芳．企业的道德责任与社会责任——斯密与弗里德曼观点的比较研究［J］. 哲学动态，2006（4）.

［86］黄世贤．企业社会责任的经济学思考［J］. 江西社会科学，2006（6）.

［87］贾生华，郑海东．企业社会责任 从单一视角到协同视角［J］. 浙

江大学学报，2007（2）.

［88］杜仲臣．企业的社会责任及其实现方式［J］．中国人民大学学报，2005（4）.

［89］郑若娟．西方企业社会责任理论研究进展——基于概念演进的视角［J］．国外社会科学，2006（2）.

［90］陈金明，赵阳．城乡统筹视角下农民工发展趋向探究——基于湖北神农架林区农户调查［J］．农村经济，2013（8）.

［91］赵国胜．对神农架林区投资环境调查与分析［J］．武汉金融，2014（6）.

［92］唐胡浩．改革与创新：城镇化建设进程中基层政府职能的发挥——基于神农架林区下谷坪土家族乡的调研［J］．湖北民族学院学报（哲学社会科学版），2014（6）.

［93］王晞．旅游产业的结构分析、区位优势与发展预测［J］．商场现代化，2006，1（1）.

［94］唐克敏．湖北省国有经济布局与结构中存在的主要问题［J］．科技进步与对策，2013（22）.

［95］唐克敏．湖北省国有经济布局与结构调整策略研究［J］．改革与战略，2014（2）.

［96］唐克敏．民营企业有效参与国企混合所有制改革研究［J］．湖北文理学院学报，2016（1）.

［97］梁法院等．新一轮国有企业改革中发展混合所有制经济研究［J］．未来与发展，2014（4）.

［98］李毅中．发展混合所有制经济要落实到企业做好顶层设计［J］．宏观经济管理，2014（4）.

［99］唐克敏．混合所有制改革面临的主要难题与对策［J］．经济问题，2015（6）.

［100］蒲宇飞．完善动态混合所有制结构焕发经济活力［J］．经济问题，2013（11）.

［101］杨建君．大型国企混合所有制改革的关键环节［J］．改革，2014

(5).

[102] 唐克敏 . 关于国有企业改革的系列问题思考 [J]. 经济问题，2014 (1).

[103] 邹晓峰 . 我国旅游地产消费和投资的特征 、问题及对策 [J]. 建筑经济，2013 (1).

[104] 刘群红 . 休闲旅游地产的主题定位分析与开发启示——以江西天沐明月山温泉度假村为例 [J]. 旅游经济，2011 (3).

[105] 丁焕峰 . 国内旅游扶贫研究述评 [J]. 旅游学刊，2004 (3).

[106] 李会琴，侯林春，杨树旺 . 国外旅游扶贫研究进展 [J]. 人文地理，2015 (1).

[107] “80 后”书记的辖地　将摘掉戴了 26 年的帽子 [EB/OL]. 观海解局微信平台，2018-02-22.

[108] 神农架国家公园管理局挂牌成立 神农架正式步入国家公园时代 [EB/OL]. http://www.china.com.cn/guoqing/2016-11/21/content_39751233.htm.

[109] 湖北神农架林生态经济占 GDP 六成多 [N/OL]. 湖北日报 . http://www.chinaacc.com/new/403_425/2010_4_14_li4815261414010213.shtml，2010-04-14.

[110] 去年神农架接待游客 1316 万人次　旅游经济总收入达到 47 亿元 [N/OL]. 湖北日报，http://www.cehui8.com/sxnews/lvyou/20180107/1100.html，2018-01-07.

[111] 神农概况 [EB/OL]. http://www.snjly.gov.cn/gz-gk.html.

[112] 神农架 [EB/OL]. http://baike.sogou.com/v56201.htm? fromTitle=神农架 .

[113] 湖北省神农架林区自然资源 [EB/OL]. http://www.chinabaike.com/z/keji/ck/835142.html.

[114] 神农架林区“十三五”经济社会发展基本思路 [EB/OL]. http://bbs.cnhubei.com/thread-3793826-1-1.html.

[115] 接轨全域旅游　神农架打造旅游公民生态 [EB/OL]. 中国旅游报，第二版，http://www.sohu.com/a/168313140_208001，2017-08-30.

[116] 神农架 打造全域旅游四季风光 [N/OL]. 湖北日报, http://hbrb. cnhubei. com/html/hbrb/20170124/hbrb3055828. html, 2017-01-24.

[117] 2016 聚焦改革：湖北省关于深化国企改革的实施意见 [EB/OL]. http://www. sohu. com/a/84022429_100441.

[118] 神农架林区自然资源资产负债表编制工作迎首检 [EB/OL]. http://www. snj. gov. cn/info/1410/5071. htm.

[119] 一张图看懂开化"多规合一" [EB/OL]. http://news. xinhuanet. com/local/2016-03/21/c_128816143. htm.

[120] 中国人均 GDP8016 美元 为何我们的钱包感受不到? [EB/OL]. http://www. silver. org. cn/cjyw/20161024-94459. html.

[121] 2015 年湖北各市 GDP 和人均 GDP 排名 [EB/OL]. http://www. 360doc. com/content/16/0220/19/502486_536020050. shtml.

[122] 神农架引资 150 亿元助推全域旅游 [EB/OL]. http://news. xinhuanet. com/local/2017-04/26/c_129574458. htm.

[123] 中国共产党第十八届中央委员会第三次全体会议通过的《中共中央关于全面深化改革若干重大问题的决定》 [EB/OL]. http://www. sn. xinhuanct. com/2013-11/16/c_ 118166672. htm.

[124] 中共湖北省委湖北省人民政府关于深化国有企业改革的意见 [EB/OL]. http://www. hbgzw. gov. cn/structure/bsfw/gzglyjzw_14307_1. htm.

[125] 上海市 2014 年 7 月 3 日《关于推进本市国有企业积极发展混合所有制经济的若干意见（试行）》 [EB/OL]. http://www. sxejgfyxgs. com/ArticleDetail. aspx? id=31253.

[126] 国务院国资委宣传工作局 2014 年 7 月 15 日《国务院国资委举办"四项改革"试点新闻发布会》 [EB/OL]. http://www. sasac. gov. cn/n1180/n1566/n259730/n264168/15962412. html.

[127] 国企的改革走向 [N/OL]. 学习时报. http://www. hbgzw. gov. cn/structure/bsfw/gzglyjzw_14307_1. htm.

[128] 神农架林区统计局. 2014 年神农架林区国民经济和社会发展统计公报 [EB/OL]. http://www. stats - hb. gov. cn/wzlm/tjgb/ndtjgb/snjlq/snjlq/

110297. htm.

［129］2016年神农架政府工作报告．建设世界著名生态旅游目的地和美丽幸福神农架［EB/OL］. http：//www. snj. gov. cn/gov/info/1022/3364. htm.

［130］“神农架”计划［EB/OL］. https：//baike. baidu. com/item/“神农架”计划/17564349？fr=aladdin.

［131］西渝高铁明年正式开建！［EB/OL］. http：//news. gaotie. cn/jianshe/2017-12-11/434244. html.

# 后 记

深度在于积累，深度在于了解。既无积累又不怎么了解的结果，自然是见解肤浅。

本书之所以有，仅仅是因为想了解，想再深入一下，以略表谢意。故，与其说是研究，不如说是兴趣，更不如说是个开始、铺垫。

感谢那些日子。

谨以此为纪念。

**唐克敏**

2018年2月8日于襄阳家中

# 致谢

人之一生，
从生到死之间的时间距离。

期间，
有生命。

可是生存，
更可是生活。

质量则取决于每次选择。

然后，
遇到了您。

幸运?
果真。
幸福?
也似。

感恩——
有您相伴。

相识是暖。